HISTOIRE

DU

PRINCIPE D'AUTORITÉ

DEPUIS

MOÏSE JUSQU'A NOS JOURS.

Paris. — Imprimerie de L. MARTINET, rue Mignon, 2.

HISTOIRE

DU

PRINCIPE D'AUTORITÉ

DEPUIS

MOÏSE JUSQU'A NOS JOURS,

PAR

A. LOUVET DE COUVRAY.

—

PARTIE ANCIENNE.

PARIS.

LIBRAIRIE PHILOSOPHIQUE DE LADRANGE,

RUE SAINT-ANDRÉ-DES-ARTS, 41.

1854.

INTRODUCTION.

Qu'est-ce que Dieu ?

Voilà, lecteur, une question profonde et redoutable. Nous allons l'examiner avant d'entrer dans les développements que comportera cet ouvrage : c'est de nécessité.

Nous pourrions, il est vrai, débuter par une autre question non moins importante, celle de l'*homme* et *de son origine;* car l'homme, bien certainement, est antérieur à toute notion de la divinité. Mais nous laissons aux sciences positives, notamment à là *chimie* et à la *géologie*, le soin d'approfondir ce nouveau problème. Peut-être qu'elles parviendront un jour à nous en donner la solution. Quant à nous, simple historien-philosophe, les sciences physiques-expérimentales ne sont point de notre ressort, et nous déclarons avoir assez pour le moment de l'objet tout social qui nous préoccupe. Heureux encore si nous atteignons notre but sans encombre ! Argonaute entreprenant, nous faisons des vœux secrets pour que les vents et la tempête n'assaillent pas notre vaisseau au milieu de sa course : notre logique inexpérimentée en pourrait bien trébucher.

Nous renfermant donc dans la spécialité de nos études, nous reproduisons, en insistant dessus, notre interrogation premièrement formulée :

Qu'est-ce que Dieu ?

Dans l'ordre chronologique du progrès, trois puissances véritables qui, tour à tour, ont aspiré à la direction des sociétés, et qui même y aspirent encore, se présentent pour répondre. Des débats contradictoires ont été solennellement soutenus, des matériaux immenses, véritables archives des siècles, nous ont été laissés, et le *sens commun* est désormais suffisamment renseigné pour prononcer un jugement solidement motivé. Ces trois puissances sont la Religion, la Philosophie, la Science ou plutôt la Métaphysique moderne.

La Religion, qui comprend trois époques distinctes d'adoration et de foi, se divise en :

Fétichisme et Sabéisme,

Polythéisme,

Christianisme.

Nous allons procéder au dépouillement de ces trois époques religieuses, successivement et par par ordre, puis nous établirons leur signification commune ou synthèse sociale, en tâchant d'apporter dans notre travail la plus grande régularité possible.

Le fétichisme fut la première manifestation du sentiment religieux. A ce titre, il ne nous apporte sur Dieu que des notions ridicules ou monstrueuses; il ne nous initie qu'à des pratiques de superstition qui sont plutôt un témoignage de honte pour l'humanité qu'un indice de civilisation. Fleuves, montagnes, tonnerre, plantes, serpents, animaux bienfaisants et malfaisants, il supposa des intentions à tout et se renferma dans le culte des objets matériels, de la nature visible la plus immédiatement en rapport avec lui. Il se résume en cet acte de foi : *Le monde est un fétiche gardé par un grand Manitou.* Un pareil acte de foi est un monument d'ignorance et de stupidité. Cependant, à voir le fond des choses, le fétichisme fut la première pose du problème divin, problème dont la démonstration dépend des évolutions ultérieures de l'idée de Dieu au travers des âges. Autour du fétichisme se groupent les peuples sauvages de l'antiquité chaotique, et il sert de point de ralliement aux sociétés naissantes. A la rigueur, on en pourrait donc faire ressortir la conclusion suivante : Il fut le plus ancien et le premier acte de foi collectif de l'humanité au berceau. Un grand Manitou qui garde le monde, qui le symbolise dans une grossière représentation, dans une grotesque idole, c'est peu social si l'on veut, mais, pourtant, c'est une manière comme une autre de s'expliquer le pourquoi des choses ; c'est formuler une croyance et affirmer son existence collective comme peuple, ou comme peuplade ; c'est exprimer un système religieux d'où découlent nécessairement des droits et des devoirs. Néanmoins, nous le répétons, né des instincts incultes des hommes primitifs, horrible caricature du sentiment religieux, le fétichisme ne précise sur Dieu aucune idée qui vaille véritablement qu'on s'y attache.

Du fétichisme proprement dit, l'humanité passa au sabéisme, ou à l'adoration des astres. Dans cette première évolution du sentiment religieux, il y a quelque dignité et quelque élévation. En plaçant dans le ciel les objets de son adoration, en fléchissant les genoux devant eux, en voyant dans le soleil surtout, le plus brillant des astres, l'auteur de tout ce qui a vie, le dispensateur du mouvement, l'être créateur et suprême, le sabéisme devenait un système astronomico-religieux répondant à une conception divine plus imposante sous tous les rapports. Par cela même qu'il admettait un principe d'ordre et de création plus élevé, la force et la puissance s'en échappaient avec plus d'éclat. Au Pérou on en pourra apprécier des conséquences sociales. Les Incas se diront fils du Soleil et se prévaudront de ce titre pour fonder des États qui résisteront à l'invasion des Espagnols. Zoroastre, en le combinant avec sa doctrine des deux principes, achèvera de lui donner corps et âme, et le magisme persan deviendra religion d'État. Le sabéisme est le second acte de foi du genre humain ; il est d'un ordre supérieur au fétichisme ; mais tout y est encore trop vague, trop insuffisant : on n'y voit pas en traits assez caractérisés l'affirmation sociale des nations qui l'ont adopté, et qui, sous la pression d'un système religieux, préludent à leur travail d'organisation.

L'esprit humain procède par gradation. De l'adoration des objets physiques les plus rapprochés de lui, il devait s'élancer à la contemplation des choses célestes : ce fut là le sabéisme. Mais des choses visibles, soit d'en haut, soit d'en bas, obéissant toujours à la tendance de ses instincts religieux, il devait encore passer outre et s'adonner à l'adoration de la nature invisible : c'est ce qui arriva. Le bouddhiste éleva des autels à la nature infinie, et le sentiment de la divinité se perdit dans un panthéisme naturel aussi obscur qu'immoral. La doctrine qui a pour maxime favorite : *Dieu est tout, tout est Dieu,* et qui admet que la plus vile matière fait partie intégrante de la Divinité, n'était susceptible que d'un pareil résultat. Par l'obscurité des notions religieuses, elle arrivait à la confusion des principes sociaux. Si tout est Dieu, qu'est-ce que le bien ? qu'est-ce que le mal ? Tout existe indifféremment à la raison sociale ; la justice n'est qu'un mot ; nous sombrons dans l'athéisme.

Il résulte de ces données préliminaires que le fétichisme, le sabéisme et le panthéisme ont été les trois religions primitives de l'humanité, alors que celle-ci commença à vouloir s'arracher de son état chaotique et s'essayer à la civilisation. Mais ces trois religions, si tant est qu'on puisse les appeler de ce nom, ne nous ont laissé sur Dieu que des notions ténébreuses.

Le panthéisme, particulièrement, nous apparaît, sous tous les rapports, comme une époque de confusion, confusion religieuse et confusion sociale. Impuissant à saisir les lois qui président aux manifestations de la substance, ne voyant que cette substance partout, et confondant les premières notions philosophiques avec son symbolisme grossier, il fut amené invinciblement à tout diviniser et matérialiser à la fois. « *Tout est Dieu, Dieu est tout...* » Arrivé au panthéisme, le mouvement religieux devait en conséquence faire halte, s'arrêter brusquement sur lui-même, chercher à se reconnaître, et prendre une autre direction. Il s'achemina au polythéisme gréco-romain, après avoir repris en sous-œuvre le panthéisme lui-même qui se fondit soudain dans le polythéisme, se démembra et devint une classification vivante et personnifiée de chacun de ses démembrements.

Ici, nous nous sentons à l'aise ; car c'est principalement dans cette forme religieuse, dite polythéisme, qu'il va nous être facile de constater un acte de foi véritable. Le panthéisme, par le mélange de tous les éléments, et son absorption dans la substance, avait jeté la confusion dans le domaine religieux et philosophico-social ; le polythéisme, par la différenciation et la déification des lois de la nature, y fera régner l'ordre, le mouvement et la vie, y introduira la force et la beauté. Chaque élément revêtira séparément la forme de l'allégorie, chaque virtualité naturelle se produira sous les voiles de la fiction : la terre, l'air, le ciel, le feu, les eaux, les vents, auront leur incarnation mythologique ; les saisons, les fleuves, les forêts, les jardins, les bosquets, les vendanges, les vertus, les vices même de l'homme auront leurs dieux et leurs déesses. Tout participera à la régénération du sentiment religieux sur un plan plus vaste et nettement dessiné. Jusqu'au foyer domestique qui se confiera à la providence d'un génie tutélaire. Pour sortir de la confusion-panthéiste, le polythéisme n'épargnera rien et saura pratiquer en grand la méthode de séparation et de classification qui est la méthode de l'ordre et du mouvement progressif de la civilisation. On pourra encore, bien certainement, voir en lui du matérialisme religieux, mais partout l'esprit s'en dégagera insensiblement pour tendre à un système plus abstrait : ce système sera le christianisme. La philosophie, dans le principe, ne répudiera point le polythéisme qu'elle aura contribué à tirer du chaos-panthéiste, et qui lui ouvrira, par sa méthode même de différenciation naturelle, une ère plus brillante d'investigation.

Toutes les divinités païennes se distingueront du monde physique et des éléments qu'elles symboliseront par des attributs personnels qui répondront parfaitement aux besoins des sociétés naissantes. Ces attributs, au point de vue social, peindront la puissance, la volonté, la force créatrice, le principe de hiérarchie dans des types qui feront éternellement honneur à la religion. Par la rélégation des dieux païens dans le ciel, il y aura scission entre l'homme et la divinité, scission qui démontrera la supériorité de celle-ci et l'infériorité de celui-là. Le législateur s'aidera des fictions du polythéisme ; ces fictions faciliteront sa tâche et le soutiendront dans son apostolat. Un ordre général se réalisera dans le ciel, précédera celui d'ici-bas, et la genèse humaine suivra bientôt la genèse divine. Jupiter (*rex deorum*) régnera au ciel et lancera la foudre, Neptune aura l'empire des eaux, Pluton celui des enfers. Minos et Rhadamanthe attendront les mortels au delà du tombeau pour les juger d'après leurs bonnes ou mauvaises actions, et personnifieront le principe de justice et de sanction divines. Ils seront indépendants des autres dieux, et rien ne pourra s'opposer à l'exécution de leurs arrêts. Mars sera le dieu de la guerre, Junon la déification de la chasteté conjugale, Minerve de la sagesse ; enfin Mercure présidera au commerce, et Apollon conduira le char du soleil. Mais au-dessus de tous ces dieux trônera Jupiter qui marquera puissamment l'unité du système païen, son centre de rotation et son point d'appui. A Rome, en Grèce, en Égypte, partout, on lui élèvera des temples, et autour de ces temples s'organiseront des sociétés florissantes. Le monde sera soustrait à sa tradition-panthéiste-et-fétichiste, et le mouvement civilisateur se déploiera majestueusement de tous les côtés : nous marcherons à grands pas à la constitution sociale de l'humanité.

On ne peut nier que le polythéisme ait été un grand acte de foi collectif; car non seulement il nous est attesté par vingt siècles de civilisation, par les écrits et la législation de toute l'antiquité, par les ruines d'une infinité de monuments ; mais c'est qu'encore nous trouvons sa raison d'être dans la chaîne des manifestations du progrès religieux. Démembrement du panthéisme, il devait en être, sous forme de classification, et en tendant au dégagement de chacune des parties du grand Tout, la reproduction vivante et personnifiée. Et si la religion, dans un but d'éducation et de moralisation pour les hommes, a jugé à propos de recourir à ses déifications ingénieuses, à ses mythes imposants, on ne peut que l'en féliciter. Enfin parurent le Mosaïsme et le Christianisme.

Dans le Mosaïsme et la religion chrétienne, Dieu, amené à son unité, se dévêt entièrement de ses attributs polythéistes, et ne conserve plus rien de matériel : c'est une abstraction, une idée pure.

Néanmoins, tant a été lent le mouvement progressif du sentiment religieux, qu'au travers, et sous le voile de sa spiritualité, on distingue encore, dans le Dieu des chrétiens et le Jéhovah des Hébreux, un caractère incontestable de personnalité. Il nous est important de mentionner ce fait; car la personnalité des dieux et de Dieu a été tout un système de théologie contre lequel s'est principalement exercée la philosophie, et qui a établi, entre la science moderne et la religion, une hérésie frappante.

Je suis *Moi*, l'*Être*, l'*Éternel*, *Ego sum qui sum!* dit Dieu à Moïse, en lui confiant sa mission de législateur et de sauveur d'Israël. Ces mots, tout métaphysiques, n'ont rien qui soit à comparer au polythéisme gréco-romain, ou au fétichisme des hordes primitives. Ces mots désignent clairement l'absolu, l'infini, l'éternité, un ensemble de lois et de rapports qui, en s'affirmant par Dieu, se concrètent en lui. *Ego sum qui sum* est une expression énergique de volonté et de puissance qui commande la soumission, et, nulle part, dans la Bible, Dieu ne se montre sous des formes corporelles. C'est un pur esprit, c'est le grand souffle universel qui, avant la création, flottait sur les eaux, ne sachant où se poser. Eh bien, malgré ces considérations, malgré ces épithètes de l'*Être*, l'*Éternel*, que se donne Dieu, et par lesquelles il se retranche dans le domaine de la métaphysique, nous nous obstinons, même dans le système catholique et chrétien, à lui croire consistance et figure. La plupart de nos lettrés ne le conçoivent toujours que sous des dehors providentiels et mythiques. Il leur faut absolument, à ces bons et braves lettrés, un dieu palpable, à représentation corporelle ou analogue, un dieu en chair et en os. Quant au vulgaire, lui, ne voit aussi dans Dieu qu'une espèce de vieil autocrate, gouvernant le monde à sa guise et portant une barbe plus ou moins respectable. Un pareil préjugé, en déroutant notre raison, et en faisant de l'homme un automate ne se mouvant qu'au gré de la volonté divine, en nous ôtant de notre activité et de notre indépendance d'esprit, a entravé pendant des siècles l'essor du progrès, et forcé le génie social de replier ses ailes qui ne demandent cependant qu'à se déployer de nouveau à la vue du vaste champ d'exploration métaphysique et social qui va toujours se découvrant et s'étendant devant nous. Il est temps, si nous voulons travailler avec fruit à l'affranchissement de l'espèce, à son amélioration politique et morale, d'acquérir de Dieu une autre conception, et d'entrer dans le vrai sens de la tradition moïsiaque et chrétienne.

« Père Tout-Puissant, qui êtes aux cieux, que votre nom soit sanctifié, que votre règne arrive, que votre volonté soit faite en la terre comme au ciel : donnez-nous aujourd'hui notre pain quotidien, pardonnez-nous nos offenses comme nous pardonnons à ceux qui nous ont offensés, ne nous laissez pas succomber à la tentation, délivrez-nous du mal. Ainsi soit-il. »

Cette prière, assurément, est de celles qu'on adresserait à un monarque absolu, roi de droit divin, ou à un empereur sorti, armé de pied en cap, de la volonté nationale, tout-puissant dispensateur des biens de ce monde, et susceptible, selon qu'il éprouve des sensations agréables ou fâcheuses, de courroux ou de bonté.

Dans la mythologie chrétienne, Dieu nous est présenté en outre sous les dehors d'un juge suprême siégeant sur son tribunal. Il s'est approprié les fonctions de Minos et de Rhadamanthe. Il récompense les bons et punit les méchants : ceux-ci prennent place à sa gauche, ceux-là à sa droite, ce qui est très moral, sans doute, eu égard au plus important des principes sociaux, mais ce qui ne fait toujours qu'exalter la personnalité de Dieu et nous maintenir dans un symbolisme religieux, un tant soit peu entaché de représentation matérielle.

Enfin, achevant de dogmatiser sur son Dieu, à qui elle donne tous les caractères d'un mythe, la légende chrétienne, résumé de la période religieuse, le qualifie de l'*universalité,* de l'*ubiquité,* de l'*omniscience,* le pose comme créateur du ciel et de la terre, fabricateur souverain de toutes choses, le dote généreusement d'*infaillibilité,* d'*immutabilité,* de *providence,* et le confond dans un débordement sans fin de qualités diverses et contradictoires.

Nous voilà tombés en plein pathos théologique, et nous serons heureux si nous parvenons à nous en arracher ; car nous n'avons point la haute raison du concile de Nicée délibérant sur le mystère de la *consubstantialité*. La signification de Dieu, en planant ici dans les régions mystiques de la foi, continue de nous échapper. La dépouillant de son prestige, il faut cependant que nous parvenions à la saisir et fixer. Nous le ferons en quelques mots.

Si nous interrogeons la religion sur la signification du Moi divin, la religion, à première vue, ne nous répond que par des mythes qui font le désespoir de notre raison en l'éblouissant des feux d'une fantasmagorie universelle. Mais, si nous pénétrons sous le voile de ces mythes, et que nous regardions l'idée de Dieu face à face, sans nous en émouvoir, voici ce que la religion nous enseigne de positif, d'incontestable :

Dieu, nous dit la religion, a été primitivement, quelque noyé qu'il nous apparaisse dans un déluge de fables et de fictions, un acte de foi de la raison collective, une affirmation spontanée du genre humain. Et que l'intelligence bornée des peuples n'ait pu, jusqu'à présent, se rendre compte de son acte de foi et se le soit représenté sous des formes plus ou moins fantastiques, là n'est point précisément la question qui importe au progrès. La véritable question consiste à bien déterminer que Dieu a été partout un fait de conscience générale, une affirmation

à priori et dogmatique, un *acte de foi collectif.*
Qu'on ne s'impatiente pas, nous dirons avant peu
à quoi répond, dans notre esprit, cette expression
d'acte de foi collectif, ce que nous entendons par
là. Et ce point constaté, nous en déduirons toute
une théorie de civilisation , tout un système social.
Le Christianisme, notamment, fut le plus grand
acte de foi de l'humanité livrée à la fascination de
ses propres rêves , en proie au vertige religieux.
Par l'Unité de Dieu, il concluait à la fusion des
peuples, à une synthèse générale des principes sociaux, à l'Unité du genre humain !...

Passons à la philosophie.

Au travers des mille péripéties du drame philosophique, il se manifeste une tendance visible, c'est
celle, tout en admettant d'abord Dieu et les dieux ,
conformément à la religion, de vouloir réformer, épurer, perfectionner l'affirmation dogmatique du Moi
divin. Chacun s'appliqua, dans le cours du mouvement philosophique, à cette tâche difficile. Il nous
est resté, de cette tendance à vouloir réformer le
dogme religieux , des systèmes qui attestent des
efforts d'esprit incroyables. L'antiquité et le moyen
âge se rencontrèrent sur le même terrain. L'esprit
d'investigation moderne ne sut pas mieux se contenir et s'adonna aussi, à l'occasion de ce problème
de Dieu, à des recherches métaphysiques de l'ordre
le plus étonnant. Les différentes religions qui se
sont succédé témoignent encore, jusqu'à un certain

point, de cette tendance que nous mentionnons. Mais enfin, désespérant d'accorder la foi avec la raison, la lettre despotique du dogme avec l'esprit d'examen et de système, la philosophie passa de l'adoration primitive aux premières insinuations du doute, du doute à l'impiété, de l'impiété à un sensualisme outré, et de celui-ci à la négation radicale de Dieu, ou à l'athéisme. A l'heure qu'il est le vieux mouvement philosophique se recueille dans l'éclectisme; mais ce recueillement est l'acte consenti en secret de son abdication.

Ou plutôt, sous les investigations de la philosophie, le mythe de la religion, Dieu, se dépouillant de ses attributs emblématiques et corporels, devient un nous ne savons quoi, tellement abstrait, tellement indéfinissable, qu'il ne tombe plus sous le coup de la raison collective et semble rétrograder dans les profondeurs du néant. Nous en attestons le spiritualisme de Malebranche et l'Être suprême de Robespierre. Les nations ne le reconnaissent plus au symbolisme palpable et saisissant, dont elles l'avaient revêtu, et si n'était l'athéisme qui vient clore le vieux mouvement philosophique par sa négation brutale, on pourrait prétendre encore, avec raison peut-être, que la philosophie, en arrachant au Moi divin les attributs fictifs dont la religion l'avait décoré, n'a fait que participer à sa spiritualisation. Mais tel n'est point assurément le sens de l'athéisme. Dans son impuissance à comprendre

Dieu, à s'en faire une idée quelconque, l'athéisme l'a nié radicalement et absolument. La philosophie aboutissant à l'athéisme, est donc tout simplement la négation du problème divin. Elle convient tacitement de son impuissance, et, au tribunal du sens commun, laisse prendre défaut contre elle.

« Le monde, dit l'athéisme, est éternel : il n'a point eu de commencement et n'aura point de fin ; » ce qui ne répond à aucune conception sociale, encore moins à une explication des lois de la nature et de l'univers.

« L'homme, continue-t-il, est une matière agissant, pensant et connaissant par elle-même. » Une pareille profession de foi exclut nettement l'intervention d'un Dieu dans les affaires d'ici-bas, dans le problème de la destinée humaine, et est le contre-pied de la religion.

Que le spiritualiste est bien supérieur à l'athée sur le même sujet !

« L'homme, dit-il à son tour, est une intelligence servie par des organes. » Dans la première définition, c'est la matière qui est proclamée supérieure ; dans la seconde, c'est l'esprit qui l'emporte. Le spiritualiste a donc, sans contredit, une plus haute idée de l'homme que l'athée. Par sa définition, il l'élève au-dessus de tous les autres êtres de la création, et, au point de vue social, sa théorie de la prédominance de l'esprit sur la matière se colore d'une clarté vraiment splendide. La science confirmera cette théorie. Oui, l'homme est une intelligence servie par des organes. Ne nous lassons pas de le proclamer bien haut en face des grossières aberrations de nos athées. Et un jour viendra où l'esprit aura tellement absorbé les organes, où il les aura tellement effacés, assujettis à ses spéculations, que l'homme alors, n'ayant presque plus rien de matériel, pourra se dire pur esprit. Sa nature de démon et d'être vicié aura fait place au type de la perfection.

L'athéisme, enfin, s'aventurant à vouloir démontrer par des expériences ridicules que l'homme, abandonné à ses seuls instincts, n'aurait jamais acquis le sentiment de la Divinité, se met en contradiction flagrante avec la tradition religieuse des peuples qui témoigne du contraire, et se réfute lui-même. Or, comme toute théorie, toute spéculation intellectuelle se résume en aphorismes sociaux et en une organisation telle quelle de la société, nous allons, au point de vue social, procéder à une analyse succincte de l'athéisme pour compléter l'idée que nous en avons déjà.

L'athéisme, ainsi que nous l'avons dit, ou donné à entendre plus haut, est la période d'investigation philosophique qui, repoussant toute idée de Dieu et de son rôle providentiel, et se retranchant dans le domaine du matérialisme, dans la contemplation resserrée du monde physique, fut amenée de déception en déception, de difficultés en difficultés, à la négation absolue et tranchée du Moi divin. Et, comme la religion, par son affirmation avant tout sociale de Dieu, en avait déduit des principes de constitution qui servirent en effet à l'organisation des sociétés, il résulte de l'athéisme, qu'en niant Dieu témérairement et absolument, il nia aussi, pour sa condamnation, tous les principes sociaux qui font la force et la gloire de la civilisation. Ainsi, en contestant à Dieu son attribut sanctionnant, sa haute signification de principe rémunérateur et vengeur, il sapait, à son insu, les bases de la justice, principe éminemment social, descendu du ciel sur la terre et s'incarnant tous les jours dans nos tribunaux. Il arrivait à une conclusion pareille par sa négation du Paradis et de l'Enfer. Par sa non-compréhension du mythe de la *chute* et de la *rédemption*, sur lequel il déversa les flots de son impiété railleuse, il méconnaissait cette loi économique qui consiste pour l'humanité à se racheter de sa misère primitive par le travail, et du joug des instincts animaux par la culture de son esprit. Nous nous en tenons à ces quelques exemples.

C'est principalement dans sa morale qu'il faut apprécier l'athéisme. Que cette morale se ressent bien de l'absence de toutes notions d'un Dieu ! Elle ne rend que l'odeur infecte de la matière dans laquelle se vautra l'athéisme ; elle vous monte au cœur, elle vous suffoque... C'est une lourde et noire atmosphère qui vous pèse sur les poumons et qui n'est formée que d'émanations fétides, contagieuses.

Que pensez-vous de la vertu? demande-t-on à l'athée. — Mot sonore, répond-il, mais vide de sens. *Virtus post nummos;* ou bien : *Laudatur, sed alget.*

Certes, nous savons que la vertu n'est point un principe positif d'organisation sociale, et qu'on en fait la plupart du temps un indigne trafic. Nous savons qu'il est sage de se défier de ces moralistes à l'air doucereux, qui, sans cesse, vous abordent saintement et modestement avec ce mot sur les lèvres; de même qu'il faut aussi savoir se garer parfois de ces tribuns soi-disant populaires qui n'ont à invectiver contre vous qu'avec ces grands mots d'*honneur* et de *salut national*. Mais cependant ériger en système le doute de la vertu et du dévoue-ment, puis baser ce système sur un appel inces-sant à l'égoïsme le plus crapuleux, voilà non plus ce qu'on ne peut revendiquer au nom de la saine philosophie et de la société. En admettant que la vertu ne soit pas un principe positif de consti-tution sociale, elle est un de ces sentiments hono-rables qui travaillent au perfectionnement de l'homme, à sa moralisation. Si l'athéisme avait su, au travers des mythes de la religion, se pénétrer d'une conception quelconque de Dieu, il ne serait point tombé dans des perturbations d'esprit aussi dégoûtantes.

Un jour, à l'aspect superficiel des contradictions de notre monde tourmenté, Pascal écrivit : « Ce qui est bien au delà des Alpes est mal en deçà. »

L'athéisme n'a point laissé tomber ces paroles. Il les saisit au vol, au contraire, en exalta la prétendue justesse, et en fit le drapeau sous lequel il abrita sa critique des lois et des institutions. Il alla plus loin : il les traduisit en cet argument célèbre : Si Dieu était vraiment, il n'y aurait qu'une seule et même religion : on n'adorerait pas ici Mahomet, là Jésus-Christ, ailleurs Bouddha. Cependant, n'en déplaise à la mémoire de Pascal, les mots qu'il a écrits n'ont rien dont on puisse se prévaloir : nous pourrions même ajouter que l'athéisme, en se les appropriant, a commis une nouvelle turpitude ; car l'anomalie qu'ils signalent, au lieu d'empirer, s'évanouit tous les jours, et, grâce tout justement à l'idée de Dieu, qui, malgré l'antagonisme des cultes, tend à son universalisation et y arrive, il n'y aura bientôt plus, pour les notions du bien et du mal, ni Alpes ni Pyrénées.

Enfin, s'exclame plus emphatiquement encore l'athéisme : Dans la prospérité, vous compterez beaucoup d'amis (*multos numerabis amicos*); dans l'adversité, *solus eris*. Anathème impie lancé contre l'amitié, ce sentiment du malheur et de la mauvaise fortune, qui fortifie l'homme, le porte souvent à des actions héroïques, et est, dans tous les cas, un fruit bien doux de notre sociabilité. De la propension de l'athéisme à se transformer en misanthropie, en horreur de la société, en négation partout et toujours.

« En France, messieurs, la loi est athée. » C'est M. Odilon Barrot qui a prononcé ces autres mots du haut de la tribune. Nous sommes convaincu que l'honorable homme d'État n'y a point vu méchanceté, et qu'il a entendu dire seulement que la loi, se gardant du fanatisme des temps passés, n'avait à se passionner pour aucun parti religieux; qu'à l'égard des différents cultes entretenus par l'État, elle devait se renfermer dans la plus stricte neutralité. M. Odilon Barrot est un homme qui personnifie tout un système de probité et de moralité politiques, et nous avons à cœur de ne point dénaturer ses intentions. Cependant que de conséquences vraiment désastreuses pourraient s'échapper de sa déclaration. Si la loi est athée, la morale, l'enseignement et l'éducation peuvent l'être aussi... Or, une morale athée, un enseignement et une éducation de même nature, sont-ils une garantie de civilisation, d'ordre et de progrès? Que M. Odilon Barrot, après avoir opéré un retour sur le passé de l'humanité, interroge sa conscience et réponde! La loi n'est pas athée : elle est, au contraire, d'origine théiste et provient directement de la notion d'un Dieu, comme la justice dont elle est l'expression et la sauvegarde. En se faisant athée, la loi renierait son auteur. Ne confondons pas l'impartialité dont elle doit être animée en religion, avec l'athéisme. La notion d'un Dieu est trop respectable, nous a valu de trop grands résultats pour

qu'on la sape subitement dans l'ordre législatif.
La loi, en un mot, ne doit pas plus être athée que
sceptique, que luthérienne, calviniste, catholique
ou autre. La loi doit être la loi. Elle doit prononcer sur les intérêts en litige, et travailler de cette
manière à la conservation de l'ordre social. En
relevant, du reste, les paroles de M. Odilon Barrot,
nous n'avons point la sotte prétention de lui en
remontrer, et nous continuons de répudier l'athéisme, l'athéisme des philosophes surtout, comme
sentant par trop fort la démoralisation et aboutissant par trop aveuglément à la confusion de tous
nos rapports sociaux.

Quelle contradiction! Tous nos athées sont ennemis de Dieu, et ils révèrent tous l'arbitraire de
l'autorité au point de tomber à genoux devant
le moindre signal émané de haut. D'autre part,
mais cela n'est plus une contradiction, mais bien
une conciliation de leur caractère avec l'abus de
leurs déplorables opinions matérialistes, ils sont
cyniques comme Diogène, avares comme Harpagon
et lâches comme Thersite. Ne croyant point à la
bonne foi des autres, pas même à la leur, ils sont
soupçonneux, défiants et naturellement enclins à
la rapine. Comme, selon eux, rien n'est bien, rien
n'est mal, qu'ils ne croient ni à un principe de
sanction divine, ni à un principe de sanction humaine, ils ne se font pas faute d'esquiver les cas de
conscience et les plus légères prescriptions de la

justice. Ils ne se flattent point d'être enfin ce qu'on appelle des gens scrupuleux.

Et qu'on ne s'imagine pas que nous nous appliquions à forcer notre appréciation. Le tableau que nous faisons là des athées est ressemblant. Nous l'avons étudié d'après nature et copié sur un original dont nous garantissons l'existence. Cet original, il nous a été donné de le connaître particulièrement ; et, outre qu'il était d'une humeur bilieuse, entêté dans son système, outre qu'il réunissait amplement toutes les qualités énumérées plus haut, il avait encore la manie des chiens. Ses chiens.... il les préférait à tout, c'étaient ses enfants, et ses enfants gâtés. Point de satisfaction, de bonheur, s'il n'était avec ses chiens. Mais, trait caractéristique, quand venait l'époque de fornication pour ses chiennes, alors notre athée prenait ses chiens l'un après l'autre, et, d'un air recueilli, respectueux, dévot même, il leur partageait scrupuleusement les jouissances de l'accouplement. Il appelait cela leur distribuer l'*amour!* Voilà bien le cynisme de Diogène, cynisme qui provient exclusivement de la contemplation de la matière. D'Holbach compara l'homme aux animaux.

Comme on le voit, le défaut principal de l'athéisme c'est de s'abstraire de l'idée sociale pour se confondre entièrement dans l'étude de la nature et du monde physique. Aussi, pendant que le génie social, que guide la tradition, ne procède le plus souvent que par symboles et fictions ayant tous un sens profondément moral et éducateur, l'athéisme discute sur le monde infini, sur la substance incréée, sur l'indestructibilité des atomes. L'athéisme s'arrête là; le panthéisme devient sa religion véritable. Et, comme d'après les principes de l'athée, il n'y a rien au-dessus, au dedans, ni au dehors du monde physique, l'âme humaine est forcément matérielle aussi. « Qui sait si, parmi les propriétés de la matière, ne se trouve point celle de penser? » Voilà, en quelques mots, toute la philosophie de l'athéisme.

Mais s'il arrive que l'athéisme, sortant un moment de son aride exclusivisme, se prenne à envisager, non le monde physique, mais la marche évolutive des sociétés, alors il demeure muet, confondu, sa science lui fait défaut. Il s'aperçoit, avec étonnement et confusion, que les sociétés n'obéissent pas seulement à un concours de circonstances fatales, à un enchaînement d'événements disposés de toute éternité, mais, avant tout, à une foule de rapports intimes, de combinaisons savantes qui accusent préméditation et conseil, et qu'il ne supposait pas. Le mystère alors l'environne, le pénètre, et le pressentiment d'un monde tout moral, tout immatériel, lui vient malgré lui. Tout à l'heure, il appelait la religion l'*infâme*; à présent, il s'écrie, heurté tout à coup par la lumière qui l'éblouit: « Si Dieu n'existait pas, il faudrait l'inventer!... »

Paroles profondes qui font trop d'honneur à Voltaire pour que nous ne les retournions pas contre lui.

En effet, Voltaire, sans qu'il s'en doutât peut-être, par ces paroles, découvrait le secret de la civilisation, et cette contradiction ne doit point étonner. Voltaire était à la fois législateur et philosophe. Chez lui, le législateur était déiste plus que dans Rousseau, mais le philosophe était matérialiste et athée. Cela prouve qu'entre l'étude de l'univers, du vaste système physique dont nous sommes le centre et celle de l'humanité, il y a tout un monde de nouveaux principes à découvrir et à arrêter.

« Tout est bien en sortant des mains du Créateur, tout dégénère entre les mains de l'homme. » Cette phrase sentencieuse de l'auteur d'*Émile*, qu'on admire tant comme rendant un juste hommage à la puissance de Dieu, n'est encore, à tout bien considérer, que de l'athéisme social. Si tout dégénère entre les mains de l'homme, qu'est donc la société? Qu'est Dieu lui-même qui, au Sinaï, par l'entremise de Moïse, nous invite à sortir de l'état de nature et à nous lancer dans les voies de la civilisation? Contradictions sur contradictions, la philosophie n'est que cela.

« *Nihil ex nihilo.* » L'athéisme clôt toute controverse par cet axiome de Thalès. Nous revenons à l'éternité du monde physique, à la substance incréée, à l'indestructibilité des atomes, au panthéisme. Sans doute, au point de vue panthéiste et matérialiste, l'axiome de Thalès est d'une vérité désespérante, ou plutôt il est l'expression de la nécessité absolue. Mais, au point de vue social, la question se modifie d'une étrange façon. Si *rien ne sort de rien,* d'où provient cet esprit créateur que nous portons en nous, esprit que chacun sent, et qui, se fixant sur la matière, la transforme à l'infini, la bouleverse dans tous les sens et lui donne une importance qu'elle ne saurait jamais acquérir par elle-même? D'où l'homme a-t-il successivement tiré les lois, les institutions, les mœurs, les sciences, les arts, et la richesse industrielle surtout dont il jouit maintenant? De la matière? Non! du fond de sa conception, de son esprit, du néant.... Ainsi, c'est avéré : à force de s'enfoncer dans le bourbier de ses élucubrations matérialistes, l'athée a perdu tout sentiment de la puissance humaine, puissance tout abstraite qui est celle de la civilisation et du génie social.

Cependant il faut savoir rendre justice à toute chose. Où l'on peut donc accorder sans inconvénients que l'athéisme servit à la cause du progrès, c'est que, par la négation radicale de Dieu, il affirma indirectement l'humanité qui, alors désespérant de Dieu, et n'ayant plus recours qu'à elle seule, se réfugie dans ses propres forces et marche ! A le considérer sous ce rapport, l'athéisme produisit les différents systèmes d'authropolâtric et d'humanisme qui ont fait bruit dans le cours de ce demi-siècle. Lui-même ne fut que l'exagération du principe humain, la plus orgueilleuse anthropolâtrie qu'on rêva jamais. Mais quels que soient les résultats qu'il ait amenés au point de vue nouveau où nous nous plaçons, l'athéisme ne répond toujours pas aux notions exactes du progrès social qui, à son début surtout, réclamait impérieusement, exigeait deux termes opposés et contradictoires : Dieu et l'humanité. Dieu comme principe constituant, et l'humanité comme matière à constitution; Dieu comme *Moi actif,* l'humanité comme *non-Moi passif.* Après ses lourdes sorties contre la civilisation, ses pratiques et ses habitudes immorales, il ne reste donc plus à l'athéisme, semblable en cela à la divinité égyptienne, qu'à se couvrir la tête du voile épais de son scepticisme désespérant et de son ignorance profonde. Il a vécu : *Jaceat humi!*

La période de philosophie négative qui dégénéra en athéisme, et qui, née de la religion, s'exerça contre elle, en s'étendant des premiers révélateurs jusqu'à nos jours, eut d'éloquents interprètes; et tous les athées, disons-le à la gloire de l'esprit humain, n'ont pas appartenu à la secte de Diogène. Pyrrhon, Juvénal, Lucrèce et Lucien, tous contempteurs des dieux, lui ont prêté anciennement l'appui de leur parole ou de leur plume sarcastique.

Cicéron, sans arborer précisément l'étendard de l'athéisme, penchait à l'impiété. *Les dieux s'en vont!* tel est le cri qui, de son temps déjà, s'échappait prématurément du fond de la conscience publique. Condillac, Hume, Bacon, Hobbes et Locke, empiriques, sensualistes et sceptiques, lui ont frayé la route. Lamettries, Helvétius, d'Holbach, Voltaire, Dupuis, les encyclopédistes, l'ont élevé, dans nos temps modernes, à la hauteur d'un système. Mais, nous le répétons pour ne plus y revenir, passant du doute à la négation, exaltation de la matière et de la nature, ne voyant que le monde physique, ne comprenant rien au monde social, tombant dans la misanthropie par impuissance et désespoir, l'athéisme, ainsi que tout le mouvement purement philosophique dont il est l'inévitable conclusion, nous déroute complétement sur la signification sociale de Dieu, et s'est fondu dans une méthode supérieure d'investigation qui, en ouvrant à la pensée des horizons nouveaux, l'a entièrement abrogé.

Pour la science, ou plutôt pour la métaphysique moderne, Dieu est une idée sociale, une hypothèse, un instrument dialectique, un principe de démonstration. Laissons parler ici M. Proudhon qui, en France, est le principal initiateur de cette métaphysique puissante.

En effet, dit M. Proudhon, dans le prologue de ses *Contradictions économiques.*

« J'ai besoin de l'hypothèse de Dieu pour fonder

l'autorité de la science sociale. — Quand l'astronome, pour expliquer le système du monde, s'appuyant exclusivement sur l'apparence, suppose avec le vulgaire le ciel en voûte, la terre plate, le soleil gros comme un ballon, et décrivant une courbe en l'air de l'orient à l'occident, il suppose l'infaillibilité des sens, sauf à rectifier plus tard, au fur et à mesure de l'observation, la donnée de laquelle il est obligé de partir ; c'est qu'en effet, la philosophie astronomique ne pouvait admettre *à priori* que les sens nous trompent, et que nous ne voyons pas ce que nous voyons. Que deviendrait, avec un pareil principe, la certitude de l'astronomie ? Mais le rapport des sens pouvant, en certains cas, se rectifier et se compléter par lui-même, l'autorité des sens demeure inébranlable et l'astronomie est possible.

» De même la philosophie sociale n'admet point *à priori* que l'humanité dans ses actes puisse ni tromper ni être trompée : sans cela que deviendrait l'autorité du genre humain, c'est-à-dire l'autorité de la raison, synonyme au fond de la souveraineté du peuple ? Mais elle pense que les jugements humains, toujours vrais dans ce qu'ils ont d'actuel et d'immédiat, peuvent se compléter et s'éclairer successivement les uns les autres, à mesure de l'acquisition des idées, de manière à mettre toujours d'accord la raison générale avec la spéculation individuelle, et à étendre indéfiniment la sphère de la certitude :

ce qui est toujours affirmer l'autorité des jugements humains.

» Or, le premier jugement de la raison, le préambule de toute constitution politique, cherchant une sanction et un principe, est nécessairement celui-ci : *Il existe un Dieu*, ce qui veut dire : La société est gouvernée avec conseil, préméditation, intelligence. Ce jugement, qui exclut le hasard, est donc ce qui fonde la possibilité d'une science sociale ; et toute étude historique et positive des faits sociaux, entreprise dans un but d'amélioration et de progrès, doit supposer avec le peuple l'existence de Dieu, sauf à rendre plus tard compte de ce jugement.

» Ainsi, l'histoire des sociétés n'est plus pour nous qu'une longue détermination de l'idée de Dieu, une révélation progressive de la destinée de l'homme. Et tandis que l'ancienne sagesse faisait tout dépendre de la notion arbitraire et fantastique de la Divinité, opprimant la raison et la conscience, et arrêtant le mouvement par la terreur d'un maître invisible ; — la nouvelle philosophie, renversant la méthode, brisant l'autorité de Dieu aussi bien que celle de l'homme, et n'acceptant d'autre joug que celui du fait et de l'expérience, fait tout converger vers l'hypothèse théologique, comme vers le dernier de ses problèmes.

» J'ai besoin de l'hypothèse de Dieu, non seulement, comme je viens de le dire, pour donner un sens à l'histoire ; mais encore pour légitimer les réformes à opérer, au nom de la science, dans l'État.

» Soit que nous considérions la Divinité comme extérieure à la société, dont elle modère d'en haut les mouvements (opinion tout à fait gratuite et très probablement illusoire) ; — soit que nous la jugions immanente dans la société et identique avec cette raison impersonnelle et inconsciencieuse, qui, comme un instinct, fait marcher la civilisation (bien que l'impersonnalité et l'ignorance de soi répugnent à l'idée d'intelligence) ; soit enfin que tout ce qui s'accomplit dans la société résulte du rapport de ses éléments (système dont tout le mérite est de changer un actif en passif, de faire l'intelligence nécessité, ou, ce qui revient au même, de prendre la loi pour la cause) : toujours s'ensuit-il que les manifestations de l'activité sociale nous apparaissant nécessairement, ou comme des signes de la volonté de l'Être suprême, ou bien comme une espèce de langage typique de la raison générale et impersonnelle, ou bien, enfin, comme des jalons de la nécessité, ces manifestations seront pour nous d'une autorité absolue. Leur série étant liée dans le temps aussi bien que dans l'esprit, les faits accomplis déterminent et légitiment les faits à accomplir. La science et le destin sont d'accord : tout ce qui arrive procède de la raison ; et réciproquement, la raison ne jugeant que sur l'expérience de ce qui arrive, la science a droit de participer au gouvernement, et ce qui fonde sa compétence comme conseil justifie son intervention comme souverain.

» La science, exprimée, reconnue et acceptée par le suffrage de tous comme divine, est la reine du monde. Ainsi, grâce à l'hypothèse de Dieu, toute opposition stationnaire ou rétrograde, toute fin de non-recevoir proposée par la théologie, la tradition ou l'égoïsme, se trouve péremptoirement et irrévocablement écartée.

» J'ai besoin de l'hypothèse de Dieu pour montrer le lien qui unit la civilisation à la nature.

» En effet, cette hypothèse étonnante, par laquelle l'homme s'assimile à l'absolu, impliquant l'identité des lois de la nature et des lois de la raison, nous permet de voir dans l'industrie humaine le complément de l'opération créatrice, rend solidaire l'homme et le globe qu'il habite, et, dans les travaux d'exploitation de ce domaine où nous a placés la Providence, et qui devient ainsi notre ouvrage en partie, nous fait concevoir le principe et la fin de toutes choses. Si donc l'humanité n'est pas Dieu, elle continue Dieu ; ou si l'on préfère un autre style, ce que l'humanité fait aujourd'hui avec réflexion est la même chose que ce qu'elle a commencé d'instinct, et que la nature semble accomplir par nécessité. Dans tous ces cas, et quelque opinion qu'on choisisse, une chose demeure indubitable, l'unité d'action et de loi. Êtres intelligents, acteurs d'une fable conduite avec intelligence, nous pouvons hardiment conclure de nous à l'univers et à l'Éternel, et, quand nous aurons définitivement organisé parmi nous *le travail*, dire avec orgueil : La création est expliquée.

» Ainsi le champ d'exploration de la philosophie se trouve déterminé : la tradition est le point de départ de toute spéculation sur l'avenir ; l'utopie est écartée à jamais ; l'étude du moi, transportée de la conscience individuelle aux manifestations de la volonté sociale, acquiert le caractère d'objectivité dont elle avait été jusqu'alors privée, et l'histoire devenant psychologie, la théologie anthropologie, les sciences naturelles métaphysique, la théorie de la raison se déduit, non plus de la vacuité de l'intellect, mais des innombrables formes d'une nature largement et directement observable.

» J'ai besoin de l'hypothèse de Dieu pour témoigner de ma bonne volonté envers une multitude de sectes, dont je ne partage pas les opinions, mais dont je crains les rancunes : — théistes ; je sais tel qui, pour la cause de Dieu, serait prêt à tirer l'épée, et comme Robespierre à faire jouer la guillotine jusqu'à la destruction du dernier athée, sans se douter que cet athée, ce serait lui ; — mystiques, dont le parti, composé en grande partie d'étudiants et de femmes, marchant sous la bannière de MM. Lamennais, Quinet, Leroux et autres, a pris pour devise : *Tel maître, tel valet ;* tel Dieu, tel peuple ; et pour régler le salaire d'un ouvrier commence par restaurer la religion ; — spiritualistes, qui, si je méconnaissais les droits de l'esprit, m'accuseraient de fonder le culte de la matière, contre lequel je proteste de toutes les forces de mon âme ; — sensualistes et matérialistes, pour qui le dogme divin est le symbole de la contrainte et le principe de l'asservissement des passions, hors desquelles, disent-ils, il n'est pour l'homme ni plaisir, ni vertu, ni génie : — éclectiques et sceptiques, libraires-éditeurs de toutes les vieilles philosophies, mais eux-mêmes ne philosophant pas, coalisés en une vaste confrérie, avec approbation et privilége, contre quiconque pense, croit ou affirme sans leur permission ; — conservateurs, enfin, rétrogrades, égoïstes et hypocrites, prêchant l'amour de Dieu par haine du prochain, accusant depuis le déluge la liberté des malheurs du monde, et calomniant la raison par sentiment de leur sottise.

» Se pourrait-il que l'on accusât une hypothèse, qui, loin de blasphémer les fantômes vénérés de la foi, n'aspire qu'à les faire paraître au grand jour ; qui, au lieu de rejeter les dogmes traditionnels et les préjugés de la conscience, demande seulement à les vérifier ; qui, tout en se défendant des opinions exclusives, prend pour axiome l'infaillibilité de la raison, et grâce à ce fécond principe, ne conclura jamais sans doute contre aucune des sectes antagonistes ? Se pourrait-il que les conservateurs

religieux et politiques me reprochassent de trou-
bler l'ordre des sociétés, lorsque je pars de l'hypothèse d'une intelligence souveraine, source de
toute pensée d'ordre ; que les démocrates semi-
chrétiens me maudissent comme ennemi de Dieu,
par conséquent traître à la république, lorsque je
cherche le contenu et le sens de l'idée de Dieu ; et
que les marchands universitaires m'imputassent à
impiété de démontrer la non-valeur de leurs produits philosophiques, alors que je soutiens précisément que la philosophie doit s'étudier dans son
objet, c'est-à-dire dans les manifestations de la
société et de la nature.

» J'ai besoin de l'hypothèse de Dieu pour justi-
fier mon style.

» Dans l'ignorance où je suis de tout ce qui regarde Dieu, le monde, l'âme, la destinée ; forcé de
procéder comme le matérialiste, c'est-à-dire par
l'observation et l'expérience, et de conclure dans
le langage du croyant, parce qu'il n'en existe pas
d'autre ; ne sachant pas si mes formules, malgré
moi théologiques, doivent être prises au propre ou
au figuré ; dans cette perpétuelle contemplation de
Dieu, de l'homme et des choses, obligé de subir la
synonymie de tous les termes qu'embrassent les
trois catégories de la pensée, de la parole et de
l'action, mais ne voulant rien affirmer d'un côté
plus que de l'autre, la rigueur de la dialectique
exigeait que je supposasse, rien de plus, rien de

moins, cette inconnue qu'on appelle *Dieu*. Nous sommes pleins de la Divinité : *Jovis omnia plena;* nos moments, nos traditions, nos lois, nos idées, nos langues, nos sciences, tout est infecté de cette indélébile superstition hors de laquelle il ne nous est pas donné de parler ni d'agir, et sans laquelle nous ne pensons seulement pas.

» Enfin notre société se sent grosse d'événements et s'inquiète de l'avenir : comment rendre raison de ces pressentiments vagues avec le seul secours d'une raison universelle, immanente, si l'on veut, et permanente, mais impersonnelle, et par conséquent muette ; — ou bien avec l'idée de nécessité, s'il implique que la nécessité se connaisse, et partant qu'elle ait des pressentiments ? Reste donc encore une fois l'hypothèse d'un agent ou incube qui presse la société et lui donne des visions. »

Et ailleurs :

« Si je suis, au travers de ses transformations successives, l'idée de Dieu, je trouve que cette idée est avant tout sociale; j'entends par là qu'elle est plus un acte de foi de la pensée collective qu'une conception individuelle. Or, comment et à quelle occasion se produit cet acte de foi? Il importe de le déterminer.

» Au point de vue moral et intellectuel, la société, ou l'homme collectif, se distingue surtout de l'individu par la spontanéité d'action, autrement dite, l'instinct. Tandis que l'individu n'obéit, ou s'imagine n'obéir qu'à des motifs dont il a pleine connaissance, et auxquels il est maître de refuser ou d'accorder son adhésion; tandis, en un mot, qu'il se juge libre, et d'autant plus libre qu'il se sent plus raisonneur et mieux instruit, la société est sujette à des entraînements où rien au premier coup d'œil ne laisse apercevoir de délibération et de projet, mais qui peu à peu semblent dirigés par un conseil supérieur, existant hors de la société, et la poussant avec une force irrésistible vers un terme inconnu. L'établissement des monarchies et des républiques, la distinction des castes, les institutions judiciaires, etc., sont autant de manifestations de cette spontanéité sociale, dont il est beaucoup plus facile de noter les effets que d'indiquer le principe ou de donner la raison. Tout l'effort, même de ceux qui, à la suite de Bossuet, Vico, Herder, Hegel, se sont appliqués à la philosophie de l'histoire, a été jusqu'ici de constater la présence du destin providentiel qui préside à tous les mouvements de l'homme. Et j'observe à ce propos que la société ne manque jamais, avant d'agir, d'évoquer son génie, comme si elle voulait se faire ordonner d'en haut ce que déjà sa spontanéité a résolu. Les sorts, les oracles, les sacrifices, les acclamations populaires, les prières publiques, sont la forme la plus ordinaire de ces délibérations après coup de la société. »

On ne peut, en termes plus clairs, tomber d'accord avec les prémisses que nous avons nous-même posées, et exprimer que Dieu a été primitivement, de la part du genre humain, *un fait de conscience générale, un acte de foi collectif.* *Vox populi, vox Dei!* voilà déjà, au point de vue social, la profession de foi de la métaphysique moderne.

Que dit maintenant la métaphysique des Kant et des Hegel?

S'appuyant sur la tradition biblique du *Ego sum qui sum*, cette métaphysique se fait de Dieu la conception suivante : Dieu, c'est l'être immuable, éternel, incréé et absolu; Essence impersonnelle, identique et pure; ensemble de lois et de rapports primordiaux et indestructibles; appareil synthétique de toutes virtualités. Dieu, c'est l'être infini, le grand Tout, dans lequel nous vivons, nous nous mouvons et sommes; *in quo vivimus, movemur et sumus.*

Si nous nous servons des propres termes de Hegel, Dieu est le *Moi* devenant *non-Moi,* le *sujet* transformé en *objet,* ce qui établit le champ de la science, en même temps que la certitude et le caractère évolutif du progrès.

Ou bien encore, revenant à M. Proudhon, « Dieu est hypothétiquement l'éternel, l'infaillible, l'immuable, le spontané, le tout-puissant; en un mot, l'infini en toutes facultés, propriétés et manifestations. Dieu est l'être en qui l'intelligence et l'activité, élevées à une puissance infinie, deviennent adéquates et identiques à la fatalité même : *Summa lex, summa libertas, summa necessitas.* Il est par essence antiprogressif et antiprovidentiel : *Dictum fatum*, voilà sa devise, sa seule et unique loi. Et comme en lui l'éternité exclut la providence, de même l'infaillibilité exclut l'aperception de l'erreur : *Sanctus in omnibus operibus suis.* Mais Dieu, par sa qualité d'infini en tout sens, acquiert une spécification qui lui est propre, par conséquent une possibilité d'existence résultant de son opposition à l'être fini, progressif et providentiel, qui le conçoit comme son antagoniste. Dieu, pour tout dire, n'ayant dans son concept rien de contradictoire, est possible, et il y a lieu de vérifier cette hypothèse involontaire de notre raison. »

Sans vouloir entrer dans une série interminable de commentaires à l'occasion de ces différentes définitions métaphysiques, il est facile de voir qu'elles répondent encore à la notion sociale que nous nous sommes faite de Dieu ; que si elles n'établissent un point de contact, une identité parfaite entre elles et cette notion, elles signalent toujours un point de départ hypothétique qui équivaut à un fait de conscience générale, à une acclamation spontanée, et d'où devait découler tout un système nouveau d'investigation.

Et à présent, qu'est-ce que Dieu pour la plupart

de nos hommes de science? C'est tout ce que la nature contient d'impénétrable à notre esprit d'investigation; c'est tout ce que le haut savoir de nos académiciens n'est point parvenu à déchiffrer; en d'autres termes, c'est l'*Inconnu*, grand et redoutable inconnu qui nous entoure d'un mystère profond, inépuisable, et nous presse de tous côtés de son mutisme désespérant.

Nos astronomes, à l'aspect des grands mouvements sidéraux, des lois qui régissent l'univers, n'en sont-ils pas encore réduits à cette exclamation de Rousseau ? « Je ne puis concevoir un monde se mouvant dans l'espace, sans m'imaginer en même temps une main qui le pousse. » Ont-ils déterminé avec exactitude tous ces mouvements, toutes ces lois? En savent-ils donner la raison d'existence? Le progrès naturel de la création cosmique et de l'organisme stellaire ne leur offre-t-il pas toujours une foule de points ténébreux?... Newton lui-même, dont la découverte de l'attraction recula considérablement les bornes de la science, fut convaincu de l'impuissance de son génie, et Newton croyait en Dieu autant qu'homme de France. L'*inconnu*, quoique nous fassions pour le pénétrer, est donc de plus en plus impénétrable ! Et cet inconnu, n'est-ce point Dieu?... N'est-ce point le stimulant de notre pensée, le nous ne savons quoi indéfinissable, incompréhensible et toujours fuyant, qui, en s'offrant à notre spontanéité sociale, à nos acclamations, vient solliciter nos actes d'adoration et de foi?

N'existe-t-il point en chimie de ces cas secrets qui suspendent la marche de la science et la font avec effroi et stupeur se rejeter en arrière? N'est-il point de ces solutions tellement intimes, tellement enfouies dans le travail créateur de l'être, qu'elle n'ose fixer ses regards dessus, ni les soumettre à l'épreuve de ses expériences? A-t-on résolu ces problèmes effrayants de l'*impénétrabilité moléculaire*, de l'*attraction*, de l'*affinité*, de la *cohésion*, etc., etc.; ou ces prétendues propriétés de la matière qu'on dit déterminées, n'en sont-elles pas encore à l'état de notions vaporeuses, de fictions scientifiques, d'hypothèses? On n'oserait se prononcer; et c'est sous ce rapport principalement que les *voies de Dieu sont impénétrables*. Or, qu'est-ce qu'une pareille profession de foi de la part de nos savants? N'est-ce pas, à l'exemple de la religion, affirmer l'existence de Dieu et se prosterner devant sa majesté invisible et universelle? Dieu est donc dans la science comme il est dans le sentiment religieux, dans l'histoire, dans l'ordre moral, dans tout et partout, conformément au précepte chrétien. Et nous ne sachions pas qu'on l'en arrache de longtemps; car la science est infinie comme Dieu dont elle est l'image en petit, la reproduction en abrégé.

L'économie politique, fille de la métaphysique, qui, comme on sait, aspire à traiter de toutes les branches de notre connaissance , n'arrive-t-elle pas aussi à son ultimatum, à son dernier mot? Hélas! si. A la manière même dont elle le formule cet ultimatum, dont elle le dit ce dernier mot, on sent qu'elle a eu des hésitations, qu'elle a été en proie à des doutes longuement combattus, à des perplexités d'esprit déchirantes; on sent qu'il s'est joué dans son for intérieur un drame terrible avec tout le cortége de ses péripéties émouvantes, péripéties qui, en exaltant toutes ses facultés et la portant au délire, l'ont amenée à cette confession foudroyante : *Dieu, c'est le mal!* Et cette confession qui, tout en ébranlant la foi en Dieu, en constate néanmoins la nécessité fatale, elle l'a articulée la bouche béante, les yeux hagards, à la façon des anciens prophètes dominés de l'esprit divin et pénétrés des éternelles vérités de la civilisation. L'économie politique a beau exalter l'esprit initiateur et vraiment créateur de l'homme, s'épanouir d'orgueil et de satisfaction devant les merveilles de notre industrie, manier avec un art infernal des instruments dialectiques d'une puissance incalculable, avoir recours à l'analyse, l'induction, la synthèse, l'antinomie, la série ; elle a beau remuer le monde moral et le monde industriel jusque dans des profondeurs où l'œil épouvanté n'aperçoit plus qu'abîmes , toujours est-il qu'elle ne réussit qu'à rendre plus ténébreux, plus insondable ce problème de Dieu.

Que l'économiste, avec le secours de sa dialectique, à laquelle nous savons rendre hommage, nous
explique qu'une simple substitution de séries arti-
ficielles aux séries naturelles enfante les arts, les
produits, les industries qui sont du domaine de
notre création, et que, hors de cette disposition de
séries, il ne saurait exister ni produits, ni capitaux,
ni industries, ni travail, ni mouvement, aucune
création enfin, nous concevons cela. Mais cette
explication métaphysique, qui ne peut s'appliquer
qu'à notre espèce dans son travail de création économique, est-elle vraie absolument? Donne-t-elle la
solution que nous cherchons relativement à Dieu ?
Peut-elle surtout contre-balancer, dans la conscience publique, la notion d'un Dieu créateur et
providentiel ?

Elle est belle à voir cependant la nouvelle école
économique, quand, armée du génie de Hegel et de
sa méthode, elle se prend à vouloir tirer du néant
la nature et l'être, l'homme et Dieu, et qu'elle
cherche à expliquer le dualisme universel par ce
dualisme même! Quelle magnificence de raisonnement, quelle force d'argumentation ne déploie-t-elle
pas dans l'exposition de ses thèses ! Subjectiver
tour à tour la nature et l'homme, l'esprit et la matière, les objectiver ensuite, assimiler, analyser,
comparer ce qu'il y a de plus dissemblable, de plus
hétérogène, puis établir entre toutes choses un
rapport d'identité, une loi de similitude dont sort

victorieusement la science pour procéder à l'édification du monument économique et social, voilà
certainement ce qui tient du prodigieux, du phé-
noménal. Être arrivé à démontrer que Dieu n'est
que la contre-partie de l'humanité, qu'un concept
adéquat à elle, que son simulacre, son image réflé-
chie; qu'on peut juger de Dieu par l'homme, de ce
dernier par Dieu; que l'étude des deux réunis ne
constitue qu'un seul et même problème à double
solution, solution contradictoire dans les moyens,
mais identique au fond; que l'esprit n'est que la
substance idéalisée, et la substance l'esprit maté-
rialisé : voilà, répétons-le, ce qui est gigantesque,
anéantissant!...

Mais, encore une fois, tout en rendant justice à
la vigueur de ses raisonnements, à la haute portée
de ses vues; tout en pouvant reconnaître aussi
que la pensée sans l'être n'est rien, que Dieu
sans l'homme ne saurait exister, qu'ils sont co-
existants dans le monde et l'éternité; que Dieu
crée l'homme et que l'homme crée Dieu, attendu
que l'objet implique le sujet, l'être pensant l'être
pensé, la méthode Hegel, appliquée à l'économie politique comme à nos spéculations sociales,
ne laisse-t-elle rien à approfondir, répond-elle à
toutes les objections? En faisant rentrer le problème de Dieu dans celui de l'humanité, en déduit-
elle l'explication dernière? La connaissance de
Dieu, nous dit-elle, s'acquiert par l'étude de

l'homme, des lois et des principes qui le régissent. Mais l'homme se connaît-il à l'heure qu'il est? Sait-il exactement où il va, d'où il vient? A-t-il l'aperception claire de sa destinée? Savons-nous pratiquer le γνωθι σεαυτον de Socrate?... Hélas! c'est tout au plus si nous sommes pénétrés des plus simples rapports moraux et politiques qui servent à nous conduire. Nous connaissons si peu les principes économiques et sociaux, qu'on peut bien prétendre avec raison que c'est toujours la fatalité, et non la providence humaine, qui gouverne les États. Nos gouvernements, du reste, à chaque révolution qui les installe, n'oublient jamais de se réclamer de Dieu, et nos peuples béats de s'associer à la conduite des gouvernements, et d'adorer les invisibles décrets du Très-Haut.

Descartes, par son *cogito, ergo sum*, affirma la pensée libre et souveraine dans notre espèce, ou la *cause subjective*. Hegel vint ensuite, qui affirma l'être en général, ou la *cause objective*. De cette double affirmation jaillit le dualisme de l'idée et de l'être, de l'esprit et de la matière, de l'homme et de Dieu, dualisme vraiment fécond, qui comporte dans ses flancs tout un système de création. Nous acceptons ce dualisme qui a suscité tant de controverses parmi nos plus fameux métaphysiciens de l'Europe, et ne craignons point d'en proclamer la puissance. Mais, cependant, qu'on passe tant qu'on voudra du *cogito* de Descartes au *cogito* de Hegel, qu'on base l'identité de la pensée et de l'être sur le dualisme signalé plus haut pour en concevoir une loi de création sur un plan de progression ordonnée; qu'on dise de l'homme qu'il est le syncrétisme de l'univers, et que, comme tel, il en porte le mécanisme dans son cerveau; qu'on vante la certitude du *sujet* et de l'*objet* par le rapport de leur identité, qu'on exalte cette formule : *Accord de la raison avec l'expérience;* qu'on ait recours enfin à toutes les subtilités métaphysiques possibles et imaginables, on n'aura pas raison pour cela, telle est notre conviction du moins, du grand *spontané social*, âme des sociétés, et qui les domine d'autant plus sûrement, qu'il est le résultat de leurs inspirations collectives. Dieu, le grand et mystérieux *Inconnu*, n'en restera pas moins à l'état d'une énigme transcendante et inabordable; plus il pèsera sur notre imagination et la remplira de sa fantastique image, plus il nous convaincra même du néant de nos efforts audacieux, en se plaisant à se jouer de notre sagesse individuelle par ses déterminations brusques et inattendues. *Dieu, c'est le mal!* Nous nous emparons, quant à nous, de cet aveu de la science aux abois, du génie aux prises avec la fatalité, de l'homme luttant contre Dieu pour en constater la légitime intervention dans nos affaires d'ici-bas; car si Dieu est le mal, il existe, on l'affirme; cela nous suffit, c'est un acte de foi. Mais, loin d'être le mal, nous prouverons que, principe de constitution sociale avant tout, Dieu n'a pu être pour l'humanité qu'un principe de bien et de haute moralisation.

Avouons pourtant que, par la métaphysique moderne, la notion de Dieu est arrivée à une transformation complète. Ce n'est plus l'être subjectif et volontaire que la religion figura sous les noms mythologiques de Brahma, Jupiter ou Jéhovah. C'est toute une méthode nouvelle d'investigation émancipée des langes de la foi et ne relevant plus que du seul raisonnement ; c'est tout un système de spéculation transcendante, divisé en *moi* et *non-moi*, comprenant l'homme et l'univers, les lois et les rapports qu'ils comportent, toutes les virtualités dont l'homme est déclaré le syncrétisme, et dont la connaissance, en l'initiant à la science infinie, doit, en dernier lieu, lui faire pénétrer le grand inconnu, et le proclamer roi de la création en lui en apprenant les secrets. Dans ce système, Dieu est le champ de nos explorations, l'objet de nos études ; il joue le rôle objectif ou passif, tandis que l'homme remplit le rôle subjectif ou actif. L'homme est l'antagoniste de Dieu ; car il est borné, mouvant, susceptible d'un progrès évolutif pendant que Dieu est l'infinité et l'immutabilité dans tout, la concentration parfaite. Le dualisme est la condition du développement et de toute création, de la création naturelle comme de notre création artificielle. Hors de ce dualisme il n'est rien, il existe généralement, il est universel. La métaphysique n'est point la science ; mais elle y conduit infailliblement par la constatation de l'*objet* et du *sujet*. Il importait d'arriver à ce résultat pour sortir de l'ornière des vieux préjugés religieux et philosophiques.

En faisant de l'homme le syncrétisme de l'univers, en l'élevant à la hauteur de l'être subjectif et pensant, contradictoirement à Dieu, qui n'est plus que l'être objectif et pensé ; en exaltant chez lui l'intelligence et toutes les merveilleuses facultés dont il est doué, la dialectique moderne se rattache en outre à la tradition spiritualiste et répudie toute comparaison avec l'athéisme. Elle proclame dans l'homme la supériorité de l'esprit sur la matière, et marche à la complète subordination de celle-ci, qui n'est plus alors qu'un complément dont nous avons besoin pour l'exercice de nos facultés et de notre action créatrice. Elle relève la condition de l'espèce, embellit sa nature en l'excitant aux découvertes industrielles et morales, et en lui assurant la propriété exclusive du globe. L'homme, en un mot, sous son action épurante, devient plus que jamais *une intelligence servie par des organes.* Il n'est plus *une matière agissant, pensant et connaissant par elle-même.*

Pour des raisons non moins puissantes, Dieu peut être considéré comme un instrument dialectique, et comme le suprême, duquel tous les autres avaient à s'échapper ; car, malgré sa transformation de moi actif en non-moi passif, la science n'en élimine point la notion. Elle subsiste toujours, et son action, tout en ne se faisant plus sentir qu'indirectement, ne perd point de son énergie. Dieu nous invite à le rechercher par les obstacles même qu'il nous oppose. Le mystère dont il s'entoure n'est qu'un stimulant à l'aide duquel il s'empare de notre esprit et le promène dans ses profondeurs énigmatiques. Il est le but enfin de nos investigations, et, comme tel, nous contraint de trouver, pour en user contre lui, toutes les armes de la logique.

'Après s'être déclarée contre l'athéisme, à cause de sa négation radicale et de son culte pour la matière, la métaphysique moderne désavoue aussi toute anthropolâtrie, tout humanisme tendant à la déification de l'humanité. Elle veut que l'humanité soit l'humanité, et que Dieu soit Dieu ; car elle est ennemie de tout symbolisme et n'entend plus déroger à la réalité du progrès social. Tout en affirmant Dieu, elle le présente sous des dehors diamétralement opposés à ceux de l'humanité, ce qui l'en sépare visiblement. L'humanité, dans le cours de ses manifestations, déploie des ressources puissantes ; mais l'homme cependant est toujours l'être borné, mouvant et susceptible d'un progrès évolutif, marchant de l'inconnu au connu, faillible, et n'acquérant la science qu'au travers de mille tâtonnements et de mille dangers ; tandis que Dieu, se déployant dans son éternité et son immutabilité, dans l'appareil imposant de ses virtualités, nous représente plus spécialement l'infini , l'absolu, le non limité, le *quo movemur et sumus*. Et d'ailleurs, Dieu étant donné comme l'objet de nos études, et non de notre adoration , aucun autre symbolisme n'est possible dorénavant. Le règne des prêtres, comme celui des révélateurs, est passé : on peut y adjoindre celui des monarchies et des réformateurs soi-disant sociaux.

Nous avons, pour en découvrir la signification, procédé au dépouillement de l'idée de Dieu par la religion, la philosophie et la métaphysique moderne. Nous ne sommes pas arrivé, dans toutes les parties de notre dépouillement, à des résultats analogues. Au travers de ses mythes et de ses symboles, la religion nous a fait voir dans Dieu un acte de foi collectif avec toutes ses conséquences sociales. La philosophie, s'écartant de la tradition religieuse, et s'absorbant dans la contemplation de l'univers, négligeant le côté social de la question, imbue des principes panthéistes, ne voyant que substance et matière partout, aboutissant enfin à l'athéisme, ne nous a initiés, relativement à Dieu, qu'à des préceptes de démoralisation. Heureusement que ces préceptes n'ont laissé aucune empreinte dans la conscience des peuples. La métaphysique moderne, en tant qu'elle se renferme aussi dans l'étude de l'absolu et de l'infini, dans la

construction de sa méthode dualiste, dans sa progression des êtres, etc., etc., s'écarte pareillement
du but que nous proposons et ne formule rien sur
la signification sociale de Dieu. Elle laisse, il est
vrai, subsister cette notion de Dieu, mais elle **la**
transporte tellement dans la sphère de ses spéculations transcendantes, qu'elle finit par y disparaître
entièrement en s'enfonçant dans les abîmes de
l'*inconnu*. Philosophes et métaphysiciens sont ad
·mirables dans l'exposition de leurs systèmes respectifs, mais déclinent sensiblement, quand, sous
l'emphase et le pompeux de leurs termes scientifiques, on cherche à découvrir dans leurs volumineux ouvrages le sens social de l'idée divine. A
proprement parler, ce sens social n'existe pas, à
moins qu'on ne tienne absolument à le produire
du fond de l'impuissance même des méthodes et
des systèmes. Dans ce cas, se parant de nouveau
des couleurs du grand *spontané*, du grand mystérieux des temps anciens, la notion de Dieu continue
de peser sur les sociétés et de nous impressionner
puissamment. Nous retombons dans la tradition
sociale du *ego sum qui sum*. Nous y retombons pareillement, quand la métaphysique, par l'organe
de M. Proudhon, reconnaît dans Dieu une hypothèse de nécessité dialectique : elle se confond
avec la religion et aboutit positivement à son acte
de foi collectif.

N'oublions pas ces paroles :

« J'ai besoin de l'hypothèse de Dieu pour fonder l'autorité de la science sociale. »

« Lorsque je suis, au travers de ces transformations successives, l'idée de Dieu, je trouve que cette idée est avant tout sociale : j'entends par là qu'elle est bien plus un acte de foi de la pensée collective qu'une conception individuelle. »

Après avoir si bien saisi le vrai côté de la question, il est une chose que nous ne comprenons pas : c'est que M. Proudhon se soit livré contre Dieu aux emportements immodérés qu'on trouve dans ses ouvrages : ceci nous paraît être une contradiction véritable de la part de cet habile dialecticien.

Qu'est-ce donc, en définitive, qu'une hypothèse de nécessité sociale? Qu'est-ce qu'un acte de foi collectif ?

Une hypothèse est un principe de démonstration. Qu'on demande à nos savants : ils répondront que leurs sciences reposent toutes sur des hypothèses. L'attraction, dans le principe, n'a été, pour Newton, qu'une hypothèse, et Pythagore admit celle qui consista longtemps dans la croyance que la terre était immobile et placée au centre du monde. Et que ces hypothèses aient acquis sur le moment la valeur d'un principe déterminé et aient pris rang dans la science, ou qu'elles n'aient été considérées que comme des données premières sujettes à rectifications, elles n'en ont pas moins contribué à la constitution de l'astronomie. Ainsi procéda l'humanité à l'égard de Dieu. Elle admit d'abord dogmatiquement cette puissante hypothèse, l'entoura de garanties inviolables contre l'esprit d'examen qui nous possède, et en fit découler toute une méthode d'explication, aidée en cela par ses propres instincts d'adoration naïve et ses dispositions au merveilleux. Le tonnerre grondait-il, c'était Dieu manifestant sa colère. Survenait-il d'autres événements dont on était accablé, c'était encore le bras de Dieu qui s'appesantissait sur les hommes prévaricateurs : Dieu expliquait, démontrait tout. Dieu hypothèse, principe de démonstration, instrument dialectique, ressort donc déjà de son affirmation dogmatique.

Mais pour qu'une hypothèse sociale équivale vraiment à un principe de démonstration et puisse avoir cours comme une monnaie, qu'on nous pardonne cette expression, une condition maintenant est indispensable. Il faut que cette hypothèse soit généralement admise, que chacun en reconnaisse la nécessité et soit pénétré de sa valeur démonstrative ; il faut qu'elle soit aussi un fait de spontanéité et qu'elle commande la confiance publique. La société ou l'homme collectif n'agit qu'en vertu de pressentiments irrésistibles ou de croyances fortement imprimées dans son cœur. Elle ne tient pas précisément à la réalité des objets de son adoration; mais, quand elle croit et affirme quelque chose, elle tient à être pénétrée de ce qu'elle fait, elle a besoin d'avoir confiance dans les affirmations qui légitiment ses entraînements : sans cela elle ne vivrait pas. Sous ce rapport, une hypothèse équivaut à un acte de foi collectif ; elle en a les caractères, en comporte les conséquences ; elle en est un véritablement et incontestablement.

L'idée divine, d'interprétation en interprétation, arrive évidemment à la fixation de sa valeur sociale. Nous n'aurons plus bientôt, comme une marchandise dont le prix est fait, qu'à l'abandonner à la consommation du lecteur. Mais, demanderons-nous de nouveau, à quoi correspond, en science sociale, en histoire, en politique et en législation, un acte de foi collectif ? Notre pensée devient ici si transparente, que chacun peut l'arrêter au passage et y répondre sans hésitation. Une hypothèse sociale, un acte de foi collectif, se résolvent nécessairement, en politique, en histoire et en législation, en *un système d'autorité* d'où découle une société tout entière, en un principe de constitution sociale, base d'ordre et de progrès, source de nos devoirs respectifs et garantie de nos droits. Dans l'antiquité surtout, alors que l'homme végétait dans son abrutissement, soumis aux seules instigations de ses appétits animaux, il était impossible qu'un acte de foi, qu'une conviction de spontanéité collective ne se résumassent point en cela.

N'allons pas si loin : la proclamation de l'Empire, en 1852, a été, en France, un fait de conscience générale, une acclamation publique, un témoignage universel de la confiance que le peuple français ressentit tout à coup et instinctivement pour son Empereur actuel ; tranchons le mot, un acte de foi collectif. Car fait de conscience générale, acclamation publique, acte de foi, tout cela revient au même. Eh bien, qu'est devenu l'acte de foi collectif de 1852 ? Il s'est transformé immédiatement, en politique et en législation, en un vaste système d'autorité, d'où sont sorties des institutions nouvelles, et dont Napoléon III est la tête. Et c'est tout justement aussi pour cela que Napoléon, écrasant tous les partis, les a absorbés promptement et soumis à l'ascendant victorieux de son étoile. Ces partis, quelque forts qu'ils fussent, ne pouvaient lutter contre la volonté d'un peuple entier, contre un acte de foi collectif qui, en les englobant tout à coup, devait les anéantir, ou pour le moins toujours, les ajourner pour longtemps.

Consultons nos vieilles annales historiques : N'est-ce pas d'acclamation, et en les élevant d'un concours unanime sur le pavois guerrier, que nos peuples francs procédaient à l'élection de leurs chefs ? Et cette élection ne se transformait-elle pas encore immédiatement en un système d'autorité monarchique où le roi était tout, législatif, exécutif, ordre judiciaire et nationalité ?

Dieu, principe d'autorité et de constitution sociale, voilà donc la signification que nous cherchions, et nous avons été amené à ce résultat par le dépouillement même de la notion divine envisa-gée tour à tour au point de vue religieux et méta-physique. Nous y avons vu à la fois un instrument dialectique, un principe de démonstration, une hypothèse, et, finalement, le principe d'autorité, qui a été par excellence l'élément constitutif et or-ganisateur des sociétés. Ramenant tout à l'acte de foi primitif, au fait de spontanéité sociale, à la grande acclamation formulée dogmatiquement sur le berceau de la civilisation par l'instinct que les na-tions avaient de leur propre avenir, nous en avons déduit le principe fondamental dont se réclameront les Moïse, les Numa et les Mahomet pour débuter à leur œuvre de législateur. Nous ne pensons pas nous être trompé dans les différentes interpréta-tions qu'il nous a fallu faire de l'idée divine, encore moins dans notre conclusion.

Que les poëtes, les sages, les législateurs de l'antiquité, que les peuples même qui en adorè-rent l'invisible action, aient entendu attribuer à leur acte de foi la signification que nous nous croyons en droit de lui attribuer aujourd'hui, nous n'osons et ne pouvons nous prononcer sur ce point. Les poëtes l'ont chanté, les législateurs l'ont fait, il est vrai, servir de sanction à leurs codes de lois ; l'imagination des peuples l'a produit sous des formes allégoriques séduisantes, et tout cela ne constitue point une signification sociale et scientifique. L'acte de foi plane toujours dans les régions du mystère et enveloppé de voiles. Mais après trois mille ans de civilisation, éclairés que nous sommes par la philosophie qui a eu le temps de s'échapper de l'opposition des croyances, de la critique des systèmes, de la lutte des idées, de tous les événements qui ont concouru au développement du progrès, qu'on ne vienne pas nous objecter que nous ne pouvons prononcer sur Dieu le jugement que nous avons émis : on ne nous convaincrait pas. Que le catholicisme, s'il le veut, affecte de croire à son mythe, que nos dévots l'encensent, que nos philosophes athées le nient et l'outragent, que chacun le dote de ses passions, que nos gouvernements s'en servent ; nous retranchant dans notre principe de constitution sociale et riant des superstitions vulgaires, fort de nos convictions désintéressées, nous continuerons, par l'étude des lois de la civilisation, de tâcher d'en acquérir la compréhension exacte.

Nous sommes pleins de la Divinité : *Dis omnia plena* : nos monuments, nos lois, nos institutions, tout est imprégné de cette indéracinable idée. Or, le mythe de la religion détruit, disparaissant au flambeau de l'analyse succincte que nous en avons faite, il faut bien que Dieu réponde à quelque chose de plus élevé qu'une superstition populaire, qu'un préjugé théocratique et même monarchique ; il faut qu'il satisfasse à toutes les conditions d'une puis-

sance, d'une force civilisatrice, à toutes les conditions d'un principe d'organisation sociale. Il faut
que la société soit quelque chose comme un édifice
dont il est l'invisible architecte. Et un principe social, tout en n'ayant qu'une existence abstraite, n'en
exerce pas moins sur les sociétés une action véritable. Les phénomènes sociaux ne s'en échappent
non moins sûrement, non moins inévitablement.
Nos développements historiques, que nous sommes
sur le point d'aborder, compléteront notre pensée à
cet égard. Et, dans tous les cas, Dieu étant posé
comme la raison *sine quâ non* de notre existence
sociale, il appert qu'il est indubitablement le principe créateur, et que c'est à lui qu'on doit remonter pour avoir la clef du progrès et de toutes les
phases de civilisations que nous avons parcou-
rues...

Que la conception de Dieu soit appelée à se transformer, qu'elle se dénature ; que de *moi* ou principe
créateur et actif, elle devienne non-moi ou champ
d'observation, l'important pour le cas actuel est que
nous en ayons déterminé la valeur à son point de
départ. Cette détermination est le flambeau qui, en
illuminant le passé, nous initiera aux mystères de
l'avenir. Elle sera pour nous toute une méthode
d'investigation et de démonstration, de la hauteur
de laquelle nous dominerons mœurs, lois, institutions et événements historiques.

Il résulte de toutes nos considérations antérieures,

que le progrès ici-bas s'est toujours réalisé à l'aide
de deux principes fondamentaux opposés et contradictoires, qui établissent aussi, dans l'ordre de
création sociale, un véritable dualisme. Ces deux
principes sont Dieu et l'humanité : Dieu d'abord
comme être subjectif et providentiel, comme principe pur d'autorité et de constitution sociale ensuite, base d'ordre et de justice, sanction nécessaire
dans tous les cas; et l'humanité comme matière à
animer, chaos à ordonner, comme devant subir
l'action réglementaire de Dieu et obéir aux injonctions de ses prophètes. Ici nous nous trouvons d'accord avec la tradition du Sinaï et le premier mythe
de la Genèse.

Au point de vue métaphysique, la question se
produit sous un autre aspect. Dieu, étant l'ensemble de toutes les virtualités, représentant le *quo
movemur et sumus*, le champ de nos explorations,
il y a interversion de rôles. C'est Dieu alors qui
subit l'action ordonnatrice de l'homme, et qui d'être
subjectif devient non-moi passif. Mais cette transformation de Dieu n'aura lieu qu'à la longue, et dans
ce livre, à son début surtout, force nous est de nous
placer au point de vue religieux de la subjectivité
consciente et providentielle de Dieu. A procéder
autrement, il n'y aurait pour nous qu'erreur à commettre et que fausse méthode.

Quelques autres explications.

Mais si Dieu, dans la pratique des choses sociales, répond incontestablement au principe d'autorité ou constituant, l'humanité, elle, considérée dans l'ensemble de ses facultés, distinguée de Dieu, du grand inconnu dans lequel elle se meut, contrairement à lui qui reste fixe et immobile dans son moi infini et son affirmation dogmatique, représente avec non moins de force le principe de liberté ou d'évolution progressive ; et de ses répugnances à se courber sous le joug de l'immuabilité divine ou de ses excursions dans le domaine de Dieu naîtra le mouvement civilisateur, résulteront les systèmes politico-religieux et philosophiques, les législations et établissements divers, qui entrent dans les destinées de son éducation. Ces notions fondamentales et premières nous sont encore révélées par la métaphysique moderne, et ressortent des données générales que nous avons établies nous-même. Qu'on joigne à cela la méthode du progrès au point de vue économique, basée sur les notions de capital et travail, du capital aspirant à l'autorité dans un intérêt de conservation, du travail tendant à la liberté dans un intérêt de production toujours croissante, et l'on aura une méthode d'appréciation d'autant plus sûre que tous les termes opposés, en engendrant mille combinaisons, mille faits subséquents, se contrôleront et s'éclaireront mutuellement.

Dieu et humanité, dans l'ordre religieux et moral plus spécialement, — autorité et liberté dans l'ordre politique, — capital et travail dans l'ordre économique : sous l'action fécondante de cette loi-principe, espèce de dilemme à six tranchants, dont chaque terme s'implique et se repousse, s'attire et se pénètre, pour ensemble, et sous l'empire de leurs combinaisons, donner naissance au travail éternel de la civilisation, que de choses vraiment grandes a accomplies l'humanité ! Elle s'est affranchie d'abord du joug répugnant de la nature en se créant des mœurs et des devoirs qui, de la promiscuité primitive des sexes, l'ont conduite aux soins épurateurs du foyer conjugal et aux enivrantes aspirations de l'amour. Elle s'est lancée dans le merveilleux d'un long rêve divin, qui, après des milliers d'années, vrai prodige d'imagination, a la puissance encore de détourner nos regards de nos occupations positives pour les fixer là-haut, à la recherche d'un monde olympien qui n'est plus. Elle s'est absorbée dans des systèmes de spéculation supérieure qui l'ont transformée tellement, qu'elle ne se voit plus rien de son origine grossière, de son être primitif. Elle peut se prévaloir aujourd'hui de ces paroles du Christ : *Ego dixi et vos dii estis ;* elle peut se les appliquer sans crainte et sans orgueil, car elle participe de plus en plus tous les jours, de l'infini, de l'éternité, de l'infaillibilité ; restreint de plus en plus tous les jours les limites de l'inconnu, s'élève de plus en plus tous les jours à la souveraine raison, à l'absolue liberté... Enfin, s'appuyant sur la réalité des choses, alliant l'esprit à la matière, l'expérience à la théorie, jugeant de l'une par l'autre, analysant, comparant, synthétisant, composant et décomposant, elle s'est mise à poursuivre l'œuvre de la création et à tirer tout un régime industriel du fond de sa capacité productrice. De ce côté encore, elle arrive à des résultats gigantesques : elle possède le monde, le façonne à son gré, règne dessus sans partage. Anticipant sur le *Demiourgos*, elle s'empare de ses attributions, le presse de toutes parts d'une concurrence active, et bientôt proclamera son triomphe sur lui.

Dans nos premiers chapitres, Dieu se manifestera sous des formes grandioses; il parlera du milieu des éléments déchaînés et du bouleversement de la nature; il paraîtra entouré de prodiges et acclamé de l'adoration superstitieuse des peuples; il se déploiera majestueusement dans la grandeur de sa personnalité terrible et volontaire : c'est le début de l'hypothèse sociale, de l'acte de foi collectif, tels que les conçut la religion; c'est l'autorité se révélant aux hommes dans toute la supériorité de son origine. Mais au fur et à mesure que s'interprétera l'acte de foi, qu'il descendra du ciel sur la terre, qu'il s'incarnera dans les faits humains, il perdra de ses formes primitives, de ses attributs gigantesques pour en revêtir d'autres moins fantasmagoriques et plus accessibles à notre raison. Ce qui revient à dire que plus l'art de la dialectique

avancera, plus le dieu mythologique s'effacera, re-
culera même, jusqu'à ce qu'il ne soit plus pour nous
qu'un simple élément de démonstration, qu'un
principe pur de constitution. Alors le grand spontané social n'aura plus rien de mystérieux; nous
l'aurons percé de part en part, et l'humanité sera
en voie d'organisation. De l'emblème, nous aurons
marché à l'institution positive, la fiction aura fait
place à la réalité bien autrement merveilleuse que
la fiction.

Nous terminons cette introduction en déclarant
que ce livre, tout en pouvant contenir des considérations politiques d'une certaine portée, est, avant
tout, néanmoins un livre d'histoire, de philosophie
et d'économie politique élémentaire. Comme tel,
nous ne saurions donc approuver les allusions purement de circonstance qu'on chercherait à en
tirer : on irait au delà de nos intentions. Établir la
théorie raisonnée du principe d'autorité, l'appuyer
sur le seul raisonnement en même temps que sur la
tradition, voilà quel a été notre but : nous ne pensons pas l'avoir dépassé. Notre plume est jeune,
notre cœur loyal et sincère, et la haine, la haine
politique surtout, est un sentiment que nous ne
connaissons pas... C'en est assez !

HISTOIRE

DU

PRINCIPE D'AUTORITÉ

DEPUIS MOÏSE JUSQU'A NOS JOURS.

CHAPITRE PREMIER.

Le Sinaï. — Promulgation du Décalogue. — Dieu, les dieux. —
Origine du principe d'autorité. — Signification économique et
sociale des anciennes théogonies.

Un jour, au sortir d'un pays de servitude et de
misère, après avoir couru mille dangers, traversé
mille obstacles, un peuple errant, sans villes, sans
lois, sans religion et presque sans mœurs, campait
au pied d'une montagne, dont le nom, écrit en
traits de feu depuis, est demeuré célèbre dans la
mémoire des nations. Tout à coup des nuages épais
s'amoncellent aux flancs de la montagne, l'éclair
brille, déchire la nue, et le tonnerre, en ébranlant
les cieux, la terre et les mers, fait retentir à grands
coups les vieux échos de la Palestine. Puis, pour
ajouter à la grandeur du spectacle, au dramatique
de l'action qui va se passer, le sommet du Sinaï

paraît enflammé : on dirait un volcan en éruption... Enfin, du milieu de la foudre, des vents tempétueux, du tumulte des éléments déchaînés, sort une voix formidable dont les accents étrangers à ceux de l'humanité, mais distincts et compréhensibles cependant, vont dicter les arrêts du destin à Israël dans la consternation et le recueillement.

Ecoute, dit cette voix, dont chaque accentuation s'imprime profondément dans le cœur des Hébreux :

« Je suis le Seigneur ton Dieu, qui t'ai tiré de la terre d'Égypte, de la maison de servitude.

» Tu n'auras pas de dieux étrangers devant moi.

» Tu ne fabriqueras point d'images à la ressemblance de ce qui est dans l'air, ou sous la terre, ou sous les eaux.

» Tu n'adoreras pas ces images, et ne leur rendras pas de culte ; car je suis le Seigneur ton Dieu, fort et jaloux, recherchant dans les fils les iniquités des pères qui m'ont offensé, jusqu'à la troisième et à la quatrième génération, et prenant en pitié jusqu'à la millième ceux qui m'aiment et gardent mes préceptes.

» Tu ne prendras point en vain à témoin le nom du Seigneur ton Dieu, car celui qui aura pris en vain son nom à témoin ne sera pas innocent devant lui.

» Souviens-toi de sanctifier le jour du sabbat ; tu travailleras six jours et feras ce que tu dois faire ;

mais le septième jour est celui du repos du Seigneur ton Dieu, et dans ce jour tu ne feras aucun travail, ni toi, ni ton fils, ni ta fille, ni ton serviteur, ni ta servante, ni ta bête de somme, ni l'étranger qui est dans ton intérieur; car le Seigneur a fait en six jours le ciel, et la terre, et la mer, et toutes les choses qui les remplissent, et il se reposa le septième; et pour cela il a béni le jour du repos et l'a sanctifié.

» Honore ton père et ta mère, afin que tu vives longtemps sur cette terre que le Seigneur t'a donnée.

» Tu ne tueras pas; tu ne déroberas pas.

» Tu ne prononceras pas de faux témoignages contre ton prochain; tu ne forniqueras pas.

» Tu n'envieras pas la maison de ton voisin; tu ne désireras pas son épouse, ni son serviteur, ni sa servante, ni son bœuf, ni son âne, ni aucune des choses qui sont à lui. »

Et la voix se tut au milieu d'un silence universel succédant au bruit du tonnerre et au fracas des éléments.

Dieu, s'affirmant par la bouche des révélateurs, promulguant ses lois au milieu des feux et des éclairs, imposant ses préceptes aux nations soumises et dans l'anxiété de la terreur, attachant à l'inobservation de ces préceptes une sanction redoutable, voilà donc le PRINCIPE D'AUTORITÉ ! A peine, au sortir du chaos des premiers temps, le génie social est-il parvenu à se saisir, que, par le seul fait de sa spontanéité, il se pose irrévocablement dans la reconnaissance d'un dogme supérieur qui, acte de foi collectif énergiquement exprimé, servira de base fondamentale aux sociétés, et en sera l'élément constitutif et directeur. Et qu'on ne vienne pas arguer de style figuré ou de métaphysique, car Dieu ici, par le secours de Moïse, se proclame incontestablement législateur, en lançant son décret souverain du haut du Sinaï et de son affirmation colossale. Tous les termes dont il se sert dans son Décalogue sont ceux de la puissance qui se connaît, de la force qui se sent, qui a conscience d'elle et qui prétend au droit de commander.

Je suis *Moi, l'Être, l'Éternel!* Je suis moi, et je traite avec toi, dira encore Dieu dans tout le cours de la Bible : *Ego sum qui sum!* Je suis celui qui suis !

Ces différentes expressions que nous avons déjà rapportées dans notre introduction, rapprochées de la grande scène du Sinaï, complètent l'idée sociale que nous avons eue de Dieu, rehaussent la personnalité de Jéhovah, et résument sur sa tête toutes les attributions du principe d'autorité. Et ce principe, c'est bien le *dictum fatum,* le *summa lex, summa libertas, summa necessitas!* C'est bien l'autocratie, la concentration parfaite de toutes les forces qui ont concouru aux développements de la civilisation : exécutif et législatif, justice, nationalités, impôts, police, ordre civil et régime politique, tout existe bien encore dans Dieu à l'état d'inséparation, de cumul suprême, de non-coordination... C'est de plus l'antériorité, la supériorité, l'immutabilité, l'infaillibilité, l'inviolabilité, l'éternité ; c'est enfin la *souveraineté* une et indivisible, sans contrôle et sans partage, à laquelle prétendront tous les gouvernements qui se succéderont ici-bas, particulièrement le catholicisme, qui fera la plus haute application qu'on aura jamais vue du principe de constitution sociale. « Le roi est inviolable et sacré ! » La légende monarchique se prévaudra aussi de son hérédité et de son droit divin. Dans le système de l'autorité, tout se liera, s'enchaînera.

Et constatons, dès au début, que de la part du génie social, une pareille conduite accuse une sagesse et une grandeur de vues qui ont droit de vous étonner. Car, puisque aux temps où nous en sommes, nul rapport social n'existait, que l'humanité tout entière n'offrait qu'un vaste chaos à défricher, *rudis indigestaque moles*, il était dans la logique des choses qu'un système d'autorité sortît de la proclamation de Dieu, et que ce système, se concentrant dans un seul principe, représentât la réunion de toutes les virtualités sociales. Ces forces se diviseront, se classeront plus tard, indépendamment les unes des autres, sous l'action vivifiante du progrès. Ce sera même en cela que consistera le dégagement de la liberté. Mais, en attendant, la concentration de tous nos principes sociaux avait indubitablement à s'effectuer dans Dieu qui, par là, acquérait toute la puissance dont il avait besoin pour nous arracher à notre état de torpeur primitive, nous soumettre à des règles de morale, et inaugurer le règne de la civilisation au bruit des injonctions terribles de ses prophètes. Aux époques de chaos, comme aux époques de dissolution, un pouvoir fort, dictatorial, absolu, sans limites, une concentration absorbant tout par en haut, ne laissant rien à l'initiative individuelle, peuvent seuls se charger du travail d'édification ou de reconstruction sociale. A l'origine des sociétés, supposons la foi absolue en Dieu n'existant pas, sa puissance et son infaillibilité contestées audacieusement, la civilisation alors manquant d'un stimulant, l'homme demeure enfoncé dans la satisfaction de ses appétits instinctifs; rien ne l'excite à s'affranchir du joug abâtardissant de son apathie, et l'esprit de la création reste égaré dans les solitudes du chaos. La foudre du Sinaï retentit en vain; elle n'éveille aucun écho dans la conscience de l'humanité : tout dort, tout repose dans un mutisme profond.

En s'affirmant dogmatiquement, et en vertu même du principe de concentration qu'il personnifiera au plus haut degré, Dieu, nous le savons, n'en sera pas moins l'expression du *statu quo* suprême, l'être antiprogressif et fatal. Ce qu'il décrétera, il prétendra le décréter absolument et pour l'éternité. En sa qualité d'Être infini, immuable, il représentera toujours le *Ego sum*, ce qui n'est susceptible d'aucune modification. Mais, pour le moment, le fait majeur qu'il s'agit d'établir n'est point là. Pour le moment, il suffit que l'humanité soit arrachée à son long sommeil, à son état de stagnation chaotique, et que, par la révélation subite de Dieu, elle acquière la conscience d'elle-même. Or, nul doute que la proclamation de Dieu n'ait abouti à ce magnifique résultat ; nul doute que l'humanité, remuée jusqu'au fond des entrailles, n'en ait été frappée puissamment, bouleversée de fond en comble, éblouie, illuminée... Et dès ce jour, elle aura eu le sentiment de sa propre existence, elle aura été l'humanité. Elle se courbera respectueusement, docilement d'abord, sous l'inviolabilité du dogme qu'elle n'osera interroger, sous la tutelle absolue des commandements divins ; mais, peu à peu, elle s'enhardira, regardera ces commandements en face, les dépouillera de leur prestige, et, en modifiant la teneur première, en tirera les conséquences qu'ils renfermeront. Elle concevra Dieu comme son antagoniste, et, de son action incessante contre lui, surgiront les évolutions émouvantes du mouvement social. Dieu sera le grand principe conservateur, réfractaire à tout changement ; l'humanité, le grand principe actionnaire, plein de séve et de vie, qui, en attaquant Dieu dans ses retranchements successifs, l'amènera sans cesse à composition : de là luttes, transformations sans fin, progrès. Dieu ou le dogme ne lâchera rien qu'il n'y soit contraint par les événements, par le génie de l'homme, que stimulera l'inaction même de son redoutable antagoniste, et la civilisation poursuivra son cours au milieu des catastrophes, de la variété des systèmes, des changements de croyances, des perturbations politiques, des écroulements d'empires. Ce qu'on a envisagé longtemps comme des anomalies incompréhensibles deviendra, au contraire, une condition d'ordre, d'animation et de développement continu. Cette condition sera basée sur la contradiction fondamentale de Dieu et de l'humanité, de la foi et de la raison, de la liberté et de l'autorité, jusqu'à ce qu'enfin, ayant conquis Dieu et dompté la nature, l'humanité se meuve comme un géant dans la plénitude de son activité et de sa puissance créatrice. Mais, encore un coup, pour en venir là, il était de la plus haute raison et de la dernière des nécessités pour le génie social de débuter par la concentration de tous les pouvoirs en Dieu ; car, de cette concentration de pouvoirs seule, pouvait s'échapper, sur un plan de progression de plus en plus large, de plus en plus envahissant, universel, l'émancipation de toutes les facultés, de toutes les ressources que nous portions primitivement en nous à l'état inactif.

La loi de contradiction, que nous avons dit

exister entre Dieu et l'humanité, se révèle donc ici de nouveau. Non seulement cette loi existe en économie politique pour en déterminer les phénomènes ou dans la sphère de nos spéculations métaphysiques ; mais c'est qu'encore nous la trouvons formulée, au début du mouvement social, en histoire, en morale et en législation, en un dualisme providentiel et fatal. D'après cette loi, Dieu est investi du pouvoir souverain et constituant. Il est le principe de création sociale, et l'on ne peut refuser à son intervention le caractère de haute efficacité qui est le sien à tous titres.

Quelle grandeur d'image n'y a-t-il pas dans cette action humaine et divine du mont Sinaï ! Dieu est en haut, l'humanité en bas. Dieu commande, l'humanité se courbe avec respect sous le poids de ses commandements. La foudre et les éclairs occupent l'espace compris entre la créature épouvantée et le Créateur tout-puissant. Le principe d'autorité, on en conviendra, ne pouvait se révéler avec plus de force et d'éclat. Les gouvernements plus tard chercheront à s'entourer d'un prestige semblable. Ne pouvant se proclamer au bruit de la foudre, ils le feront au bruit du canon et des acclamations des partis.

Je suis *Moi*, l'*Être*, l'*Éternel*, et je traite avec toi. *Ego sum qui sum!* Quelles formules brèves, laconiques, d'autorité ! *Je suis celui qui suis!* Par conséquent, nul n'est antérieur ni supérieur à moi.

Je suis l'Être, et l'Être par excellence : la souveraineté, c'est Moi, *Ego !*

Quand Louis XIV et Napoléon s'écrieront à trois mille ans de là : L'État, c'est moi ! ils s'inspireront des mêmes sentiments et du même principe de souveraineté. Ils se croiront aussi immuables et infaillibles que Dieu... Les événements leur donneront un rude démenti.

Enfin ;

« Car je suis le Seigneur ton Dieu, fort et jaloux, recherchant dans les fils les iniquités des pères qui m'ont offensé, jusqu'à la troisième et à la quatrième génération, et prenant en pitié jusqu'à la millième ceux qui m'aiment et gardent mes préceptes. » Quel nouveau témoignage de force et de souveraineté ! Quelle sanction apportée à l'observation ou à la transgression d'un code de lois ! Voilà bien encore évidemment Dieu législateur, Dieu pouvoir constituant. Personne n'ignore que ces mots *fort* et *jaloux*, dans l'originalité du texte hébreu, équivalent à ces autres : Dieu terrible, Dieu sans pitié, envieux de son autorité et incapable de transiger sur ce point. Aussi le Dieu des Juifs est-il le plus implacable, le plus volontaire des dieux.

Par ces mots, que nous ne saurions trop répéter, *Ego sum qui sum !* Dieu se pose comme un acte de foi collectif incontestable. Il s'affirme, et affirme du même coup sa supériorité, partant son droit au commandement. Par la Genèse, il est de plus le créateur, l'homme est la créature, et le seul rapport qui puisse exister du créateur à la créature, c'est la soumission de celle-ci aux injonctions de son auteur. Se poser, c'était pour Dieu s'affirmer ; et s'affirmer, c'était constater l'identité de son être et se prouver. Dieu n'avait pas à agir autrement. De son affirmation résulte la légitimité de ses actes et de sa souveraineté. Au point de vue scientifique, la proclamation de Dieu était la pose de l'hypothèse. Or, une hypothèse ne se nie point non plus ; elle se vérifie, se poursuit.

« Dieu est Dieu, » dira de son côté le Coran. C'est la même méthode de procéder. Dieu se pose encore ici dogmatiquement, et son affirmation équivaut à des preuves de son existence. Le *moi* n'est-il pas le *moi ?* Peut-il être autre chose que le *moi ?*

« Et Mahomet est son prophète. » Trait d'union entre le pouvoir des califes et celui de Dieu.

Enfonçons-nous plus avant dans la tradition religieuse et théogonique des peuples, nous trouverons dans la légende indienne : « Brahm est Brahm, il vient de Brahm, il subsiste dans Brahm, et il retournera dans Brahm. » Cette définition de la Divinité correspond à l'*Ego sum* de la Bible, et au Dieu est Dieu du Coran. Elle signifie hautement que le principe d'autorité dans *Dieu* ou les *Dieux* n'avait qu'à s'affirmer pour prouver sa légitimité et l'asseoir sur des bases inébranlables et sûres.

Quelle richesse orientale dans cette exposition

emblématique de la création que nous trouvons dans la théogonie indienne !

« L'intelligence, le Dieu suprême, immatériel, invisible, se nomme Brahm, existant par lui-même, ou Para-Brahma, c'est-à-dire le grand Brahma. Il est l'Éternel, l'Être par excellence, se révélant dans la félicité et dans la joie. — Cet univers est Brahm, il vient de Brahm, il subsiste dans Brahm, et il retournera dans Brahm.

» Para-Brahma créa d'abord Bhavani, la déesse mère, qui, à son tour, enfanta Brahma, Vichnou et Shiva, qui sont trois et un, et qui forment la trinité indienne, appelée Trimourti, laquelle se compose du triple attribut créateur, conservateur et destructeur.

» La seconde création du Para-Brahma fut celle des Devas : c'étaient des anges susceptibles de perfection et d'imperfection ; ils composaient l'armée céleste et se partageaient en plusieurs légions. Maisasoura, l'un de leurs chefs, se révolta contre Brahm et entraîna dans sa faute une grande partie d'entre eux. Le Dieu suprême les chassa du ciel, et, pour achever de les punir, il créa le monde visible, se composant de quinze globes. La terre est celui du milieu. Les anges déchus doivent faire pénitence dans les sept globes inférieurs ; les sept supérieurs sont destinés à leur purification. Brahm ou Para-Brahma créa en outre quatre-vingt-neuf formes de corps mortels, que doivent habiter tour à tour les rebelles qu'il châtie ; les plus nobles de ces corps sont la vache et l'homme. Ceux qui, sous cette dernière forme, rachèteront leur faute par l'exercice de la vertu, retourneront au ciel après avoir traversé les quinze globes d'expiation. Ceux au contraire qui persisteront dans leur rébellion seront replongés dans l'*Ouderah,* ou abîmes des ténèbres.

» Les anges fidèles s'appellent les *Devas;* les rebelles sont désignés sous celui de *Deitti.* Para-Brahma a permis aux Devas d'habiter aussi les mondes de pénitence pour aider leurs frères dans le retour au bien. Les Devas, protégés par Vichnou, sont au nombre de trois cent millions, et presque constamment en lutte avec les Deitti, qui, voués à Shiva, s'élèvent au chiffre de huit cent millions.

» Dans la trinité indienne, qui se compose de Brahma, Vichnou et Shiva, Brahma, qui en est la première personne, en même temps qu'il est la première émanation de l'Être suprême, doit être considéré comme l'emblème du génie de la création. Il commence son œuvre par les sept *Souargas* ou globes étoilés qu'éclairent des génies lumineux ; ensuite il fit *Mritloka,* la terre et ses deux flambeaux, le soleil et la lune ; puis les sept *Patalas,* ou globes inférieurs, plongés dans une obscurité qu'éclaire à peine la lumière de huit escarboucles placées sur huit têtes de serpent. Après le monde, furent créés les *Richis* et les *Mounis :* ce sont des saints que la théologie brahmanique met au-dessus des dieux eux-mêmes. Enfin, après avoir créé tout ce qui constitue l'univers, Brahma voulut peupler la terre; il enfanta donc quatre fils : *Brahman, Ksaatriia, Vaissia* et *Soudra*, qui donnèrent naissance aux quatre castes principales qui divisent la population indoue.

» Brahma voulut se révolter contre Brahm, l'être suprême. Pour expier ce crime, il dut subir, pendant la durée de quatre âges, quatre incarnations terrestres ou transformations successives. Il fut d'abord corbeau sous le nom de *Kakabhousouda;* puis il devint le paria *Valmiki*, qui, brigand d'abord, se voua ensuite à la pénitence. Au troisième âge, il fut *Vyasa*, auteur du *Mahabhavata*, du *Baghavat*, etc. Enfin, au quatrième, que l'on appelle l'âge noir, il emprunta la forme et les traits de *Kalidaza*, le poëte auteur du *Sacomotala*.

» Les quatre âges, correspondant aux quatre incarnations terrestres de Brahma, forment un âge divin. Le premier âge a duré trois millions deux cent mille ans : ce fut l'âge d'or ; le second, âge d'argent, fut de deux millions quatre cent mille ans ; le troisième, âge de cuivre, d'un million six cent mille ans ; et le quatrième, âge de fer, doit durer cent mille ans, sur lesquels cinq mille sont écoulés. Or, un jour de Brahma se compose de mille âges divins, et l'époque actuelle se trouve dans la cin-

quante et unième année de l'existence de Brahma. »
Quel effrayant calcul !

« Brahma est représenté sous la forme d'un homme à quatre têtes et à quatre mains. De ses quatre bouches sortirent les quatre *Védas*, qui contiennent les lois religieuses de l'Inde. *Sarras-souady*, déesse des lettres et des arts, est la femme de Brahma.

» *Vichnou*, seconde personne de la trinité, a pour attribut la conservation des œuvres de Brahma ; il ne se révèle au monde que par l'influence bienveillante de son pouvoir. On le représente avec quatre bras : sa figure est belle ; une triple tresse orne sa tête, et offre, dit-on, l'emblème des quatre grands fleuves de l'Inde, le Gange, la Jumma et le Saresouali. Habituellement il est monté sur le serpent *Adisseshen*, qui le transporte à travers une mer de lait. Ses incarnations sont au nombre de dix ; il n'en est encore qu'à la neuvième. Dans la première, et sous le nom de *Satyavarmana*, il prit la forme d'un poisson pour sauver du déluge universel les *Védas*, dérobés à Brahma. Dans la seconde, sous l'apparence d'une tortue, il soutint la terre qui s'abîmait, envahie par la mer. Dans la troisième, métamorphosé en sanglier, il éventra le géant Hirany-Aksana, et, prenant la terre sur ses défenses, il la posa en équilibre sur les eaux. Enfin, il fut tour à tour homme-lion, brahme-nain et simple mortel, sous le nom de *Rama*, de *Parasurama*, de

Krishaa et de *Bouddha*. Dans toutes ces transformations, il s'attache à combattre le mal. La dixième incarnation, où, sous la forme d'un Centaure, il doit détruire la race entière des méchants, n'arrivera que dans quatre-vingt-dix mille ans.

» Le troisième dieu de la trinité, *Shiva*, dont le culte est peut-être le plus répandu dans l'Inde, offre en lui seul l'assemblage des deux principes, le *bien* et le *mal* : il est l'analogue de l'*Ormuz* et de l'*Arimahn* des Perses. Ses attributs sont destruction et reproduction. Comme *Brahma* et *Vichnou*, il habite l'un des trois sommets du mont *Merou*. Il a trois yeux, dont l'un, placé au milieu du front, doit un jour consumer le monde. Tout son corps est rouge, sauf le gosier, qui est bleu. Sur son front est un croissant ; ses mains tiennent, celle-ci un trident, celle-là une tête de mort, cette autre une hache, une épée, une massue, etc., car leur nombre varie de quatre à trente-deux. Un chapelet de crânes est suspendu à son cou, et sur sa poitrine il porte le lingam, emblème de la reproduction, obscénité symbolique qui répond au phallus des Romains.

» *Shiva* dirige et gouverne l'univers. On lui donne une multitude de noms, dont le nombre va à plus de mille. Lorsqu'on l'adore comme dieu bienfaiteur, présidant à la génération et à la reproduction, on le représente monté sur le taureau *Nandi* et portant le chevrotin des Indes, le bon serpent et la fleur sacrée du lotus. Lorsque, au contraire, il se manifeste sous son aspect cruel et destructeur, il n'apparaît qu'au milieu des larmes, du sang et des morts; il est le dispensateur de la justice la plus sévère; les peines qu'il inflige sont terribles, et tout est soumis à ce juge impitoyable, toujours assisté de sa femme *Parvati*, dont les attributions vengeresses peuvent la faire comparer à *Proserpine* ou à *Hécate*, tandis que, de même que *Shiva*, sous un caractère opposé, elle devient *Dourga*, déesse de la vertu active.

» Au-dessous maintenant de cette trinité, les dieux et les déesses composent une hiérarchie immense. Nous citerons les principaux, qui sont : *Indra*, chef des *Souargas*, dont le corps est tout couvert d'yeux, et qui traverse les cieux dans un char, tenant dans ses mains la foudre qu'il agite. *Yiama*, roi des enfers, dieu de justice, qui, assisté de deux acolytes, juge les âmes; *Sourya*, ou le soleil; *Chaudra*, la lune; Lackmy, femme de *Vichnou*, déesse de l'abondance; *Agni*, dieu du feu, *Pavan*, dieu des vents et de la musique, et père d'*Hanouman*, le dieu-singe; Vayrevert; *Soupromanier; Mammadin*, ou l'amour; *Karticeya*, dieu de l'armée céleste; *Ganesa*, dieu de la sagesse : ces cinq derniers enfants de *Shiva* et de *Parvati; Cali*, déesse de la guerre; *Kouvera*, dieu des richesses, etc., et une innombrable quantité d'autres. Le nombre total des dieux de la mythologie indoue s'élève, suivant quelques uns, au chiffre énorme de trois cent trente-trois millions. »

Or, qui ne distingue à présent, sous les voiles de cette théogonie, ou création emblématique, le véritable travail de création sociale qui va bientôt s'accomplir, dans l'Inde, sous l'action des Brahmes et de la théocratie?

Ne voyons-nous pas d'abord dans la *Trimourti* des Indiens, dans Brahma, Vichnou et Shiva, cette trinité brillante, l'emblème du génie social dans ses trois attributs de création, de destruction et de conservation ; attributs qui résument les trois grandes forces de la civilisation, ou plutôt ses trois grandes lois générales? Dans la société, en effet, tout n'est que création, destruction et conservation. Il est même impossible qu'il en soit autrement.

Qu'est-ce que *Shiva*, en particulier, avec ses deux attributs *production* et *destruction?* On peut croire certainement que c'est le mythe du mouvement de la nature qui détruit ses propres œuvres, à mesure qu'il les enfante ; mais on peut parfaitement bien admettre aussi que c'est le mouvement du progrès économique, qui est producteur et destructeur dans le *travail*, et conservateur dans le *capital;* mouvement que le Deutéronome a aussi symbolisé en ces termes : *Destruam et œdificabo.*

Shiva est en outre donné comme le principe de la *justice;* mais l'ensemble de nos lois économiques représente aussi ce principe : Que sont, en écono-

mie politique, le libre débat, le salaire et les valeurs
constituées? L'expression même de la justice la
plus exacte. La concurrence elle-même, que tant
d'écrivains socialistes ont attaquée, faute de la
comprendre, en se prêtant au libre débat et à la
constitution des valeurs au moyen de mille procédés divers, est la cause la plus puissante qui concourt au dégagement de la justice. Or, la concurrence
qui produit et détruit sans cesse, tout en capitalisant et conservant à la fois, voilà bien assurément
les Shiva et Vichnou de la légende indienne : Shiva
dans ses deux attributs de production et de destruction, et Vichnou dans sa mission conservatrice
des œuvres de Brahma.

Qu'est-ce que Para-Brahma, cet être suprême,
si ce n'est le principe créateur par excellence duquel tout s'échappe, si ce n'est le principe de
constitution sociale ou d'autorité? N'est-il pas, en
effet, antérieur et supérieur à tout ?

Et cette innombrable quantité de dieux et de
déesses dont nous n'avons mentionné que quelques uns, que personnifient-ils? Ils personnifient,
selon nous, le principe de hiérarchie sociale, de
division et de subdivision, principe qui introduit
la vie dans la société. Aussi voyons-nous, dans la
légende indienne, tel dieu représenter la guerre,
telle déesse la musique ou un autre art, absolument comme dans le système polythéiste grec et
romain. Au point de vue économique, on peut voir
aussi, dans cette classification de dieux et de déesses

inférieurs, les mille formes diversifiées à l'infini qu'affecte le capital, l'œuvre géante de la production humaine.

Nous trouvons enfin la signification économique marquée autant qu'on peut le désirer dans cette triple ou quadruple déification de *Brahman, Ksaatria, Vaissia* et *Soudra*, qui, dans la légende brahmanique, sert de fondement à l'institution des castes. Car l'institution des castes a été, dans l'antiquité, comme nous le démontrerons, une institution d'intérêt économique.

Les rapports qui existent entre les anciennes théogonies et nos civilisations positives sont frappants ; on ne peut le nier. Et c'est en vain qu'à l'exemple de Dupuis, dans son *Origine des cultes,* et de beaucoup d'autres écrivains-philosophes, on ne voudrait distinguer dans ces théogonies que des emblèmes ayant trait aux lois naturelles. Non, ces théogonies ou genèses célestes sont positivement des allusions à nos lois sociales. Les poëtes de l'antiquité n'ont pu s'égarer dans des rêves insignifiants et sans portée ; ils ont eu le pressentiment des réalités et prophétisé dans un langage tout allégorique. — Ils ont chanté les prodiges de la civilisation, célébré ses merveilles à venir. Et comme nos sociétés positives se sont constituées autour du principe d'*autorité*, il est incontestable, hors de doute, que les anciennes théogonies sont nées sous l'influence du même *principe créateur.*

La théogonie égyptienne répond à la théogonie indoue. Même système, même division des attributions divines. Dans la trinité des Demiurgos, le premier Demiurgos doit être considéré comme le *principe créateur* ou *d'autorité*. Phtah, par sa nature androgyne, indique l'institution du mariage ; l'homme se complétant par la femme, l'homme social donnant naissance à la famille, afin que celle-ci produise à son tour les peuplades, les tribus, les divisions de territoire, et finalement, par un retour en arrière, la propriété et toutes les catégories économiques. Osiris et Typhon personnifient les deux principes du *bien* et du *mal*. Osiris enseigne aux hommes l'art de cultiver la terre et les forme en société. Il représente plus particulièrement le principe monarchique et descend du Demiurgos. Enfin Thot, que les Grecs ont appelé Hermès, est le dieu de l'écriture, de l'astronomie, des mathématiques et d'une foule d'autres arts et d'autres sciences.

Chez les Grecs et chez les Romains, Jupiter, roi des dieux et des hommes, avec Junon son épouse, *qui incedit regina Divum Jovisque soror et conjux*, flanqué de ses douze grands dieux, entouré de sa milice céleste, manifestant sa volonté au bruit du tonnerre, expédiant ses messagers, symbolise puissamment le principe d'autorité. La théogonie des Grecs est l'image reproduite et la contre-partie de leur système monarchique du temps d'Homère. La distinction du moi souverain n'y est point posée aussi énergiquement que dans la Genèse ; elle n'égale point en force le *Ego sum qui sum!* Mais elle ne manque pourtant ni de majesté ni d'éclat. Quand Jupiter paraît quelque part, tout s'empreint de sa puissance, la terre tremble, et les cieux émus s'inclinent avec respect :

Annuit, et nutu totum tremefecit Olympum.

Revenons à la Genèse.

Ici tout acquiert une clarté lumineuse, nous dirions presque une précision mathématique. Plus de voiles, de mythes pour nous dérober la signification des choses. Unité de Dieu, unité d'action. Dieu est le créateur, l'humanité le chaos à ordonner. L'esprit, planant sur ce chaos, va s'y enfoncer pour tout soumettre à l'ordre et à la symétrie.

« Au commencement, dit la Genèse, Dieu créa le ciel et la terre ; mais la terre était informe et confuse, et les ténèbres répandues sur la face de l'abîme, l'esprit de Dieu était porté sur les eaux : Dieu dit : Que la lumière soit, et la lumière fut faite. Et Dieu vit que la lumière était bonne, et il la sépara d'avec les ténèbres ; et il appela *jour* la lumière, et *nuit* les ténèbres. Du soir et du matin ainsi fut fait un jour. — Et Dieu dit : Que le firmament soit au milieu des eaux, et qu'il sépare les eaux d'avec les eaux ; et Dieu fit le firmament, et il sépara les eaux qui étaient dessous d'avec celles qui étaient au-dessus. Cela étant accompli, Dieu appela le firmament *ciel ;* et du soir et du matin ainsi fut fait le second jour. — Et Dieu dit : Que les eaux qui sont sous le ciel se rassemblent sur un point, et que le sec apparaisse. Et il fut fait ainsi. Et Dieu nomma le sec la *terre*, et il appela *mer* l'assemblage des eaux. Et Dieu vit que cela était bien, et il dit : Que la terre engendre l'herbe verdoyante qui se ressème elle-même, et que l'arbre fruitier produisant, suivant son espèce, et dont le fruit porte la semence en lui-même, couvre la terre. Et cela fut ainsi... Et Dieu vit que cela était bien, et du soir et du matin ainsi fut fait le troisième jour. — Dieu dit alors : Que des luminaires apparaissent dans le firmament du ciel et qu'ils indiquent le jour et la nuit; que ces signes marquent les temps, les jours et les années... Et cela fut ainsi; car Dieu fit deux grands luminaires, le plus grand pour présider au jour, et le moindre à la nuit, ainsi que les étoiles... Et Dieu vit que cela était bien; et du soir au matin fut fait le quatrième jour. —Dieu dit encore : Que le poisson qui doit vivre dans l'eau et l'oiseau qui doit voler au-dessus de la terre sous le firmament du ciel se produisent. Et Dieu créa les baleines monstrueuses et tout être mouvant et vivant que les eaux produisirent sous diverses formes, et tout volatile suivant son espèce. Et Dieu vit que cela était bien ; et il les bénit, leur disant : Croissez et multipliez, et remplissez les eaux de la mer, et que les oiseaux multiplient au-dessus de la terre. Et du soir et du matin ainsi fut fait le cinquième jour. — Dieu dit aussi : Que la terre produise tout être vivant selon son espèce, les bêtes de somme, les reptiles et tous les animaux sous leurs formes diverses; et les reptiles qui se meuvent sur la terre; et Dieu créa l'homme... Et il le créa mâle et femelle, et il les bénit, leur disant : Croissez et multipliez, et remplissez la terre, et soumettez-la. Je vous donne sur cette terre toute herbe produisant sa semence, et tous les arbres qui portent en eux la reproduction de leur espèce pour servir à votre nourriture ; que tous les animaux de la terre, tous les oiseaux du ciel, tout ce qui se meut sur le sol, et en qui est âme vivante, concoure à vous faire vivre. Et cela fut ainsi; et Dieu vit l'assemblage de ses créations, et tout était bien, et du soir et du matin ainsi fut le sixième jour. »

On a cherché à s'expliquer ce morceau de la Genèse de différentes manières. La science même est intervenue, et des savants modernes ont cru apercevoir dans les six jours de la création biblique une allusion à six époques de temps indéterminées, à six périodes de transformations successives qu'aurait éprouvées le globe par suite de cataclysmes ou autres événements de ce genre. Nous ne pouvons, quant à nous, admettre cette signification. Moïse certainement, au temps où il écrivait la Genèse, ne possédait aucune connaissance géologique; lui supposer le pressentiment des grandes découvertes scientifiques que l'on a faites depuis lui, c'est se méprendre sur son rôle de législateur. Les six jours de la création biblique sont tout simplement l'emblème de la semaine et de l'année auxquels ils servent d'autorité et d'explication; et Dieu, dans le morceau ci-dessus rapporté, nous apparaît toujours, ainsi que Jupiter, Brahma et le Demiurgos, dans d'autres théogonies, sous l'aspect du principe créateur ou d'autorité; nous ne sortons point de là.

La création génésiaque de Moïse était un moyen prompt, et au niveau intellectuel de chacun, de s'expliquer l'existence du monde. Elle satisfaisait au besoin de connaître qui existe en nous, et répondait aux notions élémentaires du progrès. Car, de cette explication fondamentale, tout abrupte si l'on veut, mais indispensable, dépendait le travail d'investigation philosophique et scientifique auquel on s'est livré depuis sur ce mythe de la création. D'autre part, quel hymne chanté à la puissance de Dieu! Si, comme le prétendent les savants, ces six jours exprimaient six époques de temps indéterminées, on n'aurait qu'une idée affaiblie du pouvoir créateur et constituant de Dieu. Mais non, c'est en *six jours* véritables, en six jours ayant tous un *soir* et un *matin,* que Dieu a tiré l'ordre du monde du néant. C'est admirable et sublime !

« Que la lumière soit, et la lumière fut » ! C'est la

reproduction dans un autre sens du *Ego sum qui sum*. Même éclat, même force, même sentiment de sa puissance. Seulement, au lieu de s'affirmer directement dans sa personne, dans son *moi*, Dieu s'affirme ici dans ses œuvres. L'ordre du monde jaillit des profondeurs de sa conception, du néant !

Un jour s'affirmant à son tour dans sa faculté pensante et créatrice, l'humanité s'exclamera plus fortement encore : *Cogito, ergo sum!* Je pense, donc je suis !... Le producteur s'écriera particulièrement : *Que mon produit soit, et le produit sera!...* Alors l'ordre civil et économique sera inauguré et remplacera brillamment l'ordre théogonique. La société, fille de Dieu et des dieux, sera constituée sur les principes positifs. Il n'y a dans tout cela ni géologie, ni cosmologie, ni ontologie ; il n'y a que le mouvement logique et traditionnel du progrès social qui des fictions devait aboutir aux réalités.

Hàc usque venies !... Commandement, volonté, autorité toujours.

« Je vous donne sur cette terre toute herbe produisant sa semence et tous les arbres qui portent en eux la reproduction de leur espèce pour servir à votre nourriture ; que tous les animaux de la terre, tous les oiseaux du ciel, tout ce qui se meut sur le sol et en qui est âme vivante concoure à vous faire vivre. » Symbole de la domination de l'homme sur ce globe. En effet, puisque cette domination entrait dans les destinées de notre espèce, il fallait la lé-

gitimer à nos propres yeux. Cette considération
n'échappa point à Moïse, législateur pratique avant
tout. Par conséquent, le mythe de Dieu inves-
tissant l'homme de son droit de supériorité sur
toutes les créations terrestres, fut introduit dans
la Genèse ; et de même que nos anciens barons
féodaux tenaient leurs territoires allodiaux du roi,
l'homme tint de Dieu la propriété du globe : il
ne douta plus de son droit... Ces idées de tenance
et d'investiture, en faisant de Dieu un seigneur
suzerain duquel relève le grand fief du globe,
achèvent de nous montrer en lui le représentant
primitif du principe d'autorité.

Du reste, voyons les écrivains catholiques ; eux
vont nous initier à la théorie de l'autorité. Et, pour
qu'on ne puisse pas nous accuser d'avoir recours à
de vieux arguments usés et rebattus, citons du moderne : prenons, par exemple la lettre pastorale que
l'évêque d'Amiens adressait à ses ouailles diocésaines
en janvier 1853, lors du rétablissement de l'Empire.

La première question qu'examine monseigneur
d'Amiens, c'est de savoir quelle est l'origine
du pouvoir : il la tranche ainsi, et selon lui, la
philosophie l'a résolue d'une manière dérisoire en
faisant intervenir ses contrats sociaux.

« C'est de Dieu seul que relève l'humanité. Le
titre de la souveraineté de Dieu, c'est l'acte de sa
puissance infinie par lequel il nous a tous tirés du
néant. Donc le droit de commander et le devoir d'o-

béir ne peuvent dériver que de Dieu. Ce dogme, fondement de la société des hommes, est un de ceux que nous rencontrons à l'origine de toutes les sociétés, parce que Dieu lui-même le promulgua sur le berceau du genre humain. » Entendez-vous, lecteur ? voilà bien le Sinaï et le Décalogue.

Suivent quelques considérations sur la nature du pouvoir :

« Les formes du pouvoir varient, l'essence du pouvoir ne varie pas. Que la souveraineté soit dans les mains d'un ou de plusieurs, ou qu'elle soit exercée par les mandataires de tous ; que le pouvoir se trouve réparti, en n'importe quelle proportion, entre les trois éléments dans lesquels se résument toutes les constitutions : la démocratie, l'aristocratie, la monarchie, toujours est-il que, pour faire une société, il vous faudra un pouvoir, une même somme de pouvoir ; toujours, pour arriver à l'unité sociale, vous devrez aboutir à une volonté suprême que nulle volonté n'ait le droit de contredire, à une force que nulle force ne puisse briser. » — Apologie de la souveraineté absolue.

« Si le principe d'obéissance au pouvoir, continue monseigneur d'Amiens, avait besoin d'être rendu plus sensible à l'intelligence humaine, l'Évangile vient l'éclairer d'une lumière plus éclatante. » Et, après avoir parlé des luttes sanglantes que soutinrent les premiers chrétiens, il constate le fait suivant, qui dénote que le principe de l'Église est bien l'autorité.

« Rome avait remis aux mains des Césars tout ce qu'elle avait conquis en huit siècles de combats, c'est-à-dire toute la terre et tout le ciel connus, tous les hommes et tous les dieux. Et voici que l'Évangile vient briser cette monstrueuse unité. Cet empire des Césars, que rien ne limite sur la terre ni du côté du ciel, ni dans la conscience de l'homme, l'Église le circonscrit; elle le divise : elle fait deux empires, dont l'un revient à Dieu et lui rend tout ce que les Césars avaient usurpé; l'autre reste aux Césars, mais ne renferme plus que ce qui leur appartient légitimement. Comment les Césars au-raient-ils pu consentir à ce démembrement de leur domination? Ils s'armèrent, et le monde vit les plus sauvages excès auxquels se soit jamais em-porté l'orgueil de la puissance irritée.

» Or, voici le trait merveilleux que nous voulions vous signaler : Suivez l'Église dans toutes les phases les plus ardentes, les plus douloureuses de sa mêlée sanglante avec le monde romain, vous ne la verrez préoccupée, pour ainsi dire, que d'une crainte : c'est que la puissance des maîtres du monde ne soit affaiblie par la résistance qu'elle oppose à leur sacrilége tyrannie; c'est que leur sceptre ne soit entamé par l'invincible patience qui émousse la hache de leurs bourreaux. Les maîtres du monde, c'est Néron, c'est Dioclétien, ce sont des ennemis

auxquels l'enfer a soufflé toute sa haine contre le
nom chrétien. N'importe ! du fond des catacombes,
où la persécution force l'Église à ensevelir son
existence et ses mystères, elle fait monter tous les
jours, vers le ciel, ses prières pour les princes per-
sécuteurs. Elle reconnaît, elle proclame l'autorité
des Césars jusque sur les échafauds où elle meurt
pour Jésus-Christ. Si l'on y regarde de près, ce ne
sont pas seulement les droits de la liberté et de la
conscience humaine, c'est le titre divin du pouvoir
que les martyrs écrivent avec leur sang.

» Ces violences inouïes qui ne soulèvent, chez
les chrétiens, aucune résistance, ces horribles tortures qu'ils acceptent, qu'ils endurent sans laisser
échapper un murmure, manifestent l'héroïsme
d'une double obéissance : le corps à César, l'âme à
Jésus-Christ. La souveraineté de César et de Jésus-
Christ apparaît et triomphe également dans ces mi-
raculeux combats. Tertullien résume en un mot, que
l'adulation n'aurait pas su trouver, toute la doctrine
de l'Église sur l'obéissance due aux princes, en l'appelant la *religion de la seconde majesté*. Donc, il y
a quelque chose de Dieu dans l'empereur ; rien au-
dessus de son pouvoir que le pouvoir de Dieu
même. »

Ayant établi que le pouvoir vient de Dieu, et qu'il
faut le respecter dans les princes, l'éloquent prélat
s'abandonne à des considérations d'un autre ordre
pour déterminer comment naît et se forme le pou-

voir; quelles conditions légitiment son action. Ici l'Église n'a rien prononcé et les théologiens se divisent. Mais si ces théologiens se divisent sur la forme de la question, ils s'accordent parfaitement sur le fond, qui est de reconnaître Dieu comme la source de toute autorité, et comme étant lui-même la première et suprême autorité.

« Les uns ne voient que l'action de la Providence dans la création du pouvoir. Le pouvoir n'est pas seulement une condition essentielle, mais le *principe* de l'existence de toute société. La société sort du pouvoir, donc elle ne saurait le créer: l'effet ne produit pas la cause. La société ne fait pas le pouvoir, elle accepte, subit les pouvoirs que Dieu lui fait: elle s'incline devant les hommes, les dynasties que Dieu, par un concours d'événements où sa main est visible, investit de sa souveraineté. Et lorsqu'il plaît à Dieu de retirer sa *délégation*, lorsque vous voyez, dans l'histoire, une existence souveraine disparaître et s'éteindre, regardez et vous verrez que Dieu avait déjà préparé de loin l'existence destinée à la remplacer. La mystérieuse origine de ces races prédestinées à représenter Dieu dans le monde temporel est comme voilée aux yeux de l'histoire; elles ont grandi, elles se sont lentement développées dans le sein de la Providence; elles ont reçu tous les attributs du pouvoir, elles en font l'office, elles règnent avant de monter sur le trône.

» Les partisans du second système pensent qu'attribuer à Dieu l'institution du pouvoir temporel, c'est méconnaître un des caractères qui distinguent l'ordre temporel de l'ordre religieux. Dieu n'a constitué le pouvoir directement que dans l'Église. Dans les sociétés temporelles, le pouvoir n'arrive de Dieu à l'homme que par l'entremise des hommes. Dans le plan de ce monde, le terme premier, direct, de la volonté de Dieu, c'est la société; le pouvoir n'a été voulu de Dieu que comme lien de l'unité sociale, par conséquent que d'une manière secondaire. Nous voyons ici une préexistence, sinon de fait, du moins de raison, qui nous conduit naturellement à chercher le pouvoir dans la société. La société a dû naître de Dieu avec tout ce qui était nécessaire à son existence, portant par conséquent en elle le premier élément de toute existence sociale, que nous avons reconnu ne pouvoir venir que de Dieu, la *souveraineté*. La souveraineté est donc un principe de vie divine que la société trouve dans son sein, et qu'elle réalise en instituant le pouvoir : pour admettre le droit divin direct du pouvoir temporel, il faudrait un titre clairement révélé comme celui du pouvoir spirituel. »

Dans ces lambeaux de mandement se trouve reproduite toute la doctrine de l'Église sur l'autorité : divinité du pouvoir, séparation du temporel et du spirituel, supériorité du dernier, obéissance aveugle à l'un et à l'autre, tout y est enseigné, et rien ne manque. Et à ceux dont la conviction ne serait point arrêtée sur la signification sociale que nous attribuons à *Dieu* et aux *Dieux*, nous dirons en dernier lieu : Commentez ces adages qu'ont consacrés le catholicisme et la politique des papes et des empereurs : *Non est enim potestas nisi à Deo*, il n'est point de pouvoir qui ne vienne de Dieu ; *Obedite Deo et principibus*, obéissez à Dieu et aux princes ; *Per me reges regnant et potentes decernunt justitiam*, les rois règnent par moi et distribuent la justice ; *Domini est terra et plenitudo ejus, et universi qui habitant in eâ*, la terre est au Seigneur et tout ce qui l'habite ; enfin *Humiliamini sub potenti manu Dei*, humiliez-vous sous la main toute-puissante de Dieu.

Ainsi donc c'est suffisamment constaté par tous les textes que nous avons cités, — textes sacrés et profanes, — *Dieu* et les *Dieux* sont bien l'origine du principe d'autorité, et leur action sur l'homme a bien constitué les premiers gouvernements qui se sont établis. — Administration, justice, droits civils et politiques, exécutif et législatif, propriété même ; ils ont tout personnifié, tout concentré en eux. Ce qui demeure, dans tous les cas, hors de contestation, c'est que pour nous, peuples occidentaux et chrétiens, la tradition du principe d'autorité émane du Sinaï par l'entremise de Moïse et la promulgation du Décalogue, promulgation que l'Église a reproduite dans les dix commandements de Dieu. Et le principe d'autorité bien et dûment établi, nous en verrons sortir successivement toutes les institutions qui nous ont régis. Il les comportait en germe.

Établissons aussi que la proclamation de *Dieu* et des *Dieux* comme principe d'autorité ne blessait en rien la théorie économique du progrès, au contraire, qu'elle concordait avec elle. Que représentaient, en effet, dans leurs systèmes respectifs, Jupiter, Brahma, ou le Dieu des Juifs? Ces divinités personnifiaient évidemment la nationalité des peuples qui avaient adopté leur culte. Or, de quoi se composait la nationalité d'un peuple à cette époque? de ses mœurs à demi sauvages, de ses troupeaux, de ses tentes, d'un territoire mal limité, et de quelques bourgades; toutes choses qui, en même temps, pouvaient être son *capital*. Le capital donc, loin de s'opposer à la reconnaissance de *Dieu* ou des *Dieux*, comme principe d'autorité, poussait à cette reconnaissance légale, afin de consacrer son existence et de s'affirmer à son tour dans son esprit de conservation. Donc, au nom du *capital*, ou, ce qui revient au même, dans l'intérêt de la nationalité des premiers peuples, il était non moins rationnel de faire remonter aux Dieux le principe d'autorité. *Capital*, *Dieu* et *autorité* sont au fond synonymes: ils expriment tous trois le principe constituant et conservateur des sociétés; et Moïse, en affirmant Dieu du haut du Sinaï, affirmait du même coup le **capital**.

De la grande appropriation territoriale collective dépendait, en outre, l'appropriation individuelle ; et celle-ci, pour se légitimer, ne tendait pas moins de toute la force de ses instincts à la proclamation du principe d'autorité qui devait consacrer ses garanties légales, la protéger contre toute usurpation. Donc, sous tous les rapports, la théorie économique du capital sympathisait à merveille avec la théorie politique et constituante de l'autorité. Les deux théories s'impliquaient mutuellement, et la distinction *du tien et du mien*, autant, et plus encore, peut-être, que tous les autres grands intérêts de la civilisation, appelait la formation d'un pouvoir supérieur fortement exprimé. Dans le Décalogue, on trouve la défense du vol. Cette défense n'est autre chose que la consécration juridique de la propriété, son acte de constitution par le principe d'autorité.

Mais, nous dira-t-on, l'autorité existait avant la promulgation du Décalogue ; l'autorité des patriarches s'était déjà posée et régissait des tribus entières. Prétendre qu'elle ne date que du temps de Moïse et des autres révélateurs, c'est, ce nous semble, méconnaître les enseignements de l'histoire et commettre un anachronisme. Ici une distinction fondamentale doit être réservée dans l'intérêt de la vérité.

Oui, sans doute, l'autorité des patriarches existait avant la promulgation du Décalogue ; mais qu'on remarque bien que cette autorité des patriarches n'a pu être qu'une autorité d'instinct, complétement indéfinie, sans caractère politique et social, qu'une autorité qui, des enfants, put s'étendre à la tribu, mais qui, plus tard, opérant un retour sur elle-même, et constatant son insuffisance devant les premiers progrès de la raison, dut s'effacer devant une affirmation plus haute, affirmation politique et sociale, du principe d'autorité. C'est cette affirmation que nous faisons remonter au temps de Moïse et des autres révélateurs. Par cette explication succincte, nous pensons réfuter toutes les objections que pourraient élever des chronologues trop consciencieux.

D'ailleurs, c'est encore de Dieu qu'Abraham tient son pouvoir patriarcal. « Je ferai alliance avec toi, lui dit Dieu, et je te donnerai une postérité qui deviendra aussi nombreuse que les grains de sable des bords de la mer. » Ces paroles nous ramènent toujours à l'origine que nous avons attribuée au principe d'autorité.

« La liberté vient de Dieu, l'autorité des hommes, » s'écriait dernièrement M. Ém. de Girardin dans une brochure que nous avons eue sous les yeux. Quelle hérésie ! C'est le contraire qui est vrai. Fions-nous donc à nos journalistes pour nous défrayer les questions : ils ne s'en acquittent pas mal... Allons, allons, à l'étude, jeunes gens que nous sommes, et rendons-nous compte par nous-mêmes.

CHAPITRE II.

Une fois imprimé dans la conscience de l'humanité, le principe divin poursuivit son cours et se régularisa avec promptitude. Rhadamante et Minos, Zoroastre, Numa et Mahomet, Lycurgue et Solon eux-mêmes procédèrent comme Moïse. Numa se réclama de la nymphe Égérie, Minos de Jupiter et Mahomet invoqua le nom de l'ange Gabriel. Il n'est pas jusqu'aux druides, dans nos vieilles Gaules, qui, pour établir leur autorité, paternelle selon les uns, sanguinaire selon les autres, ne s'autorisèrent de Bélénos et de Teutatès. Partout où nous portons nos regards, nous voyons un ou plusieurs hommes, prophètes, révélateurs, inspirés ou thaumaturges, peu nous importe le nom dont on les décore, poser des règlements au nom de la Divinité et inaugurer le règne de la civilisation.

A merveille! va-t-on répliquer : vous nous avez expliqué tant bien que mal l'affirmation première ou l'origine du principe d'autorité, et nous sommes tout disposés à nous en rapporter à vous; mais la liberté, d'où provient-elle à son tour?

« Mais si Dieu, dans la pratique des choses sociales, avons-nous dit au prologue, répond incontestablement au principe d'autorité, l'humanité, elle, considérée dans l'ensemble de ses aptitudes et facultés, contrairement à Dieu, qui reste immobile dans son éternité et son moi absolu, représente plus spécialement et avec non moins de force le principe de liberté ou de sa propre initiative ; et de sa répugnance à se courber sous le joug des commandements divins, ou de ses excursions dans le domaine de Dieu, de ses recherches et expérimentations naîtra le mouvement civilisateur, résulteront les systèmes politiques, religieux et philosophique, les législations et établissements divers qui entrent dans les destinées de son éducation. » — Nous avons, en abrégé, exprimé dans ces quelques mots toute la théorie de la liberté.

En effet, Dieu se posant dans son immutabilité comme dogme religieux, l'esprit d'investigation se mettait immédiatement en quête, et agissait contre lui dans le but de le réformer, de le perfectionner; de là naissance de la liberté.

Dieu s'affirmant comme principe d'autorité et se résumant dans la *concentration* de toutés les forces sociales, l'esprit d'investigation avait encore à s'insurger contre cette *concentration absolue*, afin de la modifier, de la détruire même à l'aide du principe opposé, du principe de division et de séparation; de là naissance de la liberté. Et nous verrons, dans le cours de cet ouvrage, que si l'autorité consiste avant tout dans le *cumul* et la *concentration* des pouvoirs, la liberté civile et politique ne peut provenir que d'une théorie de *division* et de *séparation*. Mais n'anticipons pas sur nos conclusions.

Le même phénomène se produit au point de vue économique. Le capital s'affirmant dans son esprit de conservation, qui n'est autre chose que la marque de son autorité, le travail avait à l'attaquer immédiatement et par tous les moyens de production en son pouvoir pour l'amener à composition incessamment. De là naissance de la propriété, de la monnaie, du crédit, des banques, du commerce et de tous les établissements industriels qui concourent aux développements du bien-être et de la liberté.

D'autre part, l'autorité contenait, dans le principe des choses, la liberté, de même qu'un nuage, dans ses flancs ténébreux, comporte la foudre et l'éclair. Car toutes les fois que l'autorité consacre des droits acquis, des droits qui se sont formulés en institutions, elle est la liberté. Elle n'est l'autorité qu'à l'égard des droits qui ne sont pas acquis, et qui cherchent à se faire reconnaître. Dieu luimême, en consacrant dans son Décalogue la famille, le mariage, la propriété, etc., malgré le principe de concentration qu'il personnifie au plus haut degré, atteste la liberté.

Établissons néanmoins que l'autorité consiste

dans l'action de se poser dogmatiquement et d'imposer des lois, ce que nous avons remarqué dans Dieu ; la liberté dans l'action contraire de discuter et de se rendre compte, dans le libre examen ; que l'autorité réside dans le principe de concentration, la liberté dans une théorie de division et de séparation. D'accord sur ces points fondamentaux, nous verrons plus clairement alors que, arme de l'esprit d'investigation, résultant d'efforts violents et gigantesques de la part de l'humanité, expression de lutte et d'antagonisme, ayant à s'exercer sans cesse contre Dieu et l'autorité , la liberté ne peut être de source divine, ainsi que l'a prétendu M. Ém. de Girardin ; mais que, plus modeste dans ses prétentions, elle est et se réclame tout simplement d'origine humaine. Elle a eu pour se produire et enregistrer ses premières conquêtes dans le livre de ses annales, d'immenses obstacles à vaincre et à surmonter, notamment le mauvais vouloir de Dieu et son *statu quo* fatal. Et si aujourd'hui elle commence à rayonner d'un si vif éclat sur le monde moderne, si elle touche à des résultats si grands, ce n'est ni à la providence de Dieu, ni aux rois, ni aux papes qu'elle en doit rendre grâce. Ils ont pu certainement contribuer à ses succès, mais ç'a été de leur part involontairement. La petite hérésie de M. de Girardin n'empêche pas toutefois qu'il ne soit un publiciste de premier ordre, un écrivain sagace, doué d'un tact merveilleux, et dont nous aimons, quant à nous, à reconnaître la supériorité, à l'encontre de beaucoup de gens dont nous n'avons à partager ni les passions de parti, ni les appréhensions personnelles. En raison même de l'infixité de son esprit, il a rendu, et il rendra encore, nous n'en doutons pas, d'éclatants services à la cause de la liberté.— Nous aurons lieu de reparler de lui.

Quant au *progrès*, il est l'ensemble des phénomènes sociaux qui se produisent et prennent corps sous l'action tantôt lente, tantôt accélérée, de la lutte permanente qui existe, depuis que le monde est monde, entre Dieu et l'humanité, ou, ce qui revient au même, entre les principes de civilisation qu'ils représentent. — Le progrès est un mélange d'autorité et de liberté, de religion et de philosophie, de travail et de capital, de foi et d'incrédulité, d'activité et de repos. Pour mieux dire, c'est une transaction éternelle et sans fin qui s'accomplit entre tous les éléments d'ordre et d'organisation que nous venons d'énumérer.

Deux questions de l'ordre le plus important se dressent maintenant devant nous comme deux spectres des civilisations passées, et nous heurtent de leurs interrogations d'outre-monde.

L'humanité pouvait-elle échapper à cette affirmation primitive et antérieure du principe divin, envisagé comme principe d'autorité et règle de conduite?

Moïse et les anciens révélateurs peuvent-ils être accusés d'usurpation et de tyrannie pour s'être attribué leur rôle ?

Car, avant tout, il faut être fixé sur le point de départ ; il faut savoir si, à ce point de départ, tout s'est passé légitimement et de manière à ne pouvoir motiver une protestation fondée sur le droit. Ce serait, autrement, saper le monument avant qu'il fût construit. Ou, le contrat passé originairement entre Dieu et l'homme a subi toutes les formalités qui constituent la validité d'un contrat, ou ce contrat est faux, et l'on en peut poursuivre la nullité. Sur un pareil sujet, le doute ne nous est point permis ; examinons donc ; et, sur ce point fondamental, qu'il n'y ait plus de controverse désormais.

Voltaire a prétendu, et tous les encyclopédistes de clamer après lui : « Que tout législateur qui osa feindre que la Divinité lui avait dicté ses lois était visiblement un *blasphémateur* et un *traître ;* — un blasphémateur, puisqu'il calomniait les Dieux, un traître, puisqu'il asservissait sa patrie à ses propres opinions. Il y a deux sortes de lois, continue le philosophe de Ferney ; les unes *naturelles,* communes à tous et utiles à tous. — Tu ne voleras ni ne tueras ton prochain ; tu auras un soin respectueux de ceux qui t'ont donné le jour et qui ont élevé ton enfance ; tu ne raviras pas la femme de ton frère ; tu ne mentiras pas pour lui nuire ;

tu l'aideras dans ses besoins pour mériter d'en être secouru à ton tour : Voilà les lois que la *nature* a promulguées du fond des îles du Japon aux rivages de notre Occident. Ni Orphée, ni Hermès, ni Minos, ni Lycurgue, ni Numa n'avaient besoin que Jupiter vînt au bruit du tonnerre annoncer des vérités gravées dans tous les cœurs. »

Nous en sommes fâché pour la philosophie du xviiie siècle ; mais Voltaire et les encyclopédistes se sont lourdement trompés, et il y a lieu de déplorer la pauvreté de leur jugement. Loin d'être des *vérités gravées dans tous les cœurs,* les maximes rapportées plus haut étaient en contradiction flagrante avec l'esprit de civilisation. *Tuer, voler, nuire à son prochain* ont été primitivement, et alors que l'humanité végétait dans la sauvagerie, des penchants parfaitement naturels, tellement naturels, qu'après trois mille ans de progrès et d'éducation, il nous faut encore des tribunaux et une législation de fer pour les réprimer. Dans les temps primitifs, plus qu'aujourd'hui donc, l'humanité a dû recourir à l'intervention du législateur. Or, sur quoi, à présent, pouvait se fonder cette intervention ? Voilà la vraie question.

Se fonder sur l'autorité de sa propre raison ? cela ne se pouvait. Parler au nom de sa propre sagesse, s'imposer en s'appuyant sur des titres de recommandation purement personnels ? c'eût été, ou l'on connaît bien peu notre nature d'anges déchus, blesser profondément les instincts incultes des premiers hommes, leur orgueil soupçonneux et jaloux, leurs sentiments d'insubordination. Au nom de qui, et de quel droit n'auraient-ils pas manqué de dire aux anciens révélateurs, Venez-vous nous apporter vos règlements et vos lois? Du reste, l'histoire est là pour le constater. De quel droit, dit Darius à Zoroastre, viens-tu m'apporter ta doctrine? au nom de l'*Éternel*, répond le sage ; et, sur-le-champ, il lui en donne un gage en faisant naître aux portes de son palais un palmier d'une hauteur prodigieuse. Pourquoi me commandes-tu? dit encore l'Hébreu de l'Histoire sainte à Moïse, qui précédemment avait fait acte de législateur en punissant de mort un Égyptien qui maltraitait cet Hébreu. Le Pharaon d'Égypte, quand Moïse vient le trouver de la part de Dieu, n'oublie jamais de lui demander des signes éclatants de sa mission. Il y avait donc, comme on le voit, obligation pour les révélateurs de se réclamer d'un principe antérieur et supérieur à l'humanité : ce principe fut le principe divin. Alors la mission des Zoroastre, des Minos et des Moïse se trouvant étayée, reposant sur une autorité d'autaut plus incontestable, qu'elle se trouvait à l'abri de toute investigation et hors de la portée intellectuelle des peuples primitifs, la civilisation prit naissance et se développa sous le souffle des dieux, sous la crainte surtout de la sanction terrible et mystérieuse attachée à la transgression de leurs préceptes. Alors ce furent les beaux temps des miracles, des prodiges, des effets surnaturels, enfin de la thaumaturgie. Tout se remplit de la Divinité : *Jovis omnia plena.*

Nous allons envisager la question sous un autre aspect. La *loi* suppose nécessairement pour s'exercer deux conditions corrélatives, s'impliquant l'une l'autre ; elle présume un supérieur et un inférieur : un supérieur pour la promulguer, et un inférieur pour la recevoir. C'est sous ce double aspect qu'elle s'est imposée autrefois, et, nous dirons plus, qu'elle continue d'être comprise aujourd'hui. Or, nous le demandons encore, en nous retranchant toujours au cœur de la question : Quel pouvait être au temps des révélateurs, à l'époque des Moïse et des Numa, l'élément supérieur, le principe promulgateur de la loi? Ce ne pouvait être l'humanité, puisque l'humanité était tout justement le chaos dans lequel il s'agissait de jeter l'ordre, la matière à soumettre à l'action du pouvoir constituant... L'inflexible logique nous ramène forcément à la conclusion fatale, à la nécessité d'admettre Dieu comme principe législateur et d'autorité. La tradition du Sinaï se trouve confirmée de nouveau.

Ce n'est pas tout : après avoir reconnu dans Dieu l'élément supérieur, d'où seul pouvait dériver la loi, nous allons être obligé de l'accepter comme principe moteur et cause de progrès dans l'humanité ; tant il est vrai que cette question de Dieu se

présente sous une multitude de faces. En effet, et
comme nous l'avons déjà fait observer au prologue,
pour que l'action et le mouvement se réalisassent
ici-bas, il fallait au moins l'intervention de deux
éléments opposés, de deux forces contradictoires
qui, par la guerre qu'ils se feraient, les combats
auxquels ils prendraient part, engendreraient la loi
de nos évolutions, le progrès. L'ordre inaltérable
des cieux, d'après le système cosmogonique de
Newton, paraît soumis lui-même à cette loi des
contraires. Le progrès actuellement résulte de la
divergence de nos intérêts et de nos croyances ; il
provient de l'antagonisme du travail et du capital,
de la séparation des industries, de la concurrence, etc., etc… Mais, à l'époque des révélateurs,
alors que ces intérêts n'existaient pas, et que l'humanité, en mère féconde, ne faisait que les comporter dans ses entrailles puissantes, on ne pouvait
évidemment les invoquer. Dans cette impuissance
d'action où il se trouvait, le génie social dut donc
recourir encore au principe divin, et une seconde
fois le principe divin résolut la question. Par la
proclamation de *Dieu* et des *Dieux*, l'humanité eut
un terme opposé, la grande contradiction première
s'affirma, et Dieu pouvant agir sur l'humanité, et
l'humanité réagir contre Dieu, l'action s'introduisit
instantanément dans les choses humaines. Elle s'attaqua bientôt aux différents dogmes religieux, aux
différents systèmes politiques, et puissamment sol-

licité de tous côtés, le progrès se fit jour, l'humanité marcha ! Attribuer aux anciens révélateurs la perception claire et précise d'un phénomène social, que la métaphysique moderne ne fait, en quelque sorte, que nous révéler aujourd'hui, ce serait certainement avoir une trop haute opinion de leur perspicacité ; mais, par la proclamation du principe divin, ils ont contribué cependant à la formation de ce phénomène. Dieu, considéré à part dans son essence et en dehors de toute combinaison sociale, n'en demeure pas moins un principe de *statu quo* et de contre-révolution. Pour qu'il devienne un instrument énergique de progrès, il faut le concevoir mêlé à nos événements terrestres et concourant à l'antagonisme de nos institutions. Autrement il est toujours l'*éternel*, l'*infini*, l'*absolu ;* toutes choses réfractaires à l'action et hostiles au progrès. Il est toujours *ce qui est* au plus haut point, au plus haut degré, par conséquent *ce qui n'est* plus susceptible ni d'avancement ni de perfection.

En présence des hautes raisons que nous avons alléguées en faveur des révélateurs, est-il nécessaire à présent de parler de ce sentiment instinctif qui nous porte à l'autorité ; sentiment si vif, si entraînant, que nous n'en pouvons secouer le joug, malgré des transformations sans nombre survenues dans nos institutions et trois révolutions accomplies au nom de la liberté. Est-il besoin de relever cette tendance invincible qui nous possède pour le mer-

veilleux, qui nous fait croire à nos propres rêves,
et nous enchaîne à la tradition de préjugés qui ont
bravé le temps et résisté aux démonstrations rigoureuses de la science? Nous autres hommes du
xixe siècle, que faisons-nous dans les moments de
crise révolutionnaire, alors que la société, sans di-
recteurs patentés, et abandonnée à sa propre initiative, nous paraît sombrer, comme un vaisseau mal
mâté, au milieu d'une tempête? nous courons au
pouvoir, au gouvernement; nous nous prosternons
aux pieds des ministres de la religion, et nous demandons avec instance à Dieu et à l'autorité de
nous venir en aide et de nous arracher au néant de
notre insuffisance. Une société sans Dieu et sans
gouvernement nous apparaît être un gouffre en-
tr'ouvert sous nos pas, un abîme dont le spectacle
seul paralyse nos efforts. Qu'y a-t-il d'étonnant,
d'après cela, que nos bons aïeux de l'antiquité se
soient jetés entre les bras des révélateurs, leur an-
nonçant l'autorité au nom de *Dieu* et des *Dieux!...*
La légitimité du principe divin se montre partout
sous nos investigations avec splendeur, elle est
incontestable. Elle a été, qui plus est, et dû être
la première idée sociale du genre humain. Et de
même que Dieu suppose l'humanité pour recevoir
la législation, l'humanité implique Dieu comme
principe *directeur, promulgateur de la loi et moteur.* — Tout cela complète notre explication du
premier mythe de la Genèse, du mythe de la

création. Le *principe Dieu* tira véritablement l'humanité du chaos, où elle végétait à l'état de brute, et la constitua. L'idéal et le réel se réconcilient sous notre plume après cinq mille ans de quiproquo. C'est bien le cas de méditer sur la logique des choses !

De Dieu posé et reconnu comme principe constituant et directeur des sociétés découlent finalement les notions de bien et de mal, de morale et de justice. Sans cela, on le comprend, le système des révélateurs eût été incomplet ; et Robespierre avait un sentiment profond de cette vérité, quand il s'écriait à la tribune de la Convention nationale, en lançant à Chaumette et consorts de ces regards détournés qui, chez lui, étaient d'une sinistre signification :

« Toute doctrine qui élève et qui console les âmes doit être accueillie ; rejetez toutes celles qui tendent à les corrompre et à les dégrader. Ranimez, exaltez tous les sentiments généreux et toutes les grandes idées morales qu'on a voulu éteindre. Qui donc t'a donné la mission d'annoncer au peuple que la Divinité n'existe pas, ô toi qui te passionnes pour cette aride doctrine, et qui ne te passionnas jamais pour ta patrie ? Quel avantage trouves-tu à persuader à l'homme qu'une force aveugle préside à ses destinées et frappe au hasard le crime et la vertu ? que son âme n'est qu'un souffle léger qui s'éteint aux portes du tombeau ?

» L'idée de son néant lui inspirera-t-elle des sentiments plus purs et plus élevés que celle de son immortalité? Lui inspirera-t elle plus de respect pour ses semblables et pour lui-même, plus de dévouement pour la patrie, plus d'ardeur à braver la tyrannie, plus de mépris pour la mort? Vous qui regrettez un ami vertueux, vous aimez à penser que la plus pure partie de lui-même a échappé à son trépas! Vous qui pleurez sur le cercueil d'un fils ou d'une épouse, êtes-vous consolé par celui qui vous dit qu'il ne reste plus d'eux qu'une vile poussière? Malheureux qui expirez sous les coups d'un assassin, votre dernier soupir est un appel à la justice éternelle! L'innocence sur l'échafaud fait pâlir le tyran sur son char de triomphe. Aurait-elle cet ascendant si le tombeau égalait l'oppresseur et l'opprimé? Plus un homme est doué de sensibilité et de génie, plus il s'attache aux idées qui agrandissent son être et qui élèvent son cœur, et la doctrine des hommes de cette trempe devient celle de l'univers.

» L'idée de l'Être suprême et de l'immortalité de l'âme est un appel incessant à la justice; elle est donc sociale et républicaine cette idée! Je ne sache pas qu'aucun législateur se soit jamais avisé de nationaliser l'athéisme. Je sais que les plus sages même d'entre eux se sont permis de mêler à la vérité quelques fictions, soit dans le but de frapper l'imagination des peuples ignorants, soit pour les rattacher plus fortement à leur institution. Lycurgue et Solon eurent recours à l'autorité des oracles, et Socrate lui-même, pour accréditer la vérité parmi ses concitoyens, se crut obligé de leur persuader qu'elle lui était inspirée par un génie familier. »

Avec de pareilles idées sur la vraie signification de la Divinité, il est malheureux qu'un homme comme Robespierre se soit fourvoyé dans un système de sang et de soupçon qui devait le dévorer, et auquel lui-même probablement ne voyait point d'issue.

Nous pensons avoir suffisamment répondu à cette première question : L'humanité pouvait-elle échapper à l'affirmation primitive du principe divin? Non, elle n'y pouvait point échapper. — A l'autre.

Dès l'instant que nous avons admis la légitimité du principe divin pour constituer l'humanité, et l'obligation pour les révélateurs de recourir à son intervention, il y aurait, selon nous, une excessive mauvaise foi à accuser ces derniers d'usurpation. L'accusation tomberait d'elle-même. Qu'est-ce que l'usurpation? La substitution de prétentions arbitraires ou d'un droit mal fondé à un droit véritable. Or, cette substitution illégale existe-t-elle dans l'acte des révélateurs, dans cet acte de s'autoriser des Dieux pour donner à des préceptes le crédit et le poids dont ils ont besoin? Non, évidemment. Les circonstances commandaient d'en appeler à l'autorité des Dieux ; car nous avons démontré que, sans cette autorité, les premiers hommes, par suite de leurs mauvais penchants, de leurs instincts d'insubordination, n'eussent jamais été initiés aux bienfaits de la civilisation. Les révélateurs ont plutôt subi la nécessité qu'ils ne l'ont fait naître ; et quand la nécessité a pour but de socialiser les hommes, de les rendre meilleurs, quand elle est l'inauguration même du *progrès*, elle ne peut être taxée d'usurpation. Comment ! pourraient dire les révélateurs, vous nous accusez d'usurpation pour nous être servis du principe divin dans le but d'inculquer à l'homme des notions de morale et d'éducation... Allons donc, philosophes ! votre philosophie vous a retourné le sens commun... A notre place, vous eussiez invoqué sans doute la *nature* et la *raison*. De pareils arguments auraient enfanté des merveilles sous vos brûlantes prédications...

Le reproche d'avoir blasphémé les Dieux et l'inculpation de tyrannie disparaissent devant les mêmes considérations. Loin d'avoir blasphémé les Dieux, les révélateurs ont témoigné à leur égard d'une haute raison. Que Moïse et d'autres aient éprouvé la nécessité de recourir à des châtiments terribles pour dompter les instincts rebelles de leurs tribus nomades, cela est incontestable ; mais cela ne fait aussi que mettre en évidence l'intérêt puissant et paternel qu'ils portaient à la civilisation qu'ils avaient lieu de considérer comme leur œuvre, et, qu'à tout prix, il fallait sauver des penchants antisociaux de la nature. Est-ce que l'humanité n'était pas alors une matière vile, abandonnée à toutes les débauches d'un matérialisme dégoûtant qui appelait, pour sortir d'un état nauséabond, l'inflexible discipline des révélateurs? Il fallait à cette époque des hommes de fer; il fallait que l'humanité fût pétrie et repétrie par une sanction pénale en rapport avec les obstacles qui étaient à surmonter. Autrement, nous le proclamons hautement, c'en eût été fait de la civilisation; et l'homme en serait encore à manger des glands, ou à se vautrer, comme un animal immonde, dans la boue d'une promiscuité sans fin. Point de fausse philanthropie : les révélateurs, en hommes qui surent apprécier d'un coup d'œil sûr et rapide la grandeur et l'importance de leur mission, ont porté le fardeau de leur apostolat. Cessons d'invoquer la raison et la nature contre eux, car la raison n'existait point, et la nature était tout justement ce qu'ils avaient à dompter.

Oui, oui, affirmons-le, sans les révélateurs et leurs châtiments, sans la sanction efficace apportée à l'inobservation de leurs préceptes, l'humanité eût végété éternellement à l'état chaotique. Les papes, au moyen âge, ont employé les mêmes moyens de civilisation, et ces moyens leur ont réussi. Le monde moderne s'est formé entre leurs mains, et, au sortir du moule catholique, il s'est senti assez fort pour marcher plus librement à la conquête de ses institutions civiles et politiques. Le législateur, d'ailleurs, n'est plus un homme dans l'accomplissement de son rôle; il est la loi même en action; et, n'éprouvant aucun sentiment humain, mais dominé des seuls intérêts de la civilisation, on ne peut, à la rigueur, lui imputer ni cruauté, ni tyrannie.

Est-ce à dire par là que nous approuvions indistinctement tous les excès qui se sont commis au nom du principe d'autorité, d'après cet axiome connu que *le but légitime les moyens?* Est-ce à dire que nous soyons un aveugle partisan de mesures répressives et disciplinaires? Oh! non; car nous aurions alors trop de tyrannies véritables à légitimer; et les souvenirs horribles des bûchers de l'Inquisition se dressent subitement devant nous. Dans les difficultés et les embarras du travail social, des victimes respectables ont été immolées, des meurtres juridiques consacrés; nous le regrettons. Ce que nous prétendons seulement, et cela consciencieusement, sans arrière-pensée dont on puisse se prévaloir au profit de l'autorité, c'est que les nations primitives, au début de la civilisation, avaient à passer par les rudes épreuves qu'elles ont subies, et, surtout, par la discipline des révélateurs. Aujourd'hui, que le travail d'enfantement touche à sa fin, il y aurait sans doute de la cruauté à infliger de pareilles épreuves. Le règne des papes et des révélateurs est passé; mais leur règne, nous le maintenons, n'en fut pas moins légitime et nécessaire. Quant à nous, loin de regarder les Moïse, les Numa, les Zoroastre et les Mahomet comme des usurpateurs et des traîtres, pour avoir recouru à l'intervention divine, loin de les accuser d'avoir blasphémé les Dieux, à l'exemple des philosophes du siècle dernier, nous nous inclinons bien plutôt devant le génie de ces hommes sublimes qui se sont senti la force de soumettre l'humanité à des règles d'éducation, et qui imaginèrent de se réclamer du Ciel pour civiliser la terre. Honneur à eux! Ils ont bien mérité le tribut d'admiration que la postérité paye à leur mémoire respectée.

Une théorie puisée aux sources d'une philanthropie bien intentionnée, mais évidemment fausse et antisociale a presque prévalu dans nos temps modernes. C'est la théorie de la *bonté native de l'homme*. Nous y consacrerons quelques lignes.

L'homme naît naturellement bon et juste, naturellement porté vers les idées de commisération et de fraternité, dit cette théorie sentimentale, mais creuse. Si n'était le milieu social, dans lequel il vit, qui le corrompt et le déprave, il n'y aurait nul besoin des bagnes, des échafauds, des instruments de torture, enfin, des différents systèmes pénitentiaires qu'on s'ingénie à mettre au monde pour le contraindre à des pratiques sociales qu'il sait être de son devoir d'exercer. Ce mode de raisonnement est la reproduction embellie des opinions encyclopédistes et voltairiennes, du « voilà les lois que la *nature* a promulguées du fond des îles du Japon aux rivages de notre Occident. Ni Orphée, ni Hermès, ni Minos, ni Numa, ni Lycurgue n'avaient besoin que Jupiter vînt au bruit de la foudre annoncer des vérités gravées dans tous les cœurs. »

Mais si l'homme, parfaits philanthropes que vous êtes, naissait naturellement *bon*, et si le mythe de la chute ne renfermait pas une signification vraiment morale et profonde, la civilisation, réfléchissez donc à cela, eût été sans but dès son point de départ. Elle ne serait encore, à l'heure qu'il est, d'aucune nécessité, et le genre humain eût pu s'épargner des travaux gigantesques, des luttes incroyables; il eût pu demeurer à l'état de nature; à cet état que vous vous représentez sous des traits séduisants, mais complétement faux. L'homme de la nature, — et la science est là pour le constater, et il n'est pas besoin d'un grand fond de jugement pour concevoir un fait aussi simple, — est, au physique, laid, sale et chétif; il est, en outre, sujet à des épidémies nombreuses qui abrégent considérablement la durée de sa vie. Au moral, il est méchant et cruel; il est même carnivore à la façon des fauves. Si donc à la suite, et sur les pas des législateurs de l'antiquité, il s'est enfoncé dans les voies pénibles et raboteuses de la civilisation, ç'a été assurément pour se constituer sur des principes d'éducation qu'il ignorait à l'état de nature. Et si, en fin de compte, il s'est soumis à l'épreuve des systèmes pénitentiaires qu'on a jugé à propos de lui appliquer, c'est, qu'instinctivement, il a reconnu la nécessité de ces systèmes. Autrement, il aurait protesté et s'en serait affranchi.

Étranges hallucinations d'esprit qu'il nous répugne de discuter, tant elles nous paraissent peu dignes de fixer l'attention d'un homme sérieux. Mais si, au dire de Rousseau, ce misanthrope bilieux dont bien à tort, peut-être, on exalte le génie, on nous impose l'autorité, et qui, par ses paradoxes, ne tendait rien moins qu'à la suppression des villes, faute d'en comprendre le rôle civilisateur, l'homme naissait naturellement *bon* et *moral*, l'idéal que nous rêvons tous, auquel nous aspirons de toute la force de nos pressentiments, ne serait pas un idéal; il eût été tout d'abord une réalité, et c'est à tort que nous invoquons le *progrès*. Le progrès implique forcément un état primitif où l'homme, abandonné à ses seuls penchants naturels, réfractaire à toute morale, avait à se poser des principes sévères pour parvenir à un état supérieur de civilisation. Qui dit *progrès,* dit amélioration successive des institutions, et, à remonter le cours des temps, d'amélioration en amélioration, on arrive au début du progrès, autrement dit, au chaos, à la condition sauvage; ce qui signifie, en dernier lieu, que l'homme est né foncièrement méchant, injuste, immoral, avec la disposition secrète de céder aux incitations de toutes les passions hostiles qui luttent dans son sein et qui l'entraînent au *mal*. De là, opportunité du mythe de la chute et de la mission rigoureuse des révélateurs. Notre éducation sociale s'achèvera sous la loi de contrainte, et les bagnes, les tribunaux, les cours d'assises, les avocats généraux et les geôliers n'ont pas encore terminé leur besogne moralisante : qu'on en soit bien convaincu.

Si l'on prétendait seulement que, par suite du progrès des mœurs et des institutions, il y a lieu de reviser nos différents systèmes pénitentiaires et d'en affaiblir les effets coercitifs, nous comprendrions cela. Mais non, dit la théorie précédemment citée : « L'homme naît bon et c'est le milieu social qui le déprave. » Nous ne pouvons admettre une théorie formulée en de pareils termes. L'homme *naît méchant !* Le passé et le présent de la civilisation déposent de ce fait.

Et puis, à quels résultats aboutit-on à l'aide de cette fameuse théorie de la bonté native? On va le voir.

Toute l'antiquité religieuse, et le catholicisme lui-même, arguant de la *méchanceté* ou *perversité* originelle de l'homme, en avaient conclu à des systèmes d'éducation plus ou moins fondés sur le principe d'autorité, à des régimes pénitentiaires plus ou moins énergiques; le tout reposant sur la *responsabilité individuelle.* Ce qui veut dire que, c'est sous sa propre *responsabilité,* que l'homme avait à se *racheter* de sa perversité primitive pour se constituer sur les notions du *bien* et du *juste.* C'est à cette source que le double mythe de la chute et de la rédemption, comme les idées de purification de l'antiquité et la distinction fondamentale du *bien* et du *mal* ont été puisées. L'homme, d'après le sens de la tradition, a donc à s'éloigner du mal et à s'approcher du bien ; et c'est à lui à se déterminer pour *le bien* ou pour *le mal* sous sa propre *responsabilité* qui, en pareil cas, constitue le libre arbitre.

Que déclament à leur tour les théoriciens de la *bonté native?* « L'homme est né bon, » disent-ils ; par conséquent, négation du mythe de la chute et de sa signification sociale ; négation de la nécessité de recourir à des systèmes disciplinaires pour nous améliorer et nous inculquer des notions d'éducation ; négation du rôle fécond des révélateurs et de tout le passé de l'humanité. La tradition n'est qu'un piége tendu à la raison moderne. » L'homme est né bon ; c'est le milieu dans lequel il vit qui le déprave. » Par conséquent, tendance à méconnaître l'esprit de société, et à rétrograder jusqu'à l'état de nature. La *nature,* en effet, est le grand mot qu'invoquent de préférence tous nos utopistes. Ils ne s'aperçoivent pas, dominés qu'ils sont par leurs paradoxes soi-disant sociaux, que la civilisation est une lutte perpétuelle contre la *nature*, et que son but est de la dominer et de la dompter, de s'en affranchir, et non de s'y conformer bassement et crapuleusement. L'amour paternel lui-même, tel que nous le sentons actuellement, est un sentiment de la civilisation que nous avons conquis sur la nature. L'homme sauvage n'est pas plus attaché à son *croît* que l'animal des forêts. « L'homme est né bon, c'est le milieu social qui le déprave. » Par conséquent, proclamation de l'*irresponsabilité* humaine, relâchement de tous nos rapports sociaux, et par contre-coup, confusion de toutes les idées de justice, de droit, de propriété ; idées à l'aide desquelles l'humanité est sortie péniblement de l'état chaotique pour parvenir au degré de bien-être et de moralité où elle se voit aujourd'hui. « L'homme est né bon. » Par conséquent, fraternité dans l'État, fraternité dans l'atelier, dans la famille, dans le mariage ; fraternité dans la production, et surtout dans la consommation ; toute la série des fraternités possibles et imaginables : en d'autres termes, communisme, platonisme, atrophie sociale !...

Oh ! comme on l'a dit et répété souvent, quand est-ce donc que le peuple sera délivré de tous ces écrivains fraternitaires et flasques qui, invoquant sans cesse la *nature* et clabaudant contre la civilisation, ne font que nous dérouter et nous faire perdre le fil de la tradition. Après tant de déclamations soi-disant socialistes, mais véritablement anti-sociales, est-il étonnant qu'un peuple paraisse avoir dégénéré?

Le mythe catholique est d'une vérité frappante dans sa signification. L'homme naît méchant, et voilà pourquoi le but du législateur a été, dans tous les temps, de l'épurer au feu des institutions répressives, comme on épure les métaux à l'action d'une fournaise ardente. Qu'on nous accuse de dureté de cœur, si l'on veut ; mais qu'on sache bien que nos théories sont plus vraiment humaines, surtout plus utiles, que les homélies sentimentales de tous nos réformateurs sociaux.

Encore une fois, la théorie de la *bonté native* peut prouver en faveur des sentiments de ceux qui la professent ; mais elle ne prouve ni en faveur de leur raison, ni en faveur de leur science.

Ah! grands philanthropes, l'homme naît naturellement bon, naturellement enclin à toutes les idées du juste et du bien, et c'est le milieu social qui le corrompt... Pourquoi ne pas soutenir aussi qu'il naît naturellement savant, naturellement capable de remplir tous les emplois et d'en toucher les émoluments? Ce serait atteindre tout d'un coup à l'idéal du beau et de la perfection!... Alors vos utopies gouvernementales deviendraient possibles.

Quand le catholicisme, par l'organe de ses apôtres repentants et se frappant la poitrine en signe de contrition et d'humilité, se sert de ces mots : *Væ nobis, quia peccavimus*, ou bien : *In iniquitatibus conceptus sum et in peccatis concepit me mater mea*, il possède encore un instinct plus vif et plus senti de la *peccabilité* primitive de l'homme et de ses inclinations mauvaises. Mais aussi nécessité plus grande pour la religion d'établir en face de cette perversité originelle son autre dogme non moins édifiant de la rédemption; car alors ces deux dogmes, rapprochés l'un de l'autre, se mettent réciproquement en évidence et nous initient à leur compréhension sociale. Point de rédemption sans chute; en termes plus clairs, point de civilisation, de progrès social, d'éducation sans un état préalable de perversité et de prévarication pour l'homme. — Tout cela s'implique forcément. C'est d'une simplicité à désarmer les esprits les plus prévenus.

C'est sur Moïse principalement que s'est appesanti le reproche de cruauté et de tyrannie; nous terminerons donc ce chapitre par le portrait de cet homme célèbre.

Moïse, sans contredit, doit être considéré comme le premier des thaumaturges, le plus grand des révélateurs.

Comme thaumaturge, les miracles que lui attribue la tradition ne font que rehausser son caractère et lui ceignent le front d'une auréole sublime. Les sept plaies d'Égypte, le passage du Jourdain, l'apparition de Dieu dans le buisson d'Horeb, la manne du désert, la scène majestueuse du Sinaï, tout, jusqu'à l'eau qu'il fait jaillir d'un rocher stérile, sert puissamment à l'élever à la hauteur de sa mission, et à lui gagner le respect des peuples. Tout cet extérieur merveilleux, ce faste de prodiges, ce luxe oriental de choses surnaturelles, le grandissent dans l'imagination enchantée, et le présentent comme un homme qui était prédestiné au rôle qu'il a rempli avec éclat et supériorité.

Sa mission est d'abord annoncée par ces mots de la Bible : « Quand je serai parmi les enfants d'Israël, que leur dirai-je ? — Le Dieu de vos pères m'envoie vers vous, lui réplique l'Éternel. S'il me demandait quel est son nom, que leur répondrai-je ? — Dieu dit alors à Moïse : Je suis celui qui suis ! Et il ajouta : Ainsi tu diras aux enfants d'Israël : Celui qui est m'envoie vers vous. » Que de simplicité, mais aussi que d'autorité dans ces paroles ! A partir de ce moment, Moïse fut le chef d'Israël et ne marcha plus que de triomphe en triomphe. Pharaon épouvanté, pliant sous l'ascendant de son caractère, laisse partir les Hébreux.

Le législateur nous apparaît sous des proportions plus gigantesques encore s'il est possible ; ou plutôt le législateur et le thaumaturge se mêlent, se confondent ici pour s'imposer plus fortement à l'admiration de la postérité. A peine est-il investi de son apostolat difficile que, n'obéissant qu'aux seules inspirations de son génie, Moïse arrache au joug d'habitudes grossières ces tribus d'Israël, et les constitue sur les fondements de l'unité de Dieu. Quel art, quelle habileté n'y a-t-il pas dans sa conduite ! Comme il manie le merveilleux, afin d'agir plus efficacement sur l'imagination d'un peuple ignorant ! Comme il s'y prend pour amener ce peuple au pied du Sinaï et le remplir de la terreur de Dieu ! Comme il paraît absorbé lui-même dans la grandeur de sa conception ! Un moment on le croit perdu ; c'en est fait du législateur des Hébreux ! Emporté par l'ouragan ou déchiré par la foudre, il aura été se confondre dans le sein du Dieu qu'il recherche. L'Éternel, en l'appelant à lui, a voulu l'enlever à une terre indigne de le posséder. L'effroi, le deuil et l'inquiétude sont peints sur tous les visages ; on est terrifié, haletant, on ne respire plus... Pendant trois jours, on attend, les yeux fixés au haut de la montagne ; pendant trois jours, on gémit sur le sort du grand homme, on se lamente sur le sien. Que va devenir Israël sans législateur ? Dans cet état d'abandon et de solitude extrêmes, la conscience faillit, l'idée des faux dieux revient, et l'on se presse autour du veau d'or. Sacrilége qui sera puni, on lui offre de l'encens... Aaron lui-même cède à des obsessions coupables. Cependant le ciel s'est éclairci, l'ouragan a cessé

de tonner, et un calme universel a succédé au bruit
éclatant de la tempête. Puis, au milieu des vapeurs
brumeuses, qui maintenant enveloppent le Sinaï
de toutes parts, une forme humaine s'est dessinée.
Elle acquiert peu à peu de la consistance ; elle
grandit, elle approche... A son air solennel et grave,
aux préoccupations sérieuses que trahit sa démar-
che, à l'auréole de gloire qui lui ceint la tête, aux
tables de la loi qu'il porte sous ses bras, c'est lui,
c'est Moïse ! Dieu l'a rejeté de son sein et le rend à
son peuple. Il revient triomphant et plein de l'esprit
créateur qui lui a soufflé sa puissance. La civilisation au berceau a formulé ses oracles, il ne lui reste
plus qu'à les appliquer. Mais, ô douleur déchirante !
ô spectacle inattendu ! les restes du sacrifice jon-
chent encore le sol ; le veau d'or, qui a reçu l'adoration d'Israël, est encore debout... Malédiction !
la colère du Dieu fort et jaloux, plus terrible que
l'ouragan qui retentissait tout à l'heure, éclate
pour la première fois. Les tables de la loi sont bri-
sées ; Israël est maudit dans sa génération présente,
et c'en est une autre qui, pour accomplir les volontés de l'Éternel, pénétrera dans la terre promise.
Moïse lui-même, partageant le sort commun, mourra
avant de parvenir au pays des ancêtres. Il ne lui
sera donné que de la voir de loin.

Ce morceau, dans lequel nous avons essayé de
jeter quelque animation, est le tableau figuré du
début de Moïse comme législateur. Il y paraît ayant

recours à l'autorité de Dieu pour appuyer sa législation. Nous avons prouvé que cette méthode de procéder avait été dans la logique du rôle des révélateurs.

L'unité de Dieu est donc le premier article de la législation de Moïse. Où puisa-t-il la connaissance de ce dogme? Dans les théogonies de l'Inde et de l'Égypte probablement; car ces théogonies le comportent, et il est facile de le distinguer sous les formes emblématiques qu'il affecte. Le christianisme s'emparera plus tard de ce dogme pour constituer lui-même nos sociétés modernes. Puis, après avoir consacré ce premier article qui, dans sa charte, devient le principe de l'unité d'action et de l'unité du principe constituant, Moïse fonde la semaine sous le symbole ingénieux d'une création du monde accomplie en six jours. Nous avons déjà relaté ce fait. Il institue un septième jour pour le repos, et le nomme Sabbat. Par cette recommandation : « Tu ne prendras pas en vain le nom du Seigneur ton Dieu », et cette autre : « Tu ne prononceras point de faux témoignages », il inaugure vigoureusement le principe de justice et introduit la bonne foi dans nos relations. Il sanctifie la famille et la paternité, anathématise le vol et l'homicide, condamne cette promiscuité des sexes qui était anciennement l'attribut des peuples idolâtres. Enfin il flétrit l'envie, tonne sur l'adultère et les met au ban de sa civilisation naissante. Après trois mille ans de progrès dans les arts, les mœurs, les lettres et les sciences, nous en sommes encore à nous prosterner respectueusement devant de pareils préceptes ; car ces préceptes sont après tout les titres d'existence et de durée sur lesquels s'appuieront éternellement les sociétés humaines. Par la défense du vol, il établit encore la distinction du *mien* et du *tien* et légitime la propriété. Si nos socialistes modernes, au lieu de déblatérer comme ils le font sur la propriété et les abus du mariage, se mettaient à étudier sérieusement les institutions positives de l'antiquité, ils verraient que la tradition n'est pas tant à dédaigner, et qu'avant d'attaquer la forme, il faut au moins se bien pénétrer du fond.

Nous pouvons regarder le *Décalogue* comme notre première constitution politique et sociale. Et quelle admirable constitution ! Que de simplicité, de raison, de force dans ce monument de législation !

Un Dieu unique, le mariage, la famille, la propriété... Pour quiconque se pénètre bien du Décalogue, il n'est pas besoin d'une autre constitution : le Décalogue les contient toutes. Ajoutez à cela une justice publique, l'autorité des anciens, choses qui se dégagent du fond même de la constitution moïsiaque, et vous avez un peuple constitué, une véritable nation, au lieu d'une peuplade idolâtre et sauvage.

Outre son Décalogue, Moïse consacra encore deux

autres institutions : la pâque et le jubilé. Il paraît
avoir aussi défendu l'usure ; mais sous ce rapport,
la force des choses se maintint contre lui, et l'usure
prévalut chez les Juifs comme chez les autres nations : le culte du veau d'or l'emporta, malgré la
réprobation éclatante qui le frappa à la descente
du Sinaï. C'est qu'en effet, pour abolir l'usure, il
ne suffit pas d'une simple défense du législateur ;
il faut recourir à des procédés économiques d'une
autre efficacité ; et du temps de Moïse, ces procédés n'étaient point connus, la science était à faire.
D'un autre côté, en ces temps de chaos et de confusion, l'intérêt des capitaux, intérêt même exagéré,
avait un but vraiment d'utilité sociale en contribuant, par l'appât des gros bénéfices, à la naissance
forcée de l'industrie. Voilà pourquoi, on peut
le dire, la défense de Moïse échoua ; ce fut un
bienfait.

La pâque était un repas national en l'honneur de
la sortie d'Égypte. C'était un grand et solennel
hommage rendu au libérateur et à l'indépendance
d'un peuple. Chez un peuple, il faut de ces fêtes
nationales ; elles y entretiennent les sentiments de
sociabilité ; elles concourent à le former.

Le grand jubilé avait lieu chaque cinquantième
année, qui était entièrement consacrée au repos.
On était tenu de ne pas travailler cette année-là.
Les champs restaient en friches. De plus les esclaves
recouvraient la liberté, toutes les dettes étaient gé-

néralement abolies ; de sorte que tout dépossédé rentrait légitimement et de plein droit dans la possession de ses biens. Une pareille institution a certainement fait son temps ; elle a dû être abrogée par les progrès ultérieurs de la civilisation. Mais à l'époque dont nous parlons, elle était d'une haute signification ; elle dénotait une sagesse éprouvée dans le législateur. Moïse, par son jubilé, maintenait autant que possible l'équilibre des fortunes, corrigeait les abus du sort, opposait un obstacle légal à l'émigration rapide des capitaux et sauvegardait l'intégrité du territoire national. Il achevait par là d'établir sur le principe d'unité la nation d'Israël. Il la séquestrait même un peu trop du reste du monde ; mais c'était pour la préserver de l'idolâtrie et conserver intacts le dogme et les principes d'une civilisation supérieure. A ce point de vue, on ne peut encore que l'approuver.

Mais, par cela même aussi qu'il promulgua l'*Unité de Dieu*, et ici nous ferons une large part aux détracteurs, — Moïse nous est parvenu comme la plus impassible personnification du principe d'autorité ; et la tradition l'a toujours donné comme le plus rigide des législateurs. Il proclame ses commandements au bruit de la foudre, et malheur à Israël s'il vient à les transgresser... Une main de fer s'appesantira sur lui ; la vengeance du Dieu fort et jaloux, comme il est dit au Décalogue, non contente de frapper les pères, s'étendra jusqu'à la quatrième génération de ceux qui l'auront offensé. On connaît la punition de Dathan et Abiron ; les cinquante mille Israélites passés au fil de l'épée pour le crime d'un seul ; enfin la série de châtiments terribles qui ne cessaient de tomber sur les enfants de Jacob, toutes les fois qu'ils s'écartaient des préceptes du législateur et revenaient à leurs pratiques d'idolâtrie. Les dieux de la Grèce et de Rome étaient à beaucoup près plus cléments, moins volontaires que le Dieu des Juifs. — *Ego sum qui sum !* s'écrie ce Dieu par la bouche de Moïse. A une pareille affirmation du moi souverain, il n'y a rien à objecter ; il n'y a qu'à se taire et qu'à obéir. *Mihi vindicta !* dit encore ce Dieu dans l'exaltation de sa volonté redoutable.

Mihi vindicta ! c'est-à-dire à moi la vengeance ! à moi le châtiment ! à moi la sanction ! Ces mots, pour le constater une dernière fois, en réunissant aux autres attributs de Dieu celui de la justice, celui de venger directement sur les coupables les infractions faites à ses lois, le posent définitivement comme principe de constitution sociale ou d'autorité : nous n'y reviendrons plus.

Néanmoins, tout en constatant l'énergie du principe d'autorité chez les Juifs et l'inflexibilité de Moïse, il faut tenir compte à ce dernier des temps et des lieux ; il faut réserver à son excuse ce que nous avons réservé à l'excuse des autres révélateurs, continuant par là de réfuter les allégations de cruauté et de tyrannie dont on a voulu accabler sa mémoire. Si Moïse a été rigoureux et sans pitié, ç'a été une obligation de son apostolat. Il a dû châtier et torturer Israël, parce qu'Israël, sans cela, ne fût jamais sorti de son misérable état. La verge du législateur est le stimulant salutaire qu'emploie la bonté divine pour nous pousser dans la voie du bien. Est-ce que l'ouvrier ne torture pas aussi la matière soumise à son action pour en retirer le produit qu'il a conçu ? Voyez ce Phidias à l'œuvre : il pétrit, moule, taille et retaille son bloc de marbre. Eh bien, qu'a été Moïse à l'égard d'Israël ? Un Phidias ; et, à tout considérer, quels ont été les actes de ce Phidias sur un peuple mécréant à côté de l'admirable monument de législation qu'il nous a laissé ?

« Tu ne voleras point ; tu ne commettras point d'homicide ; tu ne forniqueras point ; tu ne prendras point la femme d'autrui » ; tous ces préceptes du Décalogue témoignent hautement d'une chose : c'est que les Hébreux, peuplade ignorante et grossière, abandonnés à tous les débordements des appétits matériels et formés aux habitudes des Égyptiens, leurs maîtres, ne se faisaient faute, au cas échéant, ni de voler, ni de massacrer, ni de piller, ni de violer femmes et filles. Or, nous le demandons aux théoriciens de la *bonté native :* En face de pareils excès, fallait-il laisser fléchir le principe d'autorité ? fallait-il s'apitoyer sur les faiblesses de l'humanité ou châtier rudement ?

Frappé, pendant son séjour en Égypte, de la domination brutale que recouvrait la royauté des Pharaons, et de l'inégalité monstrueuse de la distinction des castes, dont il méconnut l'utilité au point de vue économique, Moïse, à proprement parler, n'institua aucun pouvoir politique. Seulement la tribu de Lévi fut vouée au culte, et la hiérarchie sacerdotale se recruta dans son sein. Aaron fut investi du suprême pontificat, et la conservation du texte de la loi fut confiée aux prêtres qui devaient chaque jour la lire au peuple, et veiller à ce qu'on n'en altérât ni l'esprit ni la lettre. Le peuple fut partagé en douze tribus, et conserva jusqu'au bout cette classification. L'organisation sociale des Hébreux répondit donc primitivement à l'idée qu'on pourrait se faire d'une république patriarcale. Mais cette organisation était appelée à se transformer et la monarchie devait en sortir : ainsi le voulait le progrès. Quant à Moïse, il ne tint qu'à conserver toute sa vie l'action qu'il s'était attribuée directement sur le peuple, à titre de prophète ou de révélateur. Ce rôle, en effet, était celui qui lui convenait le mieux. Bien qu'il eût pu léguer son pouvoir à ses descendants, il s'en abstint. Ses enfants, confondus dans la foule des Lévites, furent chargés de fonctions communes, et, plus tard, on les retrouve portiers du temple. Le successeur qu'il se choisit de son vivant même, fut Josué qu'il n'aimait pas, mais qu'il jugea le plus digne d'achever son œuvre. A de pareils traits, on reconnaît un homme supérieur.

Enfin, parvenu à l'âge de cent vingt ans et se sentant mourir, il se retira sur la montagne de Nébo, et là rendit le dernier soupir. Ses restes, ainsi qu'il l'avait voulu, furent soustraits à l'adoration superstitieuse qu'on aurait pu leur rendre. Sa mort, conforme à toutes les actions de sa vie, témoigne encore en faveur de son génie et de la hauteur de ses vues comme législateur; et c'est avec raison que, des rives du Nil aux côtes de la Grande-Bretagne, en passant par l'Europe chrétienne, tout est plein de sa vénérable figure.

Le dernier reproche qu'on ait fait à Moïse, c'est celui de n'avoir pas, à l'exemple des autres législateurs de l'antiquité, recouru au dogme de l'*immortalité de l'âme*, lequel n'eût pu que rehausser l'éclat de sa législation. Ce dernier reproche est fondé. Les peines et les récompenses qu'il annonce, la sanction qu'il établit, tout, sous ce rapport, est temporel dans sa législation; et si la génération présente ne suffit pas au châtiment, ce sont les générations suivantes qui en recueillent l'héritage. Croyait-il à l'immortalité de l'âme, n'y croyait-il pas? Jugeait-il sa peuplade trop plongée dans ses habitudes grossières pour lui soumettre un pareil dogme, ou voyait-il des inconvénients au dogme lui-même, au point de vue de l'*unité divine* qu'il craignait de scinder? On ne peut, à cet égard, que se lancer dans des conjectures nuageuses. Dans tous les cas, Moïse adopta le dogme de la *chute*, et le christianisme, qui s'inspira principalement de la tradition hébraïque, a rempli la lacune qu'il laissa au sujet de l'immortalité de l'âme.

De Moïse encore, d'après l'expression de Bossuet, datent les temps de la loi écrite; lisons de l'*autorité écrite*.

Eu égard au but que nous nous proposons, il était important de déterminer l'origine du principe d'autorité; on doit sentir cela. En consultant les monuments que l'histoire nous a laissés, nous avons donc cherché à débrouiller cette origine presque perdue dans la confusion des institutions et des faits de l'antiquité, et à la bien établir. Nous croyons l'avoir constatée dans la conception primitive de *Dieu* et des *Dieux;* de Dieu pour nos sociétés modernes, des Dieux pour les civilisations antiques. Nous avons analysé les causes qui ont pris part à cette origine du principe d'autorité, et nous avons reconnu qu'elles renfermaient un caractère incontestable de nécessité et de légitimité. Passant à l'appréciation du rôle des anciens révélateurs, notamment à celui de Moïse, nous nous sommes aperçu aussi avec satisfaction que ce rôle avait été éminemment social, par conséquent légitime au même titre que le principe d'autorité. Enfin, arguant d'une loi de progrès, dont nous avons tous l'instinct, le sentiment profond enraciné dans l'âme, nous avons été amené à découvrir que cette loi de progrès résultait de l'antagonisme qui, primitivement, éclata entre Dieu et l'humanité, antagonisme, dont les effets analytiques et synthétiques à la fois, produisent tout justement le mouvement social qui nous emporte dans son tourbillon. Nous avions à nous entendre sur tous ces points pour bien constater que tout se passa pour le mieux, logiquement et nécessairement, au début de la civilisation. L'autorité de la tradition reposant sur les faits primordiaux que nous avons soigneusement étudiés, nous allons passer maintenant à d'autres applications de notre méthode. Le champ d'observation que nous avons à parcourir est vaste et sans horizon, tant l'humanité a varié dans ses transformations successives; et si nous continuons de nous montrer rigoureux envers les théories, ce qui est notre droit, ce ne sera, bien entendu, que sous la réserve du plus grand respect pour les auteurs : examen sévère, inflexible même des idées et des principes, mais respect aux personnes, telle est notre devise.

CHAPITRE III.

Sortant de la période d'inauguration et descendant des hauteurs célestes où le relégua l'affirmation des révélateurs, le principe d'autorité va maintenant se prêter à des transformations sans nombre et se révéler dans sa marche évolutive; il va s'incarner dans les faits humains. On dit que Wichnou n'a que neuf transformations à subir : nous en compterons davantage pour le principe d'autorité.

Dieu, les Dieux ne furent pas plutôt acclamés, que la théocratie se constitua immédiatement. Elle fut le gouvernement des prêtres sur l'humanité et la première forme sociale qu'affecta le principe d'autorité sous la pression du souffle civilisateur. Elle se déploya avec splendeur en Orient où son élément paraît dominer encore. Des bords du Gange, elle passa en Chaldée, en Égypte et dans nos vieilles Gaules. Le catholicisme et le gouvernement des califes mahométans ont été aussi des théocraties; mais, pour le moment, il n'est guère question que de l'antiquité.

Comme nous avons procédé à la constatation du

principe d'autorité dans Dieu et les Dieux, nous allons procéder au dépouillement impartial de la théocratie. Nous rapporterons les institutions sur lesquelles elle s'est fondée; nous relaterons avec respect les travaux qu'elle a accomplis ; nous dirons ses fêtes, ses jeux, ses mystères, ses cérémonies, les monuments d'art, de législation et de science qu'elle a pu laisser ; et, allant au fond des choses, analysant avec soin, nous apprécierons le rôle civilisateur qu'elle a joué et la part qui lui revient dans nos développements. Établissant enfin son bilan, séparant son actif de son passif, nous dirons en quoi son intervention aura été favorable ou hostile au progrès.

Il est un fait incontestable, un fait que malheureusement on est obligé de confesser, car il vous écrase de son évidence. C'est que l'humanité, jusqu'ici, sous l'œil de la Providence divine, a successivement passé d'une forme sociale à une autre, accompli un progrès notable dans tout, sans se rendre compte des lois et forces vitales qui la font mouvoir. Il est temps que le progrès instinctif cesse pour faire place au progrès conscient et raisonné.

La théocratie s'installa généralement et spontanément partout sur les mêmes principes : sur une séparation fondamentale du bien et du mal, la distinction des castes, une hiérarchie sacerdotale puissante, disciplinée, et des théogonies ingénieuses, qui toutes partent du chaos pour expliquer

le monde et ses commencements. Ce principe supérieur et intellectuel, nous nous sommes expliqué
là-dessus, est pour nous le principe d'autorité ou
fondateur. Par son action sur le chaos, il le coor-
donne insensiblement, en tire les éléments vitaux
de toute société et inaugure ainsi la civilisation.
Zeus, Brahm, Demiurgos, Jehovah, sont les personnifications divines que revêt ce principe.

Par la séparation du bien et du mal, la théocratie, sous les auspices de la religion, jeta les fondements de l'*ordre moral* et débuta à la constitution
de la justice, sans laquelle aucune société ne saurait
exister, et qui est le premier des principes sociaux.
La sanction qu'elle apporta à l'observation ou à la
transgression de son ordre moral, elle la fit consister dans les créations emblématiques que l'on
connaît : le Tartare et les Champs Élysées pour
les anciens, l'Enfer et le Paradis pour les modernes.—Incarnation, au haut des sociétés, du principe d'autorité et de sa concentration primitive, elle
introduisit en outre dans nos rapports humains, et
en opposition à elle-même, le principe de *division*
et de *séparation* qui commença dès lors à prendre
ses premières positions. Et c'est par la distinction
d'abord, la lutte ensuite du bien et du mal, du
juste et de l'injuste, du vrai et du faux, de toutes les
notions de morale, qui bouillonnaient alors pêle-
mêle dans le cratère de la civilisation naissante,
qu'elle nous initia aux bienfaits et aux difficultés de

la vie collective. — De là tous ces préceptes moraux qu'on trouve dans les cinq Kings, le Zend-
Avesta, les Védas, la Bible, et généralement dans
tous les livres de l'antiquité religieuse.

« Dans le doute, si une action est bonne ou mauvaise, abstiens-toi.

» Jour et nuit, songe à bien faire, car la vie est
courte.

» Si pouvant rendre aujourd'hui service à quelqu'un, tu remets à demain, repens-toi.

» Si tes bonnes actions sont plus nombreuses que
tes fautes, le ciel te sera réservé ; si ce sont au
contraire tes fautes qui l'emportent, l'enfer t'attend.

» Dieu a voulu que les hommes fussent jugés en
raison du bien ou du mal qu'ils auront fait.

» Pour prêcher aux autres le repentir et la pénitence, il faut être soi-même pur de toutes fautes ; il
faut que le zèle soit sincère, que le cœur et la parole soient toujours d'accord, et que l'on donne
l'exemple de la bonté et de la justice. »

Ces préceptes sont du Zend-Avesta des Perses ;
ils confirment pleinement ce que nous avons dit sur
la justice et la séparation du bien et du mal. —
Passons aux Védas.

« La mort et la vie, disent ces livres sacrés des
Indiens, sont également méprisables. — Il n'est
qu'un seul bien, la sagesse. — Pour faire le bien,
il est inutile qu'on le prescrive. — Un seul jour ne
doit pas se passer sans qu'on ait fait une bonne ac-

tion. » — C'est toujours la même distinction du bien et du mal, la même recommandation de s'adonner au bien et de fuir le mal. Seulement, comme cela se conçoit d'une époque de civilisation encore chaotique, les idées du bien et du mal ne sont point clairement définies ; la détermination exacte, rigoureuse, n'en est point formulée. Mais le progrès achèvera l'œuvre commencée ; nous acquerrons les notions précises du juste et de l'injuste, du bien et du mal, quand la fiction se sera complétement évanouie devant le positif des institutions sociales. C'est assez pour la religion d'en avoir eu le pressentiment.

Voici à présent d'autres maximes des cinq Kings moitié morales, moitié politiques, que Confucius épura en les passant au feu de sa philosophie.

« L'homme assez heureux pour recouvrer la droiture et la clarté primitives de la faculté raisonnable, doit s'efforcer d'engager tous les hommes à travailler au rétablissement de leur raison, en écartant les obstacles qui les empêchent de voir la vérité, en déracinant leurs habitudes vicieuses, en cherchant à devenir des hommes nouveaux.

» Les princes sages ont cru que, pour établir un bon gouvernement dans leur royaume, il fallait d'abord faire régner l'ordre et la paix dans leur demeure ; que pour faire régner l'ordre et la paix dans leur demeure, il fallait régler leurs mœurs et leur conduite ; que pour bien régler leurs mœurs et leur

conduite, il fallait établir l'ordre dans leurs inclinations ; que l'ordre ne pouvait s'établir dans leurs
inclinations et leurs affections qu'en affermissant
leur volonté dans l'amour du *vrai bien* et dans la
haine du *vrai mal ;* que pour affermir cette volonté
dans le véritable amour du *bien* et la haine du *mal*,
il fallait que l'âme, à l'aide du raisonnement, acquît
une connaissance exacte et claire du bien et du
mal ; qu'enfin, le seul moyen de l'acquérir était un
examen scrupuleux de la nature des choses, c'est-
à-dire l'étude de la sagesse.

» Celui qui connaît clairement et exactement la
nature et les rapports des objets a une connaissance claire et un discernement sûr du vrai et du
faux, de l'honnête et du déshonnête.

» La connaissance claire et certaine du vrai bien
et du vrai mal fait naître dans la volonté l'amour
du vrai bien et la haine du vrai mal.

» Celui qui a une conduite et des mœurs bien
réglées peut faire régner la paix et la concorde,
l'ordre et l'harmonie dans sa demeure ; celui qui
fait régner la paix, la concorde, l'ordre et l'harmonie dans sa demeure, peut établir un bon gouvernement dans son royaume ; en établissant un bon
gouvernement dans son royaume, il peut attirer
l'attention des autres royaumes, y rallumer par
son exemple l'amour de la vertu, et y faire re-
naître la paix et le bonheur.

» La constance du prince à avancer dans la carrière de la vertu fait naître dans le peuple le désir de se réformer.

» Les illusions de l'homme sur lui-même ont leur source dans le déguisement et l'imposture de la volonté elle-même, si l'on peut parler ainsi ; de même que la paix et la satisfaction intérieure ont leur principe dans la sincérité de la volonté.

» Aussitôt que la vertu est entrée dans le cœur de l'homme, elle imprime, sur tout le corps où elle habite, l'image et l'expression de la beauté.

» Le sage tient en toutes choses le vrai milieu de la vertu ; l'insensé s'en éloigne.

» Si vous essayez d'expliquer aux hommes comment on distingue l'utile du nuisible, le vrai gain de la vraie perte, chacun vous répond : Croyez-vous que je ne le sache pas ? et cependant vous les voyez poursuivre une fausse apparence de gain, courir à leur perte et se précipiter dans le malheur et dans la misère. Il en est de même du vrai milieu de la vertu. Si vous voulez leur en expliquer la nature, ils vous répondent : J'ai assez de sagacité, d'intelligence et de prudence pour le connaître et le suivre. A peine ont-ils commencé l'étude, qu'ils retombent bientôt dans tous leurs vices ; on ne les a pas vus persévérer un mois dans leur résolution.

» Le sage ne fait point consister la force à vaincre les autres, mais à se vaincre lui-même.

» On peut se garantir des maux qui viennent

d'ailleurs; mais nullement de ceux qu'attire le dé-
réglement des passions.

» Si quelqu'un veut s'élever à la vertu, qu'il
prenne la vérité pour guide; il ne fera point de
faux pas.

» Le sage ne se contente pas de se perfectionner,
il perfectionne aussi les autres.

» Le ciel ne fera acception de personne; mais
ses faveurs seront pour celui dont la charité sera
universelle.

» Souvenez-vous de ce que vous devez à vos pa-
rents; vous ne pourrez plus vous apercevoir de leurs
torts.

» Faites à autrui ce que vous désirez que l'on
vous fasse à vous-même. »

Nous pourrions multiplier nos citations; mais,
pour plus ample édification, nous renvoyons le lecteur aux livres de Confucius lui-même, et, en particulier, au *Li-ki* qui est le livre des cinq *Kings*
qui traite des devoirs et de la morale des Chinois.

Quant au Coran et à l'Évangile, ils sont d'accord
aussi pour glorifier le bien et anathématiser le mal.
D'après le Coran, « Dieu destine les trésors du ciel,
qui sont éternels, aux croyants qui ont en lui leur
confiance, à ceux qui évitent l'iniquité et le crime,
et qui font taire leur colère pour pardonner à ceux
qui soumis à Dieu, font la prière, règlent leurs
actions par la prudence, et versent dans le sein de
l'indigent une partie de leurs richesses. Les mé-

chants souffrent dix fois dans l'enfer le mal qu'ils ont fait souffrir aux autres. »

Et ailleurs :«Ceux qui se présentent avec de bonnes œuvres recevront un prix glorieux, et seront exempts des frayeurs du grand jour. Ceux qui n'apporteront que des crimes seront précipités dans le feu, le visage prosterné. »

Dans l'Évangile, la vie de Jésus-Christ tout entière est une exaltation de la morale la plus pure. Les vices et les mauvais instincts de l'homme y sont stigmatisés en paroles brûlantes, et le ciel, de même que dans le Coran, y est promis aux justes en récompense de leurs bonnes actions. Seulement, dans l'Évangile, comme dans les livres de Confucius, les idées du bien et du mal se teignent d'une nuance philosophique, la morale y est plus rationnelle. Nous donnerons ultérieurement la raison de ce fait important.

Le Zend-Avesta et le Coran défendent encore d'emprunter, sous prétexte que l'usure conduit au mensonge. Le Zend-Avesta condamne particulièrement l'adultère, et proscrit tout acte de violence. La théogonie des Perses est, du reste, la plus lumineuse sur les notions du bien et du mal. Les deux principes y sont nettement posés. Ormuz est le principe du bien, Arimahn le principe du mal. Dans cette théogonie, les combats d'Arimahn contre Ormuz nous peignent parfaitement bien la lutte des deux principes dans notre monde moral.

« Après quatre-vingt-dix jours et autant de nuits, Arimahn vaincu revient à la charge. Enfin, à la quatrième époque, il est vainqueur, et le mal règne partout sur la terre. C'est seulement à la fin de cette période, qui termine les douze mille ans que le monde doit exister, qu'Ormuz, voulant sauver l'humanité, enverra le prophète *Sosioch* pour convertir les hommes et les préparer à la résurrection générale en face de l'Éternel. Alors la comète *Gourzher* parcourra l'espace et réduira la terre en cendres. Elle purifiera les âmes des méchants, les *Dews*, les *Daroudjs* et *Arimahn* lui-même qui, privé de sa force, se confondra avec Ormuz dans le sein de l'Éternel. » On voit assez clairement, dans cette conversion finale d'*Arimahn*, le triomphe définitif du bien sur le mal, ou plutôt la réconciliation de ces deux principes par leur absorption mutuelle. Comment s'accomplira ce triomphe, cette absorption? C'est le problème que l'humanité se chargera de résoudre par tous les moyens de progrès qu'elle mettra successivement en lumière. En attendant, elle constate dans un mythe, équivalent à celui de la rédemption du catholicisme, ce fait d'un triomphe définitif du bien sur le mal.

Or, était-il nécessaire, nous demandera-t-on à présent, d'avoir recours à cette antique séparation du bien et du mal? L'humanité, sans cela, n'eût-elle pu marcher à la réalisation de son avenir? A une pareille question, trois mille ans d'hésitation et d'un long enfantement social ont déjà répondu : ces trois mille ans semblent se lever devant nous pour témoigner en faveur de la tradition. Hé! comment le génie social se fût-il reconnu dans son œuvre de constitution morale, s'il n'eût préalablement admis cette distinction primitive du bien et du mal? Pour arriver à la connaissance de nos devoirs réciproques, comme à la pratique de toutes ces notions du *bien*, du *juste*, du *beau*, etc., etc., n'était-il pas rationnel de débuter par l'adoption d'une méthode quelconque, et cette méthode, n'était-ce pas tout d'abord une théorie de division et de séparation? Mais sans cette théorie de division et de séparation, la période de création n'eût jamais été inaugurée dans le domaine de nos rapports moraux, et tout y serait à jamais resté à l'état chaotique! Dieu lui-même procéda par la division : les six jours de la création biblique en font foi.

Constatons les résultats; nous jugerons mieux par eux. Les notions du bien et du mal ne sont pas plutôt séparées, conformément à notre méthode de distinction et de classification, que ces idées, s'éclairant de leur contrôle réciproque et incessant, arrivent à leur détermination. Chacun, possédant deux termes de comparaison, peut s'appliquer à la recherche du bien et à la fuite du mal; et, malgré cette maxime de l'athéisme que nous avons mentionnée déjà : « Ce qui est bien au delà des Alpes, est souvent mal en deçà, » on peut avancer hardiment que tous les peuples se sont généralement entendus pour l'adoption des mêmes principes moraux. Fût-on parvenu à ces résultats, si la théocratie n'eût débuté par poser en principe la séparation fondamentale du bien et du mal? Non, évidemment; et la théocratie, pas plus que les révélateurs ne le firent, ne se trompa sur les intentions premières du progrès social. Elle posa sa méthode de division et de séparation dans l'ordre moral et en déduisit tout un système d'éducation pour l'humanité, système qui aboutira plus tard à la formation de la conscience, ce juge incorruptible que nous portons en nous, et qui nous condamne ou nous absout, selon que nous nous sommes déterminés pour le bien ou pour le mal.

Il est vrai que la religion ne vit dans cette antique séparation du bien et du mal qu'un dogme à la lettre morte, et que le côté pratique du principe lui échappa. Ce principe, elle l'enveloppa de l'inviolabilité de la foi, en fit un monopole sacerdotal, et y cloua longtemps le progrès. Mais la religion procéda ainsi dans tout : toutes les institutions qu'elle consacra, elle les consacra dogmatiquement, sous la condition expresse ne de pas examiner et d'obéir aveuglément. C'est même ce qui lui a donné ce caractère de contemplation stérile et de *statu quo* qu'on lui a toujours reproché. Ses dogmes ont suffi tout de même au début des choses, et ont contribué à tirer les sociétés du néant. Le dogme ici re=

présente l'esprit d'autorité, et l'autorité, nous l'avons dit, était l'élément social nécessaire pour débuter au travail d'enfantement.

Aujourd'hui, que nous dit la raison fondée sur l'expérience des choses? Que l'humanité a finalement à s'arrêter sur les notions du *vrai*, du *juste*, du *beau*, du *moral*, de l'*honnête*, et du *droit*. Or, encore un coup, comment s'arrêter à cette constitution définitive sans une distinction antérieure du bien et du mal? Cette distinction fondamentale, tout en s'affirmant sous la forme absolue et anti-évolutive d'un dogme, pouvait seule introduire l'action dans notre monde moral et le déchaotiser par la lutte permanente d'Ormuz et d'Arimahn.

Un philosophe moderne, M. Jouffroy, a dit judicieusement : « S'il fallait devenir philosophe pour distinguer le bien du mal, et décider entre Épicure et Zénon, pour connaître son devoir, la morale serait aussi étrangère aux affaires de ce monde que les hautes mathématiques, et l'honnête homme plus difficile à former que le grand géomètre. Deux ou trois individus par siècle agiraient avec connaissance de cause; les autres, échappant à la responsabilité par l'ignorance, n'auraient rien à démêler avec Dieu, ni avec la justice. Le Code pénal serait ridicule, le jury incompétent, et l'organisation de la société absurde.

» A quelle école de philosophie ce pauvre homme a-t-il appris son devoir? Et s'il le sait, que cherchent les philosophes? » Admirables paroles! Mais ce pauvre homme dont parle M. Jouffroy n'a pas appris son devoir assurément en le lisant dans le grand livre de la nature, et si les notions du bien et du mal, que formula primitivement la religion sous la forme généralement dogmatique qu'elle affecta, n'étaient venues à son secours pour aider sa conscience et ses dispositions à devenir honnête homme, il eût couru le risque, peut-être, de comparaître plus d'une fois devant le jury. L'éclectisme en morale implique encore forcément une séparation primitive du bien et du mal; car, sans cette séparation, l'esprit d'investigation n'eût pu, dans cette branche d'activité, se construire aucune méthode.

Sous le despotisme étouffant de l'esprit dogmatique, on peut voir aussi, dans la séparation du bien et du mal, la première manifestation de la liberté contre l'autorité. L'autorité s'affirmant, au haut des sociétés, par la concentration de toutes les forces sociales, restait à l'instinct de la civilisation de lui opposer par en bas le principe de division et de séparation, afin de contre-balancer sa tendance à rester stationnaire et de le contraindre au mouvement. Du dogme et de la foi devait s'échapper le libre examen; de l'autorité absolue le principe de notre action initiatrice. Nous retrouvons toujours dans tout, même à l'état de germe, un dualisme primordial et fatal. Nous verrons le principe de division et de séparation continuer sa marche dans l'ordre politique, civil et économique, par la séparation des pouvoirs, la hiérarchie des fonctions, l'institution des castes, la division du travail, la séparation des industries, et bien d'autres spécialités ou catégories politiques et sociales.

Par la séparation du bien et du mal, nous devions arriver, en outre, à l'établissement de la justice, à son incarnation dans des codes de législation et des tribunaux ; et comme la justice se séparerait un jour du principe d'autorité pour statuer à part sur nos intérêts et nos droits positifs, le dogmatisme moral de la religion, de toutes parts, devait aboutir à la pratique de la liberté : il en contenait les divers éléments.

L'humanité ne pouvait donc passer par-dessus cette séparation primitive du bien et du mal, puisque nous établissons que cette séparation était la seule méthode qu'elle avait à adopter pour acquérir les notions de l'ordre moral qu'il lui importait de connaître pour se constituer ; puisque législations, justice, tribunaux, responsabilité individuelle, sanction humaine et sanction divine, tout en dépendait... Puisque nous constatons qu'elle était, à un autre point de vue, une condition inévitable d'ordre et de progrès, en contribuant aux luttes de la liberté contre l'autorité, du libre examen contre l'inviolabilité du dogme, luttes desquelles sortiront successivement toutes les institutions grandes et fécondes qui participeront à notre émancipation et nous élèveront en savoir et en moralité. Indivision, non-séparation, non-distinction, non-classification, confusion et concentration des forces sociales, voilà, dirons-nous toujours, afin que chacun se pénètre bien de cette vérité première, ce qui constitue le chaos, le despotisme, l'autorité; — division, distinction, séparation, classification des forces sociales, voilà ce qui constitue l'ordre véritable, le mouvement rationnel, le progrès dans les sociétés.

L'institution des castes se présente en second lieu dans l'œuvre constituante de la théocratie. Nous dirons même que c'est l'institution la plus importante de l'antiquité, et, à ce titre, nous tàcherons d'en faire ressortir la haute signification et le caractère éminemment social. La plupart des écrivains qui en ont parlé, et principalement les écrivains socialistes, en ont complétement méconnu l'esprit et la portée. Comme d'habitude, ils ne paraissent s'être entendus que pour en nier l'influence et l'utilité.

A ne voir que la superficie des choses, l'institution des castes nous apparaît sous les dehors d'une iniquité profonde, dont, malgré soi, on est disposé à accuser le génie social. Comment! sommes-nous tentés de nous écrier avec indignation : tous les hommes, même au sortir des mains du créateur, ne sont donc pas égaux, n'ont donc pas la même valeur? Ils ne peuvent donc tous participer impar-

tialement aux charges, aux honneurs et aux avantages de ce monde? Se peut-il que, dès le début de
la civilisation, l'auteur des choses ait voulu entre
les hommes des distinctions outrageantes, des clas-
sifications oppressives? A-t-il pu décider que les
uns récolteraient abondamment dans le champ des
dignités, pendant que d'autres seraient voués à tous
les opprobres d'une condition servile et misérable?
Non, c'est contraire aux notions du juste que nous
avons acquises, que nous acquérons chaque jour;
non, nous protestons du fond de notre conscience,
et Dieu est bon et miséricordieux.

Hélas! à quoi peut nous servir la plainte ou la
protestation contre l'aveugle destin. Il n'en poursuit l'exécution de ses desseins que plus impitoyablement, et sans se préoccuper de nos cris de détresse. Il n'en passe pas moins en nous écrasant
sous l'antagonisme des intérêts et des institutions
avec l'impassibilité de la roue qui tourne ou de la
meule qui broie le grain. Oui, Dieu a voulu, impru-
dents déclamateurs que nous sommes, Dieu a voulu
que des distinctions dégradantes pour les uns et res-
plendissantes d'éclat pour les autres se produisissent
dès l'origine des sociétés. Il a voulu, encouragé,
légitimé ces distinctions; il les a provoquées, consacrées du poids de son autorité sainte. Il a décidé,
dans sa sagesse éternelle et infaillible, l'établissement de classes privilégiées qui auraient tout l'orgueil du commandement et des grandeurs, tandis

que d'autres, déclarées abjectes et déchues, n'oseraient seulement s'envisager, tant l'instinct de domination d'une part, et le sentiment d'infériorité de l'autre, entraient dans les vues de ce Dieu miséricordieux qui, par là, nous a donné un témoignage de son inépuisable bonté... Cette bonté, tâchons de la pénétrer dans ses profondeurs et ne la calomnions plus.

L'institution des castes est la première application qu'on ait faite du principe de hiérarchie sociale. Elle fut, par en haut, l'expression du monopole gouvernemental s'étayant toujours du dogmatisme religieux; par en bas, elle fut la réalisation même du mythe de la chute ou de notre prévarication originelle. Sa signification économique est le rachat de l'humanité par le travail et l'industrie qui sont sortis de sa vigoureuse organisation. L'institution des castes est de plus la même méthode de création sociale que la séparation du bien et du mal. Ces préliminaires posés, entrons dans des explications.

Nous avons mentionné que la religion qui, dans tout procéda par symboles, partant *à priori* d'une prévarication originelle, en avait conclu pour l'espèce tout entière à une théorie de rédemption, d'après laquelle nous avions à marcher à l'éducation de nos instincts pervers, à leur subordination complète par la création de ce que nous avons appelé *l'ordre moral.* De là ces paroles du Zend-Avesta des Perses et tant d'autres que nous pourrions rapporter de même : « Si tes bonnes actions sont plus nombreuses que tes fautes, le ciel te sera réservé; si ce sont au contraire tes fautes qui l'emportent, l'enfer t'attend... » Et la religion appuyant cette sanction surhumaine et sa théorie de rédemption de systèmes pénitentiaires actifs, y ajoutant une organisation sociale d'autant plus énergique qu'elle était fondée sur le principe de l'inégalité des conditions, principe de domination pour les classes supérieures et de soumission pour les inférieures, avait poussé à l'éducation de la race, et l'avait contrainte ainsi d'entrer dans les voies de la rédemption. La constitution de l'ordre moral dépendait de cette application qu'on ferait d'un mythe, et ici plus que jamais il est important de ne point déroger à l'esprit de la tradition.

Au point de vue économique de l'institution des castes, le mythe de la chute acquiert une autre signification. Ce n'est plus l'ordre moral qu'il s'agit de fonder, c'est *l'ordre économique*. Par conséquent, ce n'est pas précisément d'un état de déchéance morale, mais bien d'un état de déchéance industrielle que l'homme doit se racheter; et cette rédemption d'un nouveau genre, il ne l'accomplira qu'au prix des plus grands efforts de création industrielle. En d'autres termes, le dogme de la chute, au point de vue économique, signifie que l'homme, languissant originairement dans un état de misère et de privation équivalent à un état d'abjection et de souillure véritables, avait à s'arracher à la sujétion accablante de cet état primitif par son travail et son industrie, lesquels travail et industrie produisant successivement toutes les choses nécessaires à ses besoins, lui procurant le bien-être, la richesse même, accompliraient à son profit une rédemption réelle. Nous verrons même plus tard que de cette rédemption industrielle dépend la rédemption morale, et que cette dernière en sortira plus sûrement que de l'observation des préceptes purement moraux qu'on nous prêche. Mais la religion, envisageant le côté moral principalement des sociétés, ne pouvait se lancer dans les considérations économiques de la question : elle ne les connaissait du reste pas. Acceptons donc, encore une fois, le symbolisme qu'elle a consacré, et tirons en la philosophie. Tous les peuples ont eu leur tradition de prévarication originelle, mais nous nous rabattons sur la légende catholique la plus claire et la mieux formulée.

Au point de vue économique, l'homme a donc à se racheter de son état primitif de souillure par le travail : c'est un fait acquis désormais à la science sociale. C'est le travail et l'industrie qui, de l'état le plus malheureux, le porteront au faîte de la puissance, comme au plus haut point de prospérité matérielle. Mais, comme le travail et l'industrie, à leur origine, ne s'offraient que sous un aspect pro-

fondément répugnant pour l'homme antipathique
naturellement à toute action, et ne vivant que de
la satisfaction de ses appétits primitifs, force fut à
la religion de consacrer une organisation de castes
qui, posées les unes sur les autres dans un ordre
hiérarchique, conformément au principe de l'infériorité des conditions, et se jalousant dans leurs
attributions respectives, se contraindraient réciproquement à l'activité. Une pareille conception, de la
part du génie social, témoigne encore d'un haut
pressentiment des principes qui étaient à poser au
début du progrès. Cette organisation des castes, en
même temps qu'elle renfermera dans ses flancs les
éléments d'une sanction terrible et inévitable, servira de stimulant à la production naissante. Les
castes inférieures, sous la pression immédiate du
mythe de la chute, seront vouées aux travaux de
ces temps, travaux rudes, demandant des efforts
surhumains, travaux dégradants, laissant après eux
des traces de déformation physique et de déformation morale, mais procédant à la création nécessaire des premiers capitaux. Alors les premiers
arts humains sortiront des mains d'un *paria* ou
d'un *poulias*, d'un être abject, réputé déchu entre
tous, n'ayant rien d'un homme que quelques traits
hideux, et ployant sous le poids de la malédiction
qui l'a atteint en naissant. A côté de ce dogme de
la *prévarication*, on en élèvera un autre non moins
signifiant, celui de la *résignation;* on préviendra

par là tout esprit de révolte, et l'on s'acheminera
lentement, mais régulièrement , vers les terres pro-
mises de la rédemption. Ces terres, que la religion ne nous a montrées qu'au travers des voiles
mystérieux de la foi, nous n'y touchons certainement pas ; mais, à coup sûr, l'humanité en prendra
possession, et elle est entrée dans les voies du
salut, non plus fictif, mais réel , le jour même
qu'elle consacra cette institution des castes comme
principe d'action sociale et élément indispensable
de progrès économique.

On doit incontestablement à l'institution des
castes la création des premiers capitaux. Car si
l'homme n'eût été contraint au travail par les combinaisons d'une organisation sociale vigoureuse, il
eût constamment vécu à l'état nomade et pasteur ;
il n'eût jamais rien produit, dans l'acception économique du mot. On doit aussi à la distinction des
castes, la première application du principe des
spécialités industrielles ; et elle préluda d'autant
plus efficacement à la constitution de ces spécialités qu'elle fit péser dessus le joug d'un autre
dogme terrible et inviolable. D'après ce dogme, un
fils héritait de la profession de son père et la continuait. Personne ne pouvait non plus sortir de sa
caste pour entrer dans une autre : la transgression
entraînait une déchéance immédiate, et le réfractaire tombait au rang des êtres dégradés, des *parias*
et des *poulias*. On comprend qu'une soumission

aveugle à un pareil dogme ait introduit, dans le
système économique de l'antiquité, des éléments
de stagnation qui en retardèrent les développements et les transformations fécondes; mais, comme
pour le moment, il ne s'agissait que de jeter les
bases fondamentales du régime économique, qu'il
ne pouvait être question de l'agrandir, que les
temps ne comportaient qu'un germe de pénible
éclosion, on peut parfaitement admettre que la
théocratie atteignit son but, et que, par l'obligation qu'elle imposa à l'artisan de s'en tenir à sa
seule profession, elle posa ce principe des spécialités industrielles : c'est tout ce qui importait
alors; car il était de première nécessité d'acquérir
d'abord la connaissance et la pratique des premiers
métiers. Les progrès ultérieurs du mouvement économique dépendaient de ce point. Et l'institution
des castes, ajouterons-nous à présent, se trouvait
tellement bien dans la logique du progrès naissant,
elle avait tellement bien sa place marquée au début
de la civilisation, qu'on la remarquera au moyen
âge dans les serfs, bourgeois et barons féodaux de
cette époque. Elle se perpétuera, au travers de
mille transformations, dans nos capitalistes, en-
trepreneurs et prolétaires modernes; et partout
la distinction des castes deviendra une condition
de vie et de mouvement par les éléments mêmes de
lutte et d'antagonisme qu'elle mettra en relief dans
le régime industriel des sociétés. Notre principe de

libre concurrence en découle directement ainsi que la division du travail, la séparation des industries, toutes les catégories de notre régime économique. Partout aussi, pour étayer son institution et sauvegarder l'ordre des sociétés, la distinction des castes a fait prévaloir le dogme d'une prévarication originelle et une théorie de rédemption, partant d'expiation et de résignation. Et de même qu'il était indispensable de débuter par la séparation du bien et du mal pour fonder l'ordre moral, il était rationnel de procéder par l'institution des castes pour fonder l'ordre économique.

Par le monopole des hautes charges et des hautes fonctions qu'elles s'arrogèrent, les castes supérieures contribuèrent plus spécialement à l'établissement de nos rapports sociaux; car ces rapports, pour entrer dans leur période de constitution, ne demandaient pas moins que nos fonctions industrielles, un système hiérarchique gradué, comportant des supériorités et des infériorités, des distinctions de classes qui, au premier abord, vous paraissent blessantes pour la dignité humaine, mais qui sont, à tout bien prendre, des éléments véritables d'organisation, de moralisation même par les sentiments de déférence qu'elles inspirent, le respect qu'elles commandent et la différence des rangs et des positions qu'elles établissent parmi nous D'un autre côté, les classes supérieures, par l'improductivité de leurs fonctions, étaient portées à activer,

tout en les opprimant, les fonctions productives, afin
d'en retirer les plus grands bénéfices possibles ; et la
pression qu'elles exerçaient, cela se conçoit aisément, venant en aide aux premiers artisans, dut précipiter le mouvement de formation des arts et des métiers. Sous tous les rapports, l'institution des castes
nous apparaît donc comme une institution d'utilité
économique. Quant à la caste des prêtres, vouée au
service du culte, réunissant entre ses mains toutes
les attributions sacerdotales, interprétant les volontés des Dieux, fulminant leurs oracles, présen-
tant les conditions du rachat humanitaire sous
mille formes imposantes et sévères, représentant le
dogmatisme religieux, qui était alors tout le principe constituant ou d'autorité, elle mit le sceau de
la stabilité sur tout, et acheva de donner à l'institution des castes un caractère de conservation et de
fixité qui sauva véritablement le genre humain, en
l'empêchant, par la rigueur et l'inviolabilité des
dogmes, de retourner au chaos primitif.

D'après la légende Brahmanique, la caste des
Brahmes serait sortie de la tête de Brahma : c'est
logique, la tête étant naturellement le siége de la
volonté et du commandement. Les *Rajahs* ou guerriers auraient été moins bien partagés : Brahma,
dans un accès de paternité, les aurait vomis du
fond de son estomac. Les dernières castes, person-
nifiant spécialement les fonctions productives,
après un temps de gestation laborieuse dans les

jambes, les bras et les pieds du dieu, s'en seraient
échappées pour vaquer à leurs différents arts
et occupations. Le sens économique et social de
cette fiction est facile à saisir.—Au rapport des historiens, l'institution des castes est originaire de
l'Inde. De l'Inde elle aurait passé en Égypte, où,
attaquant aussi le régime économique, elle en aurait
formulé les premiers éléments, en exécutant des
travaux immenses d'utilité, ou plutôt de grandeur
publique : on lui attribue la construction des Pyra-
mides. D'Égypte enfin elle aurait fait invasion à
peu près partout, même dans les sociétés libres
de l'antiquité, où le travail, considéré comme vil,
était rejeté sur les esclaves. Aristote et Platon la
professaient. Il en est fait mention dans les livres
du dernier. Nous dirons, quant à nous, que l'institution des castes, constituant la première hiérarchie économico-sociale, sous laquelle la civilisation avait à se révéler, il était inévitable et de toute
justice qu'elle se développât partout presque en
même temps; car l'humanité assurément ne pouvait procéder que de l'inégalité des conditions pour
aboutir à un aplanissement mieux entendu de ces
mêmes conditions.

Et qu'on ne vienne pas nous objecter que l'institution des castes, étant la consécration même du
principe d'inégalité, n'a été conséquemment que la
consécration des iniquités sociales les plus monstrueuses. Nous répondrons à cela qu'il n'y a dans

·cet antique fait de l'institution des castes, ni une question d'égalité, ni une question de justice; qu'il n'y a qu'un fait de pure nécessité. Avant de nous porter inconsidérément à la critique de la tradition et d'en récuser l'autorité, il faut voir impartialement de quoi était capable le génie social au début des choses. Or, pour fonder un régime économique, comme pour jeter les bases d'une organisation sociale, nous avons démontré que l'intervention de la force matérielle avait été utile, et qu'on avait dû recourir à la domination de certaines classes privilégiées au détriment de certaines autres. L'égalité d'ailleurs, et nous écrivons ces mots pour bien des gens qui se bercent d'illusions fatales, ne peut être prise dans un sens absolu. L'égalité des conditions est l'idéal vers lequel nous montons de toute la force de nos aspirations au progrès et de nos besoins; mais cette égalité des conditions n'est qu'un but fantastique qui fuit toujours devant nous, et qui, dans tous les cas, implique l'inégalité comme moyen.

Si l'instinct social n'eût point recouru tout d'abord à cette organisation des castes, nous n'eussions pas eu certainement de ces abus monstrueux de domination brutale qui ont fait gémir des générations entières, qui les ont décimées et qui ont occasionné dans le monde tant de catastrophes soudaines, tant de secousses et d'agitations fébriles; nous n'eussions pas eu de supériorités altières et oppressives à côté d'humbles positions, des classes de patriciens arrogants et spoliateurs, et des classes de parias, de prolétaires réputés vils et déchus : le niveau démocratique eût tout égalisé... Mais aussi point d'artisans pour s'adonner aux premières professions et tirer les arts du néant, point de capitaux, point d'industrie, mouvement social nul... N'ayant aucun stimulant pour activer sa marche ascendante, la civilisation seulement n'eût pu entrer dans la voie des évolutions fécondes qu'elle a parcourue. L'image d'un vaisseau démâté et sans voiles fixé au milieu des glaces de l'Océan polaire, voilà ce qu'elle eût éternellement représenté. L'œuvre de Dieu elle-même, la nature, si chère à nos écrivains sentimentalistes, n'ayant point à se continuer par le génie inquisiteur de l'homme, fût demeurée dans une stérilité désastreuse.

On prétend que Moïse n'introduisit point dans sa législation le principe des castes. Il faut distinguer : que Moïse n'ait point consacré dans sa constitution le préjugé terrible qui pesait dans l'Inde et en Égypte sur les dernières castes, c'est possible ; mais que la hiérarchie économico-sociale des castes ne se soit point produite sous une autre forme dans l'organisation civile et politique des Hébreux, voilà assurément une assertion aventurée, car il est incontestable, et la raison nous dit qu'il n'a pu en être autrement, qu'il existait chez les Juifs une classification quelconque des fonctions sociales. Il y avait évidemment une hiérarchie sacerdotale investie des hautes fonctions du culte et du gouvernement, des ordres secondaires de prêtres, des guerriers, des artisans, des laboureurs; et que sont toutes ces choses si elles n'équivalent à une véritable organisation de castes, si même elles n'en sont une conforme en tout à l'institution indoue-égyptienne?

En résumé, l'institution des castes, à se renfermer dans l'esprit religieux de son établissement, a été une institution de tyrannie odieuse, de monopole et d'exploitation; et le souvenir s'en montre sous un jour d'autant plus révoltant, que cette institution a été ici-bas l'application d'un dogme anéantissant, celui de la *déchéance originelle*, dogme que l'antiquité dut admettre sans examen, mais dont nous autres, émancipés et enfants du libre-arbitre, ne pouvons plus revendiquer la nécessité. Sous ce rapport, l'institution des castes n'a apporté à la civilisation que des causes de retard, n'a implanté partout que des principes de stagnation et de stérilité. Et cependant, fatalité des fatalités! ces causes de retard, ces principes de stagnation et de stérilité, il était urgent d'en faire une application vigoureuse pour empêcher que la civilisation ne sombrât en naissant, et lui donner les garanties de conservation dont elle ne pouvait se passer à son début. Mais, à se renfermer dans sa signification économique et sociale, l'établissement des castes a été une institution réunissant en elle tous les caractères primitifs dont le progrès était susceptible : arts, métiers, professions, spécialités industrielles, elle a tout tiré, par un effort puissant d'éjaculation, du fond de ses entrailles, tout enfanté, tout mis au jour. Elle a été le point de départ de notre régime économique actuel; et si, au point de vue du dogme religieux, elle doit être considérée comme l'application immédiate du mythe de la déchéance, au point de vue philosophico-social, elle répond à cet autre mythe de la rédemption, et nous a ouvert les voies de notre salut temporel. Expression du principe de division et de séparation, à l'instar des notions du bien et du mal, elle devait de plus, par les conséquences qu'elle comportait, s'attaquer au monopole gouvernemental, le contraindre à une sage distribution, et, finalement, marcher à l'émancipation des peuples modernes par la substitution graduelle des fonctions économiques au parasitisme des fonctions purement officielles et politiques. Cette émancipation des peuples modernes n'est point encore venue, mais elle viendra. En France, on peut affirmer que nous y touchons. L'Angleterre y tend plus que nous; elle la tient, la possède.

C'est dans la hiérarchie sacerdotale principalement que le principe théocratique se réfugia. Cette hiérarchie, par le fait même de sa graduation, contint bien aussi quelques germes de liberté; mais,

à la voir dans son ensemble, elle accuse incontestablement l'affirmation du monopole gouvernemental
dans son dogmatisme rigoureux et toute sa concentration. C'est à ce point de vue que nous en ferons
le relevé.

La hiérarchie sacerdotale se composa généralement de diverses corporations de prêtres puissamment reliées par l'esprit de caste, superposées les
unes sur les autres et surmontées d'un grand collége
qui les centralisait : un grand pontife présidait le
tout.

En Égypte, la théocratie affectait l'organisation
suivante : Un grand prêtre ou souverain pontife en
premier lieu ; venaient après les *hiérogrammates*,
espèces de scribes sacrés qui avaient dans leurs
attributions la comptabilité sacerdotale, l'administration de tous les revenus. C'étaient ensuite les
archiprophètes et les *prophètes*, les gardiens des
temples, ceux qui marquaient les victimes. La
hiérarchie se poursuivait par les *hiéracophores*
chargés des offrandes funéraires, les *libanophores*
ou brûleurs d'encens, ceux qui répandaient les
libations ou *spondistes*, et enfin les *tabellifères*, les
portiers, décorateurs, chanteurs, ainsi que les
taricheutes, les *paraschites* et les *colchytes* auxquels étaient confiés les embaumements des corps.

Au Thibet, le dalaï-lama, pontife suprême du
culte bouddhique, est envisagé comme l'incarnation
vivante et perpétuelle de Bouddha. Il est censé

connaître tout, voir tout, et, sans interroger, pénétrer au fond des consciences. C'est le pendant du
daïri du Japon. On vient l'adorer de tous les côtés.
Il reçoit les respects de chacun du haut d'un autel
situé dans une splendide pagode et ne rend le salut
à personne, fût-ce un prince : seulement, il pose sa
main sur la tête de ceux qui courbent le genou
devant lui, et qui, par là, témoignent avoir obtenu
la rémission de leurs péchés. A sa mort, son âme
est transmise à son successeur.

Au-dessous de lui, se développe la hiérarchie
des fonctions sacerdotales qui ont des points nombreux de ressemblance avec celles de l'Église catholique ; il en est de même de la plupart des cérémonies. Cela tendrait à faire croire que les Thibétains
ont beaucoup emprunté aux diverses sectes chré-
tiennes qui, dès les premiers temps du christianisme,
se sont portées et répandues en Asie. On trouve
chez eux des patriarches qui, de même que nos
évêques, sont préposés à la direction spirituelle de
chaque province. Une assemblée supérieure de
lamas ou prêtres, espèce de conclave, procède à
l'élection du pontife ou dalaï-lama. Le célibat est
pour les prêtres de nécessité disciplinaire. Il existe
aussi des associations religieuses d'hommes et de
femmes qui habitent de véritables couvents ; enfin
les prières pour les morts, le baptême et l'eau
lustrale, la confession, l'intercession des esprits ou
saints, le jeûne, les processions sont en usage.

Voilà bien, dans ce dalaï-lama, au faîte de la hiérarchie, dont tous les fils aboutissent dans ses mains, dont il est, de plus, la concentration vivante, l'essence même du principe d'autorité se transmettant héréditairement de successeur en successeur. La fiction ajoute encore à la réalité : à la mort du dalaï-lama, son âme passe à son successeur.

La théocratie fut primitivement toute-puissante et posséda sans partage le gouvernement des sociétés : enfance, jeunesse, virilité ; elle s'empara de l'homme tout entier et le suivit même au delà du tombeau, qu'elle domina du haut de sa croyance en un monde meilleur. Mais le principe monarchique et civil venant à prévaloir insensiblement, elle se perdit dans une organisation plus positive de la cité, et ne resta plus qu'un des éléments constitutifs de l'État. A Rome, pour arriver aux emplois politiques, il fallait bien, longtemps encore après l'établissement du régime civil, passer par différentes fonctions sacerdotales, — César fut pontife avant d'être dictateur, et Sylla eut à peu près les mêmes antécédents, — néanmoins, les emplois politiques primaient les honneurs sacerdotaux et ces derniers leur cédaient le pas. Du reste, voici quelle était, à Rome, l'organisation du sacerdoce : Un *conseil religieux*, composé de *quatre pontifes* qui étaient soumis à un *souverain pontife ;* suivaient les *augures* et les *aruspices*, puis les *flamines* consacrés à Jupiter, à Quirinus et à Mars ; les *curions,* ou sacrificateurs

des curies, les *saliens*, prêtres de Mars, les *vestales*
vouées à la chasteté et chargées d'entretenir le feu
sacré sur l'autel de Vesta, les *féciales*, qui décla-
raient la guerre en lançant un javelot sur le territoire ennemi; les *potitiens* et les *pénariens*, prêtres
d'Hercule; ceux du dieu Pan, les *luperques*; ceux
de Cybèle qu'on nommait *galles;* les *épulons,* etc.
C'est partout la même organisation graduée et
hiérarchisée avec l'unité et la concentration en
haut.

Après s'être solidement assise sur les trois
grandes bases que nous avons analysées, à savoir:
la *séparation du bien* et *du mal, la distinction des
castes* et *la hiérarchie sacerdotale*, la théocratie
continua son œuvre de constitution sociale par la
consécration du mariage, de la famille et de la
paternité; elle la termina par la création des fêtes,
des jeux, des mystères, la formation des premiers
idiomes et l'acquisition de quelques notions scientifiques et artistiques. Elle promulgua aussi des
lois d'une sagesse incontestable.

Ainsi, par le joug religieux qu'elle fit peser sur
les professions, et par lequel il était défendu aux
artisans d'abandonner le métier paternel, nous
avons relaté qu'elle établit, sous ce rapport, une
véritable légalité qui inaugura le principe des spécialités industrielles. La sanction attachée à l'inobservation de cette légalité, nous avons encore mentionné ce point, était la dégradation. L'infractaire,

déclaré déchu, tombait dans les rangs des parias et des poulias, conformément au mythe religieux.

En Égypte, de par la théocratie, un roi était jugé après sa mort, et, selon qu'il avait bien ou mal administré durant sa vie, il obtenait ou n'obtenait pas la sépulture. Une pareille législation élevait le principe de justice sociale même au-dessus des rois.

L'adultère était puni de mille coups de verge pour l'homme; la femme avait le nez coupé. Un assassin reposait pendant trois jours et trois nuits sur le cadavre de sa victime, ventre sur ventre, estomac sur estomac, visage sur visage. On comprend aisément la raison d'une pareille pénalité.

Par le mariage, la théocratie nous séparait à jamais de l'état de nature, détruisait la promiscuité primitive des sexes et créait l'homme social. Elle fondait en même temps les mœurs de famille, mœurs qui se résument dans la tendresse conjugale, la fidélité des époux et le respect des enfants pour les père et mère. Le mariage, en engendrant la famille, est le stimulant le plus actif que pouvait se donner le progrès; il était la plus forte garantie que la civilisation pouvait prendre contre les appétits charnels qui nous obsédaient au sortir des mains du Créateur; et si cette garantie venait à cesser, nos appétits charnels reprenant le dessus, nous en reviendrions bientôt aux unions faciles, à la phanérogamie de l'âge d'or; c'en serait fait de la civilisation! Loin de provoquer la dissolution du mariage par une littérature relâchante, il faut, au contraire, le raffermir et le fortifier par la recommandation des plus purs préceptes, par l'observation sévère des devoirs qu'il impose.

Le mariage existe seul pour l'homme ; pour les autres animaux, il n'est qu'accouplements matériels qui rentrent dans les données de nos besoins domestiques. Le mariage nous est donc un témoignage de supériorité. Il est le premier triomphe que l'esprit, chez nous, ait remporté sur l'animalité ; et, en proclamant cette institution, l'homme élevait sa raison au-dessus de ses instincts qui, depuis, n'ont fait que rétrograder. Sans le mariage, point de paternité, de famille, de mœurs, de convenances, point de tous ces degrés de parenté qui nous sont autant de liens moraux, de sentiments d'affection et de confiance mutuelle ; point de foyer conjugal, point de satisfaction ici-bas. L'ordre social disparaît tout entier, et l'esprit de Dieu flotte de nouveau sur les eaux.

Au point de vue économique, la propriété n'ayant point de raison pour se conserver, car le mariage est son premier titre à l'existence, — il en résulte la négation de tout travail et de toute industrie. Nous cessons de produire ; la pêche et la chasse des sauvages constituent de nouveau tout notre système nutritif. Nous rétrogradons au delà de la première phase du progrès, au delà de l'état patriarcal et nomade.

Toutes les religions ont consacré le mariage, parce que toutes les religions en ont senti la haute portée sociale, et qu'elles ont eu pour but de refréner nos passions en les soumettant à des règles d'éducation et de morale, préludant par là à la lutte acharnée de la civilisation contre la nature. M. Sauzet a donc eu raison de s'exclamer dernièrement dans un style brillant et supérieur :

« Cette vérité ineffaçable a traversé les mers comme les siècles ; elle éclata aux bords du Gange comme aux rives du Nil, sur l'Euphrate comme sur l'Amazone, dans l'ancien monde comme dans le nouveau. L'Indien se promène dans le palanquin nuptial consacré par la bénédiction du bramine ; le Chinois se rend à la pagode, et le Japonais à l'autel du bonze ; et quand la main de Colomb leva enfin le rideau qui nous cachait l'Amérique, les deux grandes civilisations du Mexique et du Pérou montrèrent leurs jeunes époux échangeant leurs serments aux pieds des sacrificateurs et des Incas. Partout, dans les sociétés à l'état d'enfance comme dans les civilisations les plus avancées, le mariage vit par la religion comme la société par le mariage. Partout la Divinité consacre le mariage pour perpétuer la société. Divinité, société, mariage, ces trois noms sont inséparables comme ils sont immortels... »

Cela est vrai, mais cela cependant ne peut être un prétexte pour rabaisser le mariage civil, élever le mariage religieux, et pour vouloir, sous ce rap-

port, nous ramener à une contrefaçon de la législation napolitaine. Une raison bien simple doit nous
guider dans le débat : Si le mariage civil l'a emporté sur le mariage religieux, c'est que les intérêts qu'il personnifie sont d'un ordre supérieur et
tendent à prévaloir de plus en plus. Tant que le
mariage n'eut à consacrer que des rapports purement moraux, comme ceux des temps primitifs, la
religion, avec ses emblèmes et ses mystères, suffit
amplement; elle sut tout aussi bien, mieux que le
mariage civil peut-être, nous prescrire l'observation de nos devoirs réciproques d'époux; mais arriva
le jour où les intérêts positifs voulurent entrer dans
l'institution et réclamèrent leur part de consécration; alors, la religion n'entendant rien à ces intérêts, les condamnant même, on dut recourir au
mariage civil pour leur donner satisfaction. De ce
jour data, en France, la suprématie du mariage
civil sur le mariage religieux. Et nous ne craignons
point de nous prononcer à cet égard, cette suprématie du temporel sur le spirituel ne saurait être
renversée sans les plus grands dangers pour l'institution elle-même. Loin de la fortifier par un changement, on lui porterait un coup funeste. Le mariage
civil représente aujourd'hui nos intérêts positifs,
intérêts civils, politiques et économiques, et
il doit dominer le mariage religieux, qui n'a à
s'exercer que sur des rapports moraux, rapports
qui, à l'aide du temps, sont devenus inférieurs

aux autres. Ce dernier, c'est-à-dire le mariage religieux, n'en est pas moins respectable et sacré.

Que nous dit le prêtre à l'église? D'être bons, chastes, dévoués, religieux, et reconnaissants envers Dieu, source première de tous les biens. Il nous recommandera aussi d'être humains et charitables; mais son action ne sortira pas des choses morales, tandis que le mariage civil, établissant l'apport des conjoints, statuant sur leurs intérêts, définit leurs droits respectifs et les pose irrévocablement comme membres de la société.

La brochure de M. Sauzet, en voulant intervertir des rôles qui ne peuvent pas l'être, devait soulever les passions de tous les partisans éclairés de notre société actuelle; c'est ce qui est arrivé. Les organes du gouvernement lui-même, officiels ou semi-officiels, se sont récriés, et ils ont bien fait. Honneur à la religion, sans doute, pour avoir posé la première cette admirable et sainte institution du mariage; mais que son action se borne à l'ordre moral, et ne cherche pas à empiéter impolitiquement sur nos intérêts temporels et nos droits civils; elle n'y pourrait apporter que la confusion: ce serait mal finir après avoir si bien commencé.

Par les jeux, les fêtes et les mystères, la théocratie, à l'exemple de Moïse, entretenait l'esprit de sociabilité. Par les mystères, que présidait un hiérophante, elle inculquait dans le cœur des peuples la sainte terreur des dieux et s'entourait d'un respect profond. Peut-être que les mystères lui servaient aussi à dérober au vulgaire des notions supérieures de science et de morale dont elle le jugeait indigne.

Les principaux mystères étaient ceux d'Isis en Égypte, et de Cérès Éleusine en Grèce. L'épitaphe qui servait aux mystères d'Isis était celle-ci : « Je suis tout ce qui a été, ce qui est et ce qui sera : nul d'entre les mortels n'a encore soulevé le voile qui me couvre. » Était-ce là une allusion à l'unité de Dieu, ou au travail infiniment varié de la nature, sur laquelle l'homme n'acquerra jamais probablement des notions complètes? On ne sait. Quoi qu'il en soit, pour être admis à ces mystères, il fallait préalablement satisfaire à des épreuves rigoureuses d'initiation.

L'initié devait d'abord copier les lois de l'initiation, et il ne pouvait quitter, avant de l'avoir complétement usé, l'habit obligatoire qu'il avait endossé pour cette cérémonie.

Quatre ministres présidaient aux initiations et aux mystères : c'étaient l'*hiérophante*, ou orateur sacré, le *dadouque*, ou porte-flambeau, le *ministre de l'autel* et le *céryce*, ou héraut.

L'hiérophante était le chef des mystères et recevait les initiés ; il portait une robe très riche, ses cheveux flottaient sur ses épaules et un diadème ornait son front. Il était défendu de dire son nom. Ses fonctions étaient à vie et il devait observer une continence perpétuelle. Celui d'Athènes était toujours de la race des Eumolphides, l'une des plus anciennes familles de cette ville.

Le dadouque portait l'image du soleil; sa fonction était à vie aussi; mais il pouvait se marier. On le distinguait de même par sa chevelure et son diadème. Le ministre de l'autel portait le symbole de la lune et assistait les autres dans leurs fonctions.

Quant au céryce, ou héraut, il était de la famille des Céryces qui, disait-on, tirait son origine de *Ceryx*, fils de Mercure. Le céryce était armé du caducée; il prononçait les formules et était chargé d'écarter les profanes.

L'hiérophante était censé, en outre, représenter le *demiurgos*, ou le créateur du monde; le dadouque personnifiait le soleil, le ministre de l'autel la lune, et le céryce Mercure.

Des fêtes, pendant neuf jours, accompagnaient la célébration des grands mystères; on y accourait de tous les coins de la Grèce. Les trois premiers jours étaient consacrés aux ablutions, aux purifications et aux sacrifices. Le quatrième jour, on promenait sur un char, tiré par des bœufs, la corbeille sacrée représentant celle où *Proserpine* mettait des fleurs quand *Pluton* l'enleva. Les femmes le suivaient portant des corbeilles qui contenaient du blé, de la laine, un gâteau, un serpent, du sel, une grenade, des pavots, etc.; on criait par intervalles : *Salut, Cérès !* Le cinquième jour avait lieu une procession aux flambeaux, en mémoire des courses de Cérès cherchant sa fille. Le sixième, on transportait en grande pompe, d'Athènes à Éleusis, la statue d'*Iacchus*, qui, suivant les uns, serait le même que *Bacchus*, et, suivant d'autres, aurait eu *Cérès* pour mère, et l'aurait accompagnée dans ses courses. Les derniers jours enfin étaient consacrés à des jeux en mémoire de l'invention du labourage, à la commémoration de l'initiation d'Esculape , puis à des libations aux dieux célestes et infernaux, pour l'heureux succès de la célébration des mystères.

Quant aux autres fêtes qu'inspira aux hommes le sentiment religieux, les principales, dans l'antiquité païenne, ont été celle d'Osiris dans les mois d'*Athyr* et de *Painy*. Celle du mois d'*Athyr* était consacrée à la résurrection d'Osiris. Dans celle du mois de *Painy*, on offrait à ce dieu, source de tous les biens, dont on jouissait alors, des sacrifices et des gâteaux sur lesquels était représenté un âne enchaîné, emblème de la défaite de Typhon. Dans cette fête, on répétait aux assistants : « Ne donnez pas à manger à l'âne, ce qui signifiait : Ne secondez pas le *mauvais principe*. On disait aussi : Ne portez pas sur vous des bagues d'or; employez plutôt les trésors que Dieu vous dispense à faire du bien qu'à vous parer. » Le but de ces fêtes était donc tout moral.

Chez les Athéniens, peuple doux et poli par excellence, et qui personnifiait, mieux que tous les autres peuples de la Grèce, l'esprit de société, c'étaient, dans le mois de *Pyaneption*, les *Pyanepsies*, en l'honneur de Diane et d'Apollon ; les *Thesmophories*, fêtes de Cérès et de Proserpine ; les *Maimactéries* et les *Posidéies*, consacrées à Jupiter et à Neptune ; les *Connidées*, les *Chronies* et enfin les *Panathénées*. Les *Panathénées*, instituées dès les temps les plus reculés, revenaient chaque année au mois d'*Hécatombéon;* mais tous les cinq ans, elles se célébraient avec plus de pompe qu'à l'ordinaire. On y venait de toutes parts, amenant des victimes à la déesse, et la capitale de l'Attique ne suffisait pas à la foule. De nombreux concurrents disputaient avec ardeur le prix de la course, de la lutte et des différents exercices. D'autres chantaient, accompagnés des sons de la flûte et de la cythare, pour remporter celui de la poésie ou de la musique. Un cortége, conduisant jusqu'au temple de la déesse le vaisseau qui lui était consacré, se formait hors des murailles. Il se composait de vieillards tenant des branches d'olivier, d'hommes faits portant la lance et le bouclier, de jeunes gens chantant des hymnes, de jolis enfants revêtus seulement d'une légère tunique ; puis venaient les filles des nobles familles d'Athènes portant des corbeilles remplies d'offrandes diverses, et enfin une foule de serviteurs chargés des vases qui contenaient l'eau et le miel destinés aux libations.

Dans ces fêtes des Panathénées , des rapsodes , en outre , chantaient les poëmes d'Homère , et des danseuses armées , simulant par intervalles le combat de *Minerve* contre les *Titans* , précédaient le vaisseau consacré, garni de ses rameurs , et qu'un mécanisme secret faisait mouvoir et glisser sur le sol. Il était enveloppé d'un voile où la victoire de *Minerve* avait été brodée par des jeunes filles. Des magistrats dirigeaient le cortége, qui se rendait à la citadelle en traversant la ville. Là , on enlevait le voile qui enveloppait le navire, et on le déposait dans le temple de la déesse. A la fin , on immolait les victimes, on les partageait , et le peuple passait la nuit en festins sur la place publique.

Chez les Druides, il y eut aussi plusieurs grandes fêtes religieuses. La principale était celle de la *cueillette du Gui*. Elle se terminait à peu près de la même façon que les Panathénées. On criait au *Gui l'an neuf!* et le peuple se gorgeait des viandes des sacrifices. On sait que le Gui était chez les Druides le symbole de l'immortalité de l'âme.

Nous croyons fermement aussi que c'est à la religion qu'il faut attribuer la découverte des premières notions cosmographiques et astronomiques, l'établissement des premiers systèmes de numération et la formation des plus anciens idiomes. Les mages de la Chaldée excellaient dans les observations astronomiques ; les prêtres égyptiens ne leur en cédaient point dans ce genre d'observation. Dans les antiquités celtiques on a trouvé des indices précieux. Les Druides, de même que les Chaldéens et les Égyptiens, ont eu un système ébauché de cosmogonie ; les ruines de Carnac l'attestent suffisamment. Les Phéniciens et les Hébreux ont possédé des calendriers dès la plus haute antiquité, et l'on ne peut certainement que reporter aux prêtres la formation de ces calendriers primitifs. Ces découvertes astronomiques ne doivent point, du reste, nous étonner, car l'humanité, évidemment, avait à se lancer dans ces premières spéculations scientifiques pour se reconnaître dans l'éternité, au milieu du cercle immense qui nous entoure de toutes parts, *in quo movemur et sumus*. Plus tard, elle inventera la boussole pour se guider sur le vaste sein des mers dont elle est maintenant souveraine. Or, comment se reconnaître dans l'éternité, sans une étude préalable et quelconque du monde supérieur ?

Les principaux mois du calendrier égyptien étaient : *Thot, Paophi, Athyr, Pharmuty, Tybi* et *Phamenoth.* — *Pharmuty* était le mois aux moissons ; *Tybi,* consacré aux fêtes d'Osiris, nous apparaît avec un caractère sacré ; enfin *Mesoury,* douzième mois, était suivi des jours épagomènes ou complémentaires.

D'ailleurs, — et c'est ici que la philosophie sociale des anciennes théogonies se montre dans tout son éclat, — le mouvement civilisateur, dans tout, partit des cieux pour aboutir à la terre. L'homme s'ingénia à créer l'ordre des cieux, se lança dans les champs de l'hypothèse cosmique et mythologique avant de songer à se constituer lui-même sur des principes positifs. Ainsi, pour servir de base au principe d'autorité, il proclame un fait de pure spontanéité sociale, Dieu, les Dieux, et le relègue dans le ciel. Il part de l'observation des astres pour fonder l'année avec ses divisions. Tous les phénomènes qu'il ne comprend pas, il les attribue à des esprits aériens ou infernaux. Il peuple les cieux d'êtres fantastiques, de dieux et de déesses, les enfers de démons et d'esprits malfaisants, avant de se donner des rois, des princes, des grands, des institutions pour se gouverner. Notre civilisation terrestre n'est véritablement que la contre-partie de la civilisation d'en haut. Dans la théogonie égyptienne, le *demiurgos* commence par la création des anges et des génies; il n'aborde celle de l'homme qu'après. Le Dieu de la Bible adopte cette méthode; il déchaotise le monde physique, puis en vient à la création d'Ève et d'Adam, double mythe de notre humanité.

L'interprétation des livres sacrés que les prêtres pratiquaient, et dont ils avaient le monopole exclusif, nous conduit à supposer, qui plus est, qu'ils étaient les auteurs de ces livres, et qu'ils avaient inventé, bien avant les autres hommes, un mode d'écriture. Les caractères hiéroglyphiques dont étaient couverts les monuments égyptiens, et dont M. Champollion jeune nous a révélé la signification, nous confirment dans nos conjectures. Quant à la numération, à la comptabilité, ils devaient posséder des principes de cette science, puisque nous avons vu que les *Hiérogrammates*, chez les Égyptiens, étaient chargés de la comptabilité sacerdotale.

L'histoire va jusqu'à rapporter qu'un Druide, nommé Hérophile, était devenu célèbre dans les connaissances chirurgicales et anatomiques. Ne pouvant se livrer à ses expériences sur des morts, attendu qu'on avait alors pour eux un respect inviolable, il s'y adonnait sur des esclaves vivants. L'on évalue à plus de sept cents les malheureux qu'il disséqua vivants. Quelle sauvagerie de mœurs d'un côté, mais quel profond amour de la science de l'autre !...

Enfin la théocratie ferma le cycle de ses œuvres constituantes par les pompes dont elle environna le cercueil, ses cérémonies mortuaires, ses ablutions, purifications et expiations. Elle releva l'humanité de son état de déchéance primitive, tout en admettant ce dogme de la déchéance, et commença le travail de rédemption, en nous imprimant sur le front le cachet lumineux de notre prépondérance sur cette terre. Elle rattacha la terre au ciel, et jeta, à peu près tous les germes de ces vastes systèmes d'investigation à l'aide desquels nous embrassons aujourd'hui le monde et l'éternité. Par ses temples, ses statues des dieux, ses autels, ses sanctuaires somptueux, ses péristyles grandioses, elle stimula l'art de l'architecture, de la peinture et de la sculpture. Elle fonda des villes florissantes; Bénarès dans l'Inde, Bibracte dans les Gaules, et Memphis en Égypte. Les pagodes de l'Inde, celle de Séringam notamment, sont restées comme des monuments prodigieux d'art architectural. Cette pagode de Séringam a, dit-on, quatre milles de circonférence. On ne peut témoigner plus hautement de la grandeur du sentiment religieux qui a si longtemps dominé l'humanité. Les autres monuments, monuments littéraires de la théocratie, sont les *cinq Kings* des Chinois, les *Védas* des Indiens, le *Zend-Avesta* des Perses, la *Bible* des Juifs, et le *Coran* de Mahomet. Tous ces livres, qu'on peut regarder aussi comme des codes de législation, sont la reproduction, sous des formules différentes, des mêmes préceptes moraux, la consécration des mêmes règlements. On y trouve dans tous l'adoration d'abord de *Dieu* ou des *Dieux*, autrement dit du principe d'autorité, la recommandation du *bien* et la défense du *mal*, sous la réserve sanctionnante du Paradis et de l'Enfer. Cependant la Bible domine par la supériorité des préceptes qu'elle consacre et du dogme fondamental qu'elle pose. C'est ce qui explique peut-être la destruction des anciennes civilisations, tandis que la législation hébraïque, s'alliant plus tard au christianisme, a survécu au temps et servi à la constitution de nos sociétés modernes.

Mais c'est par la *séparation* du *bien* et du *mal* et la *distinction des castes* que la théocratie se recommande particulièrement à l'attention de l'écrivain. Quelle haute signification n'acquièrent pas aujourd'hui ces deux institutions lointaines, éclairées du reflet lumineux de notre régime économico-social actuel! Hiérarchie des fonctions, division du travail, séparation des industries, concurrence, formation des spécialités professionnelles, ordre moral, ordre économique; elles ont été, en principe, l'affirmation de tous les éléments de force et de progrès, de grandeur et de durée que le génie social aurait tour à tour à faire éclore et à développer. Et si l'autorité du dogmatisme religieux n'avait appesanti sur ces institutions, des habitudes de contemplation incompatibles avec tout mouvement, toute action ascendante, il est certain que l'humanité, sous le patronage de la religion, eût atteint à un degré de lumière et de bien-être qui nous étonnerait, nous les héritiers et les applicateurs des doctrines les plus libérales, nous les admirateurs sincères des hommes de 1789. Si la religion n'avait obéi qu'aux grands instincts de moralisation et d'éducation, dont nous avons constaté les effets, qui ne vénérerait en elle l'institutrice du genre humain, celle qui, le prenant à son berceau, l'aida à surmonter la faiblesse de l'enfance et le nourrit longtemps du suc affermissant de ses préceptes ? Nous en sommes convaincu, tous les hommes éminents en seraient encore à se prosterner à ses pieds et à l'entourer de leurs respects. Mais, hélas ! il n'en fut pas ainsi. En inaugurant le progrès sur des institutions qu'on ne saurait trop approuver, elle en retarda la marche par des abus malheureux, par des superstitions condamnables : on est forcé de l'avouer.

Comme toute puissance qui domine et veut se conserver, la religion n'eut pas que des sentiments désintéressés ; l'amour systématique de sa suprématie lui inspira des mouvements d'orgueil qu'elle ne sut point dominer, et l'amour du prochain fut trop souvent sacrifié. Il est avéré que les prêtres d'Égypte, sacrifiant le fond de l'idée au symbole, la moralité de la fable à la fable elle-même, entretenaient à dessein le peuple dans une ignorance brutale ; qu'ils le maintenaient grossièrement dans l'adoration du dogme hiéroglyphique, au lieu de lui en enseigner la portée sociale.

La religion employa des rites cruels. Il fut un temps où les immolations humaines étaient un article de foi. Tous les peuples ont sacrifié à cette coutume barbare qui nous rappelle trop malheureusement le point de déchéance morale d'où l'humanité est partie. Les Druides offraient des victimes humaines à leurs dieux ; les Carthaginois en présentaient aussi à Moloch ; c'étaient ordinairement

des enfants. C'est un roi de Syracuse, nommé Gé-
lon, qui, après les avoir vaincus, les contraignit, par
un article d'un traité de paix, à renoncer à ces sacrifices. Chez les Grecs et chez les Juifs, nous voyons
Jephté et Agamemnon sacrifier leur propre fille.

L'Inde a été et est encore le théâtre des super-
stitutions les plus ridicules, quand elles ne sont
pas révoltantes par leur atrocité. L'usage, qui impose aux femmes indiennes le devoir de se jeter
dans le bûcher qui consume les restes de leurs
maris, a subsisté jusqu'en 1829. C'est à lord Ben-
tinck qu'on en doit l'abolition.

Dans le vieux polythéisme gréco-romain, les
dieux se montraient trop accessibles aux passions qui affligent les hommes ; ils donnaient
trop souvent l'exemple des mœurs faciles et du
manque de foi conjugale. Le Jupiter Olympien
abandonnait trop aisément sa foudre pour courir
compromettre sa majesté de monarque des dieux
dans des intrigues galantes. Ce Jupiter était un vieux
libertin.

Le christianisme lui-même ne fut pas exempt
de préjugés. Le trafic des indulgences amena la Ré-
formation en lui servant de prétexte. Il eut ses fêtes
des *fous* et des *ânes*, fêtes où le grotesque le dis-
putait à la superstition. De nos jours, on croit encore
aux exorcismes, aux revenants et autres manifestations diaboliques. Les magiciens et les enchan-
teurs jouent un grand rôle dans nos légendes du

moyen âge. Tout cela est à regretter dans l'intérêt de la religion, car tout cela lui a porté préjudice.

. Il est malheureux, plus malheureux encore que le catholicisme se soit oublié à des actes d'intolérance et de persécution. Nul n'a oublié les bûchers de l'inquisition, le supplice des Templiers, le massacre des Albigeois, la Saint-Barthélemy, etc., etc.

En somme : la théocratie, tout en se prêtant à des abus dont il serait immoral pour un historien de se faire le panégyriste, fut la réalisation d'un système social qui se constitua à propos. Par son affirmation comme forme sociale fondée sur le principe d'autorité, qu'elle fit résider généralement dans sa hiérarchie graduée et surmontée d'un souverain pontife, elle sanctionna l'œuvre des révélateurs et la poursuivit sur des données plus larges. Par ses abus et son opposition aux tendances expansives du progrès, elle stimula ce dernier et lui servit d'un contre-poids salutaire. Opposition d'un côté, action de l'autre, l'humanité, sous l'œil de Dieu et le joug de la théocratie, ne pouvait échapper à cette alternative redoutable, alternative que nous retrouverons dans bien d'autres cas. De plus, par le principe de division et de séparation qu'elle introduisit dans son œuvre d'organisation, au bas de sa hiérarchie puissante et régularisée, la théocratie nous enseigna la première que, si l'autorité réside avant tout dans le *cumul* et la *concentration* des pouvoirs, la liberté doit exister néces-

sairement dans une méthode opposée ; c'est-à-
dire dans la séparation et la classification de ces
mêmes pouvoirs. A nous de méditer sur cet enseignement.

CHAPITRE IV.

Naissance du mouvement philosophique. — Bouddha et Confucius.
— Différentes écoles de la Grèce. — Pythagore, Socrate, Aristote
et Platon.

Nous avons assisté, dans la théocratie, à la première incarnation et aux premiers prodiges du principe d'autorité : à la liberté maintenant.

Par rapport au passé de l'humanité et à l'état chaotique où elle la prit, la théocratie inaugura l'ère du progrès; cela est incontestable. Le principe d'autorité qu'elle affirma à la suite des révélateurs, et qu'elle fit reposer sur les institutions que nous avons signalées, servit à l'établissement des sociétés. Mais, eu égard à l'avenir, à la marche ascendante de la civilisation, par cela qu'elle fut une incarnation du principe d'autorité, la théocratie se teignit bientôt de tous les caractères de ce principe et devint une cause énergique de *statu quo* social. De sorte que nous allons voir à présent l'esprit philosophique ou de liberté, se dégageant du fond même des institutions religieuses, se dresser fortement contre elles et agir à son tour afin tout justement de continuer le progrès.

Nous allons poursuivre le cours des évolutions de notre principe à double face : *autorité-liberté*, et des luttes de celle-ci contre celle-là ; luttes inévitables, nécessaires. Affirmation et négation, ainsi devait procéder le *demiurgos* social, ou esprit organisateur.

Ainsi, la théocratie, dans un but d'organisation, avait admis la distinction des castes, sur laquelle elle fit peser le joug religieux du mythe de la chute. Nous nous sommes rendu compte de la philosophie de cette institution des castes et l'avons adoptée. Mais, comme cette institution des castes n'en blessait pas moins, au moment où elle apparut, ces instincts d'égalité et de justice que nous portons en nous, comme il ne pouvait être donné à tout le monde d'en comprendre la haute signification qu'on en déduirait plus tard, attendu que l'état actuel des connaissances ne le permettait pas, que fit la liberté? Elle protesta, elle nia catégoriquement cette distinction des castes, ainsi que le dogme religieux qui l'étayait, et Bouddha, dans le cœur même de l'Inde, arbora le drapeau de la protestation. Du même coup il souleva contre lui la caste qui dominait, la caste des Brahmanes, et il en résulta une lutte opiniâtre et sanglante, une guerre de partisans qui dura des siècles. Enfin le brahmanisme parvint à triompher, et nos hérétiques indiens furent expulsés du sol de l'Inde proprement dite. Le bouddhisme se répandit alors au loin ; il fut porté au Japon par un nommé *Darma* ; il envahit le haut Thibet, la péninsule Indo-Chinoise, et pénétra dans l'île de *Ceylan*, où il s'enracina profondément.

Au reste, la morale du bouddhisme est la reproduction des points fondamentaux de toutes les autres morales religieuses. Elle enseigne l'aumône et prescrit de méditer sur l'instabilité des choses humaines, de vivre d'une façon utile aux autres et à soi, enfin d'aimer son prochain comme soi-même. Mais aussi on n'est pas peu étonné de rencontrer ailleurs dans la même doctrine : Il n'y a qu'un principe de toutes choses, et ce principe est partout. — Il existe de toute éternité ; il est unique, lumineux, et n'a ni figure, ni raison, ni mouvement, ni action, ni accroissement, ni décroissement. — Il n'y a ni peine ni récompense à venir. — Il n'est point de différence réelle entre la science et l'ignorance, entre le bien et le mal. — Le repos qu'on acquiert par la méditation est le souverain bien. Ces principes, on en conviendra, témoignent d'une tendance philosophique imméconnaissable. Il n'y a qu'un principe de toutes choses, et ce principe est partout. — Il existe de toute éternité, il est unique, lumineux, et n'a ni figure, ni raison, ni mouvement, ni action, ni accroissement, ni décroissement. Ici plus de *réalité*, de *personnalité* des dieux ; les mythes de la religion s'évanouissent et nous nous dirions en pleine métaphysique. Quant

aux autres préceptes moraux : Il n'y a ni peine
ni récompense à venir, etc.... ils suintent par tous
les pores une protestation plus marquée; c'est de
l'*athéisme* pur, une négation audacieuse des principes et des institutions non seulement affirmées
par les religions, mais encore acceptées par les
sociétés primitives. Heureusement que cette négation est fausse à force de radicalisme. Mais, au
moment de son apparition, la liberté s'en empara
pour lutter contre le dogmatisme religieux.

Le bouddhisme pose encore l'*éternité de la matière* et se perd dans le *pythagorisme* et le *panthéisme*, ce qui est réagir sans modération contre
les mythes du *chaos* et de la *création* donnés par la
religion et acceptés par la foi. Le bouddhisme,
sous tous les rapports, peut donc être considéré
comme une conception mi-philosophique, par conséquent comme une première action de la liberté
contre l'autorité des Dieux, puisqu'il s'attaqua positivement au dogme primitif et l'endommagea d'une
manière sensible. Rien d'étonnant aussi qu'il ait
suscité contre lui une persécution sanglante; il ne
pouvait en arriver autrement.

A Bouddha, l'hérétique, succéda Confucius, ou
plutôt Koung-Fu-Tsée, le réformateur. Confucius,
dont nous avons eu occasion de prononcer le nom
au chapitre précédent, naquit vers l'an 550 avant
Jésus-Christ. Il s'appliqua à corriger les *cinq Kings*
et à leur donner une portée plus morale et moins

théogonique. Ses commentaires obtinrent crédit et devinrent le partage des lettrés chinois. Ses principaux ouvrages sont : l'*École des adultes*, le *Livre des sentences*, la *Piété filiale* et l'*École des enfants*. La liberté gagna de nouveau à l'épuration du dogme, et, sans s'affirmer positivement dans d'autres institutions, vit s'élargir le champ d'exploration qui lui avait, jusque-là, imposé ses étroites limites. Enfin, arriva le christianisme qui abolit la distinction des castes, proclama l'unité de Dieu, mit fin à la domination du vieux polythéisme grécoromain, et accorda à tous le droit de cité. La première opposition de la liberté contre l'autorité, ou de la philosophie contre le sentiment religieux, se trouvait épuisée. Avec le principe chrétien allait commencer une nouvelle période de foi et de civilisation.

Bouddha et Confucius, à la rigueur, ne doivent donc point être considérés comme des révélateurs, des fondateurs de religion. A plus forte raison ne doit-on pas les mettre au rang des dieux. Bouddha et Confucius furent tout simplement, comme plus tard Jésus-Christ et Luther, une incarnation de l'esprit d'examen, des contempteurs des dieux, des philosophes, qui ouvrirent, dans l'antiquité païenne, l'ère des luttes de la liberté contre l'autorité. Leurs protestations ont revêtu dans la suite le caractère d'autorité dogmatique et se sont empreintes de l'esprit religieux ; mais, à l'origine, telle n'a point

été assurément leur signification. Bouddha, Confucius et Jésus-Christ, pour mieux préciser notre
pensée, ont été des traits d'union entre la philosophie et la religion, ils ont participé des deux à la
fois, et le christianisme, à cet égard, est bien la
religion de *dieu-homme*. C'est à tort aussi qu'on
attribue à Luther la proclamation du libre examen.
Cette proclamation revient de droit à celui qui
s'avisa le premier de modifier la teneur du dogme
fondamental.

Quant aux différentes écoles de philosophie pure,
dont les principaux chefs furent Thalès, Pythagore,
Socrate, Aristote, Platon, etc., et qui se fondèrent,
à différentes époques, en Grèce, en Italie, en Égypte
et même chez les Juifs après l'expédition d'Alexandre, elles continuèrent, plus directement et plus
vigoureusement, contre la religion et l'inviolabilité
du dogme, le mouvement d'affranchissement spirituel commencé dans l'Inde par Bouddha : elles
jetèrent en même temps dans l'humanité, au point
de vue scientifique, les premières notions des connaissances exactes que nous pratiquons aujourd'hui.
La science a débuté par la philosophie, comme cette
dernière débuta par la religion, tout en s'exerçant
contre elle.

La religion, par son mythe de la *création*, ses
emblèmes et ses allégories ; par son affirmation d'un
Dieu créateur et ordonnateur de toutes choses,
avait donné une explication du monde et de son

origine. L'école ionienne, par l'organe de Thalès, son chef, en substituant aux anciennes théogonies poétiques un système de physique proprement dit, et en cherchant à expliquer la *nature* par la *nature*, protesta, dès le point de départ, contre la méthode religieuse, ouvrit une autre route à l'esprit d'investigation, jusque-là enfoncé dans la contemplation stérile du symbole, et posa les fondements de la physique. Anaxagore, l'un des disciples de Thalès, fut exilé pour cause d'athéisme. C'est la suite naturelle des hostilités entre la philosophie et la religion.

Nous en dirons autant de l'école italienne instituée par Pythagore. En appuyant sa philosophie sur la science des nombres (*regunt numeri mundum*) et certaines données astronomiques mélangées de métempsycose, Pythagore procéda à la constitution des mathématiques et de l'astronomie ; et toujours aux dépens de la religion, puisqu'il cherchait le pourquoi des choses en dehors de son mysticisme et de ses emblèmes. Dès le point de départ nous voyons la libre pensée commencer à remplacer la foi, l'esprit d'investigation, dédaignant le dogmatisme religieux, s'en dégager hardiment pour courir à la connaissance des lois physiques que ce dogmatisme avait consacrées allégoriquement.

Nous avons constaté, au point de vue économico-social, l'inexactitude de ce principe de Thalès : *ex nihilo nihil ;* mais la philosophie débutait par lui à l'étude du monde physique : c'était rationnel. L'*objet* préoccupe en tout beaucoup plus que le *sujet*. L'étude du *moi* ne pouvait venir qu'après que mille déceptions auraient contraint le génie humain à se replier sur lui-même. A Thalès succédèrent une foule d'autres philosophes physiciens parmi lesquels nous mentionnerons Leucippe et Démocrite.

Leucippe admit trois choses : les atomes, l'espace vide et le mouvement. Démocrite érigea en principe l'impénétrabilité moléculaire. C'était joindre à l'éternité de la substance posée par Thalès l'éternité du mouvement naturel. De ces préliminaires sortira un système de création cosmogonique complet, celui d'Épicure, autour duquel tourna toute la philosophie objective de l'antiquité, et dont nous avons vu, dans nos temps modernes, se produire des contre façons. Selon Épicure, les atomes ont formé l'univers par leur rencontre fortuite. Les Dieux sont éternels, parfaitement heureux, indifférents au monde, et n'ayant rien de commun avec les hommes. L'athéisme était au fond de ce système ; Lucrèce l'en fit sortir et l'exprima dans ces mots : *Primus in orbe Deos fecit timor.*

Épicure ferma l'ère de la philosophie empirique et objective. Au delà des atomes impénétrables, de l'éternité du mouvement, de l'infinité de la substance et de son universalité, il n'y avait en effet plus rien à voir.

Par la reconnaissance de l'infini substantiel, de

l'éternité du monde physique, par l'étude de ses lois, par le système de création d'Épicure, la notion de *Dieu,* des *Dieux* recevait une grave atteinte. La philosophie objective se mettait en contradiction avec elle et la dépouillait de son merveilleux. Cette notion, du symbolisme religieux, tombait dans le panthéisme et le matérialisme. Le panthéisme même devint une véritable religion pour les libres penseurs, religion qui devait conduire au scepticisme ; car l'ordre, la division, la différenciation infinie qu'on rencontre dans les phénomènes naturels sont en contradiction flagrante avec la conception panthéiste. Les notions morales se ressentiront de la direction de la philosophie objective et matérialiste. La morale d'Épicure sera une morale fondée exclusivement sur la satisfaction des sens, une morale de dissolution. Du panthéisme épicurien, on déduira ces principes anti-sociaux que *rien n'est bon que ce qui contribue à nos plaisirs, que tout est indifférent en soi; qu'il n'y a ni bien, ni mal, ni peines, ni récompenses à venir...* Les sciences positives ont gagné à la philosophie objective, l'esprit d'examen s'en est dégagé ; mais la morale en fut sensiblement altérée.

L'esprit d'investigation menaçant de s'égarer dans l'étude du monde supérieur et visible, n'aboutissant en morale qu'au relâchement de tous nos liens sociaux, il était temps qu'un réformateur parût. Ce réformateur fut Socrate.

Socrate changea le cours de la philosophie. Du *non-moi* ou de la contemplation du monde physique, il ramena l'esprit d'investigation sur l'étude du *moi* par cette parole fameuse : *Connais-toi toi-même*. L'étude du *non-moi* n'avait produit que des effets désastreux dans l'ordre social, l'étude du *moi* va changer cet état de chose.

Socrate, au point de vue philosophico-social, fut véritablement le créateur de la morale. Il compléta les notions de la religion en donnant à l'homme une connaissance plus élevée de ses droits et devoirs. Il continua la constitution de l'ordre moral en entrant dans des considérations approfondies sur les notions du bien et du mal desquelles il fit résulter aussi une sanction humaine et divine. La sagesse, d'après lui, consiste dans l'étude de son âme et la compression raisonnée de ses passions. Il admet la vertu. Les devoirs de l'homme envers lui-même sont la persévérance et le courage; ses devoirs envers les autres consistent dans la justice. La morale et l'ordre des sociétés doivent être l'application du *droit* et de la *justice*. La religion est un hommage rendu à Dieu, lequel hommage consiste principalement à réaliser dans notre vie, par tous nos efforts, tout le bien que nous connaissons et que nous concevons. Il existe une union inséparable entre la vertu et la vraie félicité. *Dieu est l'auteur et le garant des lois morales.* Il gouverne la nature et préside à la *constitution de la société*. Après nous être écarté de la théorie des révélateurs par la philosophie objective et matérialiste, nous nous en rapprochons sensiblement par les idées morales de la philosophie subjective. En admettant l'immortalité de l'âme, en la faisant douée de volonté et de force, semblable à Dieu, dont elle départageait la souveraine intelligence, Socrate entrait dans la saine tradition philosophique, et se rendait l'oracle précurseur du *cogito, ergo sum*. La conscience, à l'épuration de laquelle il contribua aussi par ses recherches morales, est le flambeau qui doit nous éclairer constamment dans l'étude du *bien* et la *pratique de la justice*.

Les instruments dialectiques de Socrate étaient l'induction, l'analogie et l'interrogation. Par une série de demandes habilement présentées, il amenait son interlocuteur à reconnaître son erreur et à découvrir la vérité.

Du reste, Socrate fut un exemple vivant de toutes les vertus qu'il enseigna, vertus privées et vertus civiques. Sa vie tout entière a été un hommage rendu à la justice et à la bonne foi. A la fin, accusé d'impiété envers les Dieux, il fut condamné à mort et but la ciguë. Il expira en vrai philosophe antique, avec autant de calme et de sang-froid qu'Épaminondas sur le champ de bataille de Mantinée.

La philosophie persévérera dans la voie ouverte par Socrate : Platon et Aristote la continueront. Ces deux philosophes, les plus grands de l'antiquité,

nous ont laissé des travaux psychologiques importants. Chez ces philosophes, c'est l'explication de la
pensée qui tient le premier rang; ce n'est plus la
substance qui domine l'esprit d'investigation. Ils
ramènent toute l'attention sur le moi. La philosophie moderne s'emparera de leurs matériaux, et
les Descartes, les Bacon, les Locke, les Hegel ne
seront que leurs continuateurs.

On connaît les idées prototypes de Platon. L'innéité des idées paraissait naturelle dans un moment
où les lois de la matière, lois adéquates à elle,
partageaient les opinions du monde philosophique.
Platon, sous un semblant de spiritualisme, reliait
l'idée aux propriétés de la substance; mais il y avait
chez lui tendance déjà à séparer l'idée de l'être. La
philosophie de Platon est une philosophie d'abstraction. Sous ce rapport, elle contribua puissamment
à l'émancipation de l'idée. Au point de vue religieux, Platon marcha à l'unité de Dieu. Socrate
l'avait prévenu dans cette voie.

Aristote substitua aux idées prototypes de Platon
ses *catégories* et *universaux*, qui pour lui devinrent de simples formes de la raison. L'innéité
de l'idée admise par Platon subissait un échec.
Mais Aristote ne compléta pas son système; ses
formes de la raison sont demeurées impuissantes,
et la religion, d'accord avec la politique d'esclavage et de guerre des temps anciens, continua
de régenter le monde. Le monopole de l'État se

soutint sur celui de la caste sacerdotale. Si Aristote avait su déduire de ses premiers aperçus psychologiques le principe de notre propre initiative, il eût inauguré peut-être, dans l'antiquité, l'ère de la liberté politique et industrielle. Dans tous les cas, il n'eût point rempli ses ouvrages des idées illibérales qu'on y trouve. Mais que disons-nous? les temps d'émancipation politique et intellectuelle n'étaient point venus.—Il est évident que les concepts de temps, d'espace, de genre, d'espèce, etc., ne représentent que des moyens de division, de classification, d'ordre pour notre raison; mais comment s'opère l'acquisition de ces concepts, de ces catégories, de ces universaux? voilà où se taisait la philosophie d'Aristote. Ces concepts sont-ils adéquats à notre entendement? Dans ce cas, l'innéité mystique et insaisissable de Platon reparaît. Ou sont-ils le résultat du développement moral chez l'homme, une conséquence de son contact, de ses rapports continus avec le monde extérieur, centre de nos observations?.. Alliance de la raison et de l'expérience, fusion du *moi* et du *non-moi* dans l'absolu, identité de la pensée et de l'être, dualisme incessant de l'homme et du monde, voilà ce que la philosophie d'Aristote semble avoir pressenti, mais ce qu'elle n'a pas formulé. Les xviiiᵉ et xixᵉ siècle de notre ère combleront cette lacune. Quoi qu'il en soit, les travaux logiques d'Aristote témoignent d'efforts prodigieux tentés dans le but d'amener l'esprit humain à des formes précises de raisonnement. Le syllogisme est de l'invention d'Aristote. La liberté en a fait son profit comme de toutes les armes d'affranchissement qu'on lui a fournies.

Une double tendance presque simultanée s'est donc manifestée dans le mouvement philosophique de l'antiquité; l'une qui s'absorba dans l'étude du monde physique et qui aboutit aux conceptions panthéistes, à une morale dissolue, à l'impuissance sociale; l'autre inaugurée par Socrate et continuée par Platon et Aristote. Ces derniers ont le pressentiment d'un monde nouveau et tout moral : seulement, ce monde nouveau et tout moral, ils le concentrent dans le moi, dans l'humanité. De même que leurs prédécesseurs matérialistes avaient constaté l'*objet*, eux constatent le *sujet*, mais ils ne font que constater cela : ils ne savent point formuler la loi qui unit sans cesse l'objet au sujet', loi objective et subjective, contradictoire dans la forme, identique au fond, loi d'évolution et de progression infinies.

On a prétendu que l'idée de cause avait contribué pour beaucoup à l'impuissance philosophique dans l'antiquité. L'idée de cause a pu, dans bien des cas, fourvoyer l'esprit d'investigation et l'entraîner **au** delà du véritable but ; mais nous ne pensons **pas** néanmoins que cette idée lui ait constamment nui. Nous pensons, au contraire, qu'elle lui a servi puissamment. C'est l'absence de l'idée de cause **qui** **fit admettre la théorie matérialiste et panthéiste.**

L'éternité, l'impénétrabilité de la matière, l'infinité excluent l'idée de cause. Si la philosophie n'avait point sacrifié trop souvent au mysticisme, si elle avait su développer plus énergiquement sa méthode de *causalité*, il est à présumer que de nouvelles conceptions sur l'ordre, la division, la différenciation eussent apparu, et que la science et la morale y eussent gagné. Le panthéisme tout d'abord eût été écarté, et à sa place eût pu apparaître la compréhension de l'ordre par la série sans fin des phénoménalités.

L'absence du concept de cause a même fait dévier la logique à son début. Les prototypes de Platon excluent aussi l'idée de cause. Les formes de la raison d'Aristote ne sont pas plus favorables aux développements de cette idée.

Cependant il y a une distinction à établir en faveur d'Aristote : ce dernier inaugurait une méthode d'ordre, de division et de classification, de diversité et de rapports ; et cette méthode, en nous faisant concevoir l'ordre d'une façon plus scientifique, fait reculer l'idée de cause, sans la détruire précisément. Mais la métaphysique, au temps d'Aristote, n'en était pas néanmoins à pouvoir comprendre entièrement l'ordre par une méthode de classification et de série ; elle se rattacha quand même à sa méthode de causalité, et cette méthode, en s'exerçant plus spécialement dans le domaine psychologico-religieux, arracha le vieux

mouvement philosophique au panthéisme et le
poussa à la reconnaissance du dogme de l'unité de
Dieu : le progrès religieux remplaçait le progrès métaphysique à bout de conceptions. *Dieu*, à la place
des Dieux, fut déclaré cause première, cause toute
hypothétique, revêtant tous les caractères d'un acte
de foi, et servit de suprême explication pour le
monde physique aussi bien que pour le monde
social : tout rentra dans le sentiment religieux.

Nous avons passé par-dessus cette école sophistique qui poussa trop loin l'amour du spécieux et
des faux raisonnements, mais qui brilla par sa
grande habileté dans la dialectique. Les principaux
sophistes de l'antiquité furent Gorgias et Protagoras
d'Abdère. Tous deux tombèrent dans le scepticisme. Gorgias se fit remarquer par la subtilité de
son esprit. Protagoras avança que la différence
entre les perceptions, quant à leur vérité et à leur
fausseté, est nulle ; qu'elles sont uniquement pré-
férables ou pires, qu'il y a égale vérité dans une
opinion ou sa contraire, et qu'on ne peut, en résumé, *raisonner sur rien*. D'après cette école, le
juste et l'*injuste* sont des inventions de la politique.
L'homme n'a d'autre règle obligatoire que son
instinct, son *caprice* ou sa *force physique*. Diagoras
se proclama athée. La sophistique, comme on
peut s'en convaincre, est un abus perpétuel de la
dialectique. Mais l'abus et l'usage ont servi au
progrès, attendu que rien ne se perd dans le monde,

et que c'est de l'opposition du vrai et du faux que se dégage la science.

Quant au scepticisme, sa méthode dialectique à lui consista à mettre en contradiction et nos rapports des sens et nos conceptions de l'esprit. De cette manière, il parvenait à la suspension de tout jugement et au repos de l'âme. Il posa en principe que toute vérité a besoin d'être démontrée pour être admise, et prouva ensuite que la démonstration n'en est pas possible, faute de principes certains. Par cette méthode, il battit en ruine tous les travaux de l'esprit humain, même les mathématiques. Inutile de faire observer que le scepticisme, érigé en système, est la mort du progrès social, la négation du libre examen.

C'est l'école d'Alexandrie qui, principalement, prépara la transformation de la philosophie grecque et la fit se fusionner dans le christianisme. Elle dut son origine à l'expédition d'Alexandre. Dieu, d'après cette école, est *l'unité absolue. Cette unité a conscience d'elle-même; elle est intelligence absolue et puissance créatrice.* Elle admet aussi une *trinité : Dieu unité absolue, essence ; Dieu se dualisant pour se connaître, ou Dieu intelligence, Dieu puissance.* Les Alexandrins commencèrent par poser Dieu comme *unité absolue,* et ils lui ajoutèrent ensuite l'*intelligence* et la *causalité,* ou la *dualité* et la *multiplicité.* Tout cela est véritablement de la théologie chrétienne. Et, nous le répétons, à bout de conceptions métaphysiques, impuissante à concevoir l'ordre du monde physique et du monde social, rebutée de ses élucubrations panthéistes, la philosophie se réfugiait de nouveau dans le dogmatisme religieux. Et avec le christianisme allait commencer une autre période de foi et d'adoration de dix-huit siècles. L'esprit de spéculation philosophique en serait ajourné, mais les grandes vérités de l'ordre social, qu'avait méconnues la philosophie matérialiste de la plupart des écoles grecques, reparaîtraient avec plus d'éclat. Le catholicisme les accueillera d'abord sous le voile de ses mythes, puis en déversera la haute morale sur le monde transformé.

Presque tous les Pères de l'église primitive pratiquèrent le néo-platonisme et l'eurent en grande vénération. Saint Augustin, particulièrement, avait été initié à toute l'érudition théologique et psychologique de cette école avant d'embrasser le christianisme. Le triomphe de ce dernier, point culminant du progrès religieux, doit donc être attribué au courant philosophique de l'antiquité tout entière, et non exclusivement à l'idée chrétienne. Quant aux Juifs, ayant presque constamment méconnu la supériorité de leur dogme fondamental, on ne peut guère avancer qu'ils en hâtèrent la généralisation. Le polythéisme gréco-romain renfermait nécessairement le christianisme, comme le panthéisme primitif avait contenu longtemps le polythéisme. Le progrès religieux, tendant de plus en plus à l'unité pour des considérations que nous ferons valoir, le christianisme s'affirma pour l'amélioration des mœurs, des lois, des institutions, pour la régénération de l'humanité...

Le mouvement philosophique, né de la religion, se développa donc contrairement à ses dogmes et à son esprit. La philosophie, en général, se réclame de la raison seule, travaille à son perfectionnement sans avoir recours au merveilleux. Elle s'essaie à la conception des lois du monde physique et de l'ordre moral par des systèmes qui n'ont rien de commun avec les mythes et les emblèmes de la religion. Le système de création d'Épicure en est un témoignage. Si parfois elle daigne s'appesantir sur les mythes de la religion, ce n'est que pour les modifier; et elle les dépouille tellement de leur prestige, qu'ils n'existent véritablement plus. A la fin l'athéisme intervient et s'écrie d'une voix de Stentor qui fait frémir les entrailles maternelles de la foi : « *Primus in orbe deos fecit timor.* » Par ses protestations réitérées, vraies quelquefois, fausses le plus souvent, par ses recherches hasardées, ses théories incomplètes, ses systèmes hardis, la philosophie ouvre de nouvelles voies à l'esprit d'investigation, elle l'émancipe graduellement, même en le fourvoyant, et sous ce rapport, doit être envisagée comme la liberté en action. L'idée de cause, dont elle s'empara et qu'elle sut manier habilement, fut pour elle encore une arme d'affranchissement intellectuel. Dans l'antiquité, elle s'attaqua au vieux polythéisme gréco-romain, l'amena à transformation, le tua... Plus tard, elle agira de même à l'égard du christianisme, dont néanmoins elle ne pourra faire oublier totalement la haute signification. La philosophie, par la divergence de ses systèmes, l'opposition de ses méthodes, est l'expression de la libre pensée. Elle en exalte les droits, en défend les prérogatives et nous porte sans cesse à nous prendre avec les vieilles institutions pour les contraindre à se prêter aux besoins d'expansion du progrès. Elle est en tout l'antagoniste infatigable de l'autorité. En morale, la philosophie, à l'exception des sectes, tels que les cyniques, les sophistes, les épicuriens et les athées prononcés, à l'exclusion de tous ceux enfin qui se lancèrent dans la contemplation du monde objectif et supérieur, s'entendit généralement avec la religion et accepta ses préceptes. Ce dernier fait est l'explication des maximes toutes morales et philosophiques que, sous l'enveloppe religieuse, on trouve dans les livres de Confucius et l'Évangile particulièrement. Nous porterons un jugement semblable sur l'enseignement de Socrate et de Platon. L'école de Platon surpassa la religion en produisant, par Zénon, la secte des stoïciens célèbre par l'exagération de ses principes moraux.

Au point de vue social pourtant, la philosophie

se montra inférieure, et de beaucoup, à la religion ; elle ne comprit pas toujours le sens ingénieux des mythes qu'elle s'essaya à discréditer : le côté moralisateur de ces mythes lui échappa complétement. A force de s'absorber, comme nous l'avons mentionné au prologue, dans l'étude de la nature et du monde physique, elle perdit de vue les intérêts moraux des sociétés et en méconnut l'efficacité. L'idéalisme et le mysticisme, qu'elle poussa trop loin, contribuèrent aussi à la fourvoyer. Chez les Juifs, il y eut des sectes fraternitaires qui tâtèrent de la communauté des biens. Platon lui-même, ce grand génie de l'antiquité, sacrifia à l'utopie sociale : il proposa positivement la communauté des femmes et des enfants. La religion n'est point tombée dans de pareilles débauches d'esprit. Quant à la politique, l'antiquité, par suite toujours de ses méthodes philosophiques tronquées et de son abus de la dialectique, ne connut que le monopole de l'État. Relatons cependant que ce monopole avait à se poser, et qu'il ne dépendait pas des sociétés primitives de lui échapper. Nous avons dit pourquoi en reconnaissant le principe d'autorité comme principe constituant et de première nécessité.

Du reste, la fin du mouvement philosophique fut, chez les anciens, ce qu'il est aujourd'hui chez nous, au XIXe siècle, et le rapprochement vous frappe malgré vous. Faute d'avoir su compléter son mouvement d'investigation critique contre la religion par des notions supérieures de métaphysique scientifique, faute d'avoir su principalement se créer une méthode claire d'ordre et de création sociale, ce que les temps ne comportaient guère, la philosophie de l'antiquité donna dans le sensualisme le plus dissolvant et l'utopie sociale. Le même phénomène se manifeste de nos jours : c'est l'impuissance philosophique et l'ignorance des principes économiques qui nous ont valu le communisme icarien, l'association de M. Louis Blanc, le phalanstère et les autres conceptions socialistes d'Owen et de Saint-Simon.

CHAPITRE V.

C'est suffisamment constaté : deux principes, en enveloppant le monde dans un gigantesque plan de bataille, de stratégie militaire, se disputent, avec acharnement et sans relâche, la direction des sociétés. Ces deux principes sont la *liberté* et l'*autorité*.

L'autorité s'affirma d'abord dans *Dieu*, et de Dieu passa dans la théocratie, où elle se reproduisit sous l'emblème religieux. La forme qu'elle affecte de prédilection est, au haut des sociétés, le *cumul* et la *concentration des pouvoirs*. Elle se réclame de droit divin, et, comme Dieu, aspire à l'*immutabilité* et à l'*infaillibilité*.

La liberté de son côté se réclame de droit humain, et, contrairement à l'autorité, elle affecte la *division*, la *séparation* et le *classement* des éléments civilisateurs qu'elle met en relief. Elle se produit au bas des sociétés, et, appelant l'esprit d'investigation à son secours, elle s'en sert pour contrôler les dogmes de la religion et faire prévaloir ses propres systèmes. A mesure que marchera la civilisation, elle saura se fabriquer des armes nouvelles pour agir contre son infatigable antagoniste.

L'autorité, c'est l'ordre stationnaire; la liberté, l'ordre progressif. Ce sont les deux pôles opposés de la grande pile voltaïque qu'on nomme *progrès;* et c'est de leurs combinaisons continuelles que résultent les oscillations du mouvement social. Supprimez la liberté et l'autorité dans le monde, l'antagonisme vivifiant des institutions qui en découlent, et vous retournez rapidement à l'état chaotique : *Oportet hœreses esse.*

Ces nouveaux préliminaires posés, poursuivons.

La théocratie, ou régime sacerdotal, ayant été la première réalisation du principe d'autorité, cette première réalisation en appelait une autre; car l'humanité, on le sent, ne pouvait rester éternellement dans le même moule social. Un moment devait venir, où les besoins civils et politiques l'emportant sur le sentiment religieux, ces besoins se constitueraient à leur tour. La monarchie en fut l'expression; et quoique les anciens ne paraissent pas avoir connu notre théorie moderne du *temporel* et du *spirituel,* il est certain que la monarchie s'établit chez eux conformément à cette théorie, qui, à la rigueur, peut être enregistrée aussi comme une manifestation libérale du principe de division et de séparation.

A son origine, on doit donc voir dans la monarchie la première action, au civil et au politique, de la liberté contre l'autorité, puisqu'elle départagea ce dernier principe et s'en adjugea la moitié. Mais maintenant, comme il était de toute nécessité de recourir au principe d'autorité pour continuer l'œuvre de constitution sociale à peine ébauchée par la théocratie, et que la monarchie s'adonna à cette œuvre de constitution, il est manifeste que la monarchie doit être rejetée au nombre des institutions qui émanent du principe d'autorité, et qu'elle fut la seconde incarnation gouvernementale de Vichnou ; incarnation au civil, au politique, au temporel. Et de même que la religion se voua principalement à la création de nos rapports moraux, tels que le bien, le mal, la justice, etc., la monarchie va s'appliquer à l'organisation de nos rapports matériels.

Nous abandonnerons de nouveau la tradition patriarcale qui, à nos yeux, ne revêt pas un caractère d'authenticité assez précis, pour arriver de plein saut à la théorie civile et politique.

« Le premier qui fut roi fut un soldat heureux. »

Ce vers de Voltaire nous en dit plus sur l'origine de la monarchie que tous les commentaires du même auteur sur les livres saints ne nous en apprennent sur ces derniers. Il nous dit positivement que la monarchie, chez les anciens, aussi bien que chez nous, sortit, armée de pied en cap, à la façon d'une Minerve, d'une théorie militaire et temporelle.

Citons des exemples.

Moïse, en constituant Israël sur ses principes de législation, se réserva tous les pouvoirs. Pour lui point de distinction du principe d'autorité en *temporel* et *spirituel*, en *exécutif* et *législatif*, puisqu'il ne recourut même pas au dogme de l'immortalité de l'âme, qui sert de fondement au pouvoir spirituel de nos évêques actuels. Moïse, ainsi que Mahomet chez les musulmans, fut tout dans son système, pontife et roi. Il représente la confusion, l'indivision originelle des deux pouvoirs. Mais, après Moïse, le pouvoir se scinde et le schisme apparaît. Aaron avec ses lévites s'attribue le pouvoir religieux et laisse à Josué le soin d'établir par la conquête les Hébreux dans la terre promise. Il faut voir, dans ce fait primitif, un commencement de séparation en temporel et spirituel du principe d'autorité ; car Josué prenant en main le pouvoir militaire, le sacerdoce s'amoindrissait du même coup, rétrogradait sur lui-même, et ne se reconnaissait plus apte exclusivement qu'à l'éducation morale de l'homme ; il se confinait volontairement dans le *spirituel* et abandonnait à un autre la direction des intérêts civils et politiques d'Israël.

Le même fait significatif se reproduisit sous le pontificat de Samuel et acheva la scission du principe d'autorité. Les Hébreux demandant un roi pour simplifier les rapports de l'administration et concentrer le pouvoir dans les mêmes mains, ce qui était alors une obligation de nationalité, il fallut répondre à leurs vœux. La monarchie se constitua définitivement, et c'en fut fait de la république théocratique des Hébreux.

Samuel céda aux Hébreux en leur tenant l'espèce d'apologue suivant : nous le donnons à commenter aux peuples et aux gouvernements.

« Voici quel sera le droit du roi qui vous gouvernera : il prendra vos enfants pour conduire ses chariots, il s'en fera des gens de cheval et les fera courir devant son char.

» Il en fera ses officiers pour commander les uns à mille hommes, les autres à cinquante. Il prendra les uns pour labourer ses champs et pour recueillir ses blés, et les autres pour lui faire des armes et des chariots.

» Il se fera de vos filles des parfumeuses, des cuisinières et des boulangères.

» Il prendra aussi ce qu'il y a de meilleur dans vos champs, dans vos vignes et dans vos plants d'oliviers, et il le donnera à ses serviteurs.

» Il vous fera payer la dîme de vos blés et du revenu de vos vignes pour avoir de quoi donner à ses eunuques et à ses officiers.

» Il prendra vos serviteurs, vos servantes et les jeunes gens les plus forts avec vos ânes, et il les fera travailler pour lui.

» Il prendra aussi la dîme de vos troupeaux et vous deviendrez ses serviteurs.

» Vous crierez alors contre votre roi que vous vous serez élu, et le Seigneur ne vous exaucera point, parce que c'est vous même qui avez demandé un roi. »

Malgré ces sages avertissements, le destin de la monarchie l'emporta et Saül fut proclamé roi.

Les choses durent se passer de la même façon chez les autres peuples de l'antiquité. En Égypte, le gouvernement des rois pasteurs succéda à la théocratie pure. Qu'étaient-ce que ces rois-pasteurs? Des rois pontifes ou théocrates qui, probablement, réunissaient le pouvoir religieux à l'administration politique. Ces rois-pasteurs furent remplacés à leur tour par des rois véritables, tels que Psamméticus, Néchao, sous le règne duquel on réalisa pour la première fois le voyage du tour de l'Afrique; Amasis, et enfin les Ptolémées. Le pouvoir de tous ces rois, de tous ces chefs de dynasties, fut, comme chez les Hébreux, le résultat de la conquête; c'est-à-dire qu'il surgit aussi d'une théorie militaire. Alors encore, chez les Égyptiens, les besoins civils et politiques l'emportant sur les intérêts religieux, la monarchie prit place au soleil de la civilisation, et la religion ne devint plus, reléguée dans le domaine moral, qu'un des éléments constitutifs de l'État. A Rome, la monarchie s'établit de plein pied sans les antécédents théocratiques mentionnés plus haut.

Dans nos vieilles Gaules, qui fleurirent longtemps sous le gouvernement des Druides, le principe d'autorité avait déjà produit sa scission quand les Romains apparurent. L'élément monarchique subsistait à côté de l'élément théocratique. Il existait dans les pouvoirs militaires que les Celtes conféraient à leurs Brennes, et nul doute qu'il n'eût fini par prévaloir tout à fait sur la puissance des Druides. En principe, la distinction du temporel et du spirituel existait donc dans l'antiquité ; seulement cette distinction ne fut pas élevée comme elle devait l'être chez nous, à la hauteur d'une théorie philosophique : voilà toute la différence.

La royauté l'emportant sur la théocratie, il nous importe de démontrer à présent qu'elle fut un progrès notable en constituant le genre humain sur des institutions plus positives, par conséquent supérieures. Nous procéderons à cette démonstration en continuant de faire l'exposition des institutions elles-mêmes. En pareil cas, exposer c'est prouver.

Les principales institutions inaugurées par la monarchie furent :

La constitution des États ou nationalités, les délimitations territoriales ou frontières, l'avénement des règlements politiques, l'organisation des armées, les systèmes de fortifications et d'impôts réguliers, la création des monnaies, la construction de grandes voies publiques, la propriété individuelle, sans compter le nouvel élan industriel, commercial, artistique et autre qu'elle dut communiquer au génie social par suite de son avénement.

La religion, par ses notions du juste et de l'injuste, du bien et du mal, par ses jeux, ses fêtes et ses mystères, avait bien inauguré le mouvement de création sociale; mais cependant, par sa propension à s'absorber dans la contemplation du sentiment religieux, elle avait été amenée à négliger le côté positif des choses, à ajourner l'organisation politique des peuples. Cette organisation n'était que faiblement de sa compétence, et, sous l'action de la théocratie, les nations ne purent que tenter quelques efforts séparés pour sortir de l'état nomade. Le peuple d'Israël lui-même, tant que dura le gouvernement théocratique de ses juges, se vit condamné à subir cet état, traînant misérablement après lui son arche sainte, mais ne pouvant encore la fixer nulle part. Ce n'est que sous Saül, que sous David même qu'il s'établit positivement et jette les bases de son organisation politique. Il était donc de nécessité sociale que la monarchie se dessinât à l'horizon du progrès pour arracher l'homme à la contemplation des choses saintes, et l'appeler à la création de ses rapports pratiques. Et c'est, en effet, sous son souffle plus actif que nous voyons se former les premiers empires, se réaliser les délimitations de territoires, les occupations permanentes et réelles, enfin se constituer les nationalités.

Toutes ces choses, nous répondra-t-on, sont-elles sorties nécessairement des flancs de la monarchie, et un autre système social n'eût-il pu les produire tout aussi bien que la royauté? L'objection est spécieuse, mais qu'on attende la fin de notre exposition pour nous objecter quelque raison que ce soit; car de la tradition historique dépend avant tout pour nous la légitimité des institutions.

Sous le régime monarchique, on augmente le nombre des villes, on les fortifie, et l'on se bat pour les conserver. Ce n'est déjà plus l'état pastoral et nomade. Cyrus fonde le grand empire des Perses et le divise en 120 satrapies. Il y fait régner les lois et le soumet à des règlements sévères d'administration. Chaque satrape, sous sa propre responsabilité, est gouverneur dans sa province. Il est rattaché au pouvoir central par l'unité politique que représente le souverain, faute de garanties plus fortes, et d'un État comportant des éléments de centralisation plus vigoureux. Avant Cyrus, et sous le sceptre des rois de Babylone, s'étaient déjà formés les deux empires d'Assyrie, dont le premier, à lui seul, dura plus de quatorze cents ans, et ne périt que sous Sardanapale, ou plutôt Sardan-Phul. Babylone et Ninive étaient alors les villes les plus importantes de l'Orient, même du monde. Babylone est restée fameuse par ses murailles sur lesquelles pouvaient passer de front sept chariots de guerre, ses jardins suspendus, les armées innombrables qu'elle mettait sur pied et d'autres travaux sur l'Euphrate. Sémiramis, une reine de ces temps, étendit ses conquêtes et la nationalité assyrienne jusqu'à l'Indus. Le roi d'Égypte, Sésostris, s'adonna aussi à l'organisation civile et politique de son pays. Il partagea le sol de l'Égypte à tous ses habitants, établit des impôts réguliers, un personnel administratif imposant, et, par la construction d'un grand nombre de canaux, favorisa les développements de l'agriculture. Sésostris a laissé, comme Sémiramis et Cyrus, le souvenir d'un grand conquérant, et c'est sous son règne, dit-on, que l'on acquit, par suite du partage des terres, les premiers éléments de géométrie. C'est encore à la monarchie que les anciennes cités de la Grèce, Athènes, Argos, Sparte, Corinthe et Thèbes furent redevables des premiers principes de leur établissement. Le tribunal criminel, le *delphinion*, fut institué à Athènes par Égée. La fondation de l'Aréopage remonte à Cécrops. Enfin Romulus construit Rome avec ses bandits de l'Apennin qu'il soumet à sa discipline; il entoure sa ville naissante de fossés profonds, crée un sénat, distribue ses hommes en curies, et laisse à Numa la continuation de ce qu'il a commencé. Sept rois règneront successivement sur les Romains avant la proclamation de la république. Mais, c'est en Orient principalement que la monarchie des anciens projette son plus vif éclat. Là, du fond de son palais, un despote, s'appuyant sur ses armées, son administration civile et la terreur qu'il inspire, expédie ses ordres absolus aux bornes de son empire. A ses commandements les tributs se payent et les provinces sont ajoutées aux provinces. Les peuples, ainsi que des troupeaux bêlants qui rentrent le soir à la bergerie, se rangent sous la houlette du pasteur suprême; les hétérogénéités disparaissent, les frontières s'élargissent, le travail d'agglomération se poursuit, les nationalités s'affirment... L'Empire romain, succédant à celui d'Alexandre le Grand, viendra en dernier lieu pour accomplir une triple synthèse, et donner le résumé de l'antique civilisation.

Voilà pour la formation des nationalités. Cette formation appartient bien exclusivement à la monarchie par la conquête, les éléments d'administration civile et politique, la centralisation et l'appropriation des territoires nationaux qu'un monarque seul était apte à réaliser en vertu de son droit souverain et de sa pression despotique. Au moyen âge, nos nationalités modernes se formeront de la même manière, par la conquête encore et la pression du monarque. Nier les traditions historiques, ce serait vouloir nier la légitimité et l'origine des choses. Nous ne tomberons pas, quant à nous, dans ce défaut, le plus grand qui puisse exister pour un historien. Fidèle, au contraire, aux enseignements du passé, nous tâcherons d'en déduire la compréhension claire des faits et des institutions.

L'établissement de la propriété, de même que la formation des nationalités, date de la monarchie. La tradition monarchique des Égyptiens dit que Sésostris, après avoir terminé ses conquêtes et être revenu dans ses Etats, s'appliqua au partage des terres, dont il répartit un lot à chacun de ses sujets. Nulle autre tradition, au point de vue historique, ne saurait nous renseigner plus exactement sur l'origine de la propriété. Après la grande appropriation nationale, que personnifiaient le roi et le système monarchique, apparaît la propriété individuelle; et de même que celle-là est une condition d'existence et de liberté pour un peuple, celle-ci deviendra une garantie d'indépendance et de dignité pour l'individu qui, à l'aide de ses nouveaux droits de propriétaire, arrivera même à s'émanciper de la tutelle des rois. Ces considérations sont d'un ordre si simple, elles sont tellement à la portée de la raison la plus modeste, que nous jugeons inutile d'appuyer dessus.

Seulement, nous avons à préciser le fait primitif. Par la prépondérance de l'élément monarchique dans le monde, l'état sédentaire venant à succéder à l'état nomade ou vagabond, les rois, moyennant redevance, divisent entre leurs sujets le sol de leurs conquêtes, ou concèdent à leurs officiers, en se réservant un droit de suzeraineté, des provinces entières : tel est, en grand et en petit, le point de départ de la propriété. Du même coup, se formeront entre les individus de la même nation le commerce et l'industrie intérieurs, et entre les peuples, les échanges internationaux, car les peuples agiront entre eux comme les particuliers d'un même Etat. Outre que le roi, dans le système monarchique, était le propriétaire par excellence et jouissait du droit d'user et d'abuser, — *utendi* et *abutendi*, — sur toute l'étendue du territoire national, il représentait de plus le principe de la *loi* et de la *justice* qui, de *Dieu* et des *Dieux*, était descendu en lui. Ce dernier fait, en relevant dans la monarchie cette notion du cumul et de la concentration de tous les pouvoirs, la relègue plus vigoureusement dans l'autorité.

Au moyen âge, nous verrons s'effectuer le même mouvement propriétaire. La monarchie d'abord, pour préluder à la formation des nationalités et personnifier l'appropriation collective ; puis viendra la propriété féodale avec ses serfs. Cette dernière sera suivie du commerce et de l'industrie bourgeois qui, finalement, transformeront, au profit de chaque citoyen, la propriété féodale et la monarchie.

Nous avons exposé la formation des nationalités et l'origine du système propriétaire ; nous allons continuer par l'examen des impôts.

Ce nouveau problème des impôts provient en principe d'une conception divine; mais, au point de vue politique et civil, il se rattache au système monarchique. Remontons néanmoins à sa première source; nous en descendrons mieux la filiation.

Chez les Juifs, tout appartenait à Dieu: les premiers produits de la terre, les premiers fruits, le premier né de chaque animal domestique, devaient lui être offerts. Rien de ce qui lui avait été consacré ne pouvait être racheté : « Omne quod Domino » consecratur, sive homo fuerit, sive animal, sive » ager, non vendetur, nec redimi poterit... Et omnis » consecratio, quæ offertur ab homine, non redime- » tur, sed morte morietur. » Ainsi s'exprime le Lévitique, chap. XVII, v. 28 et 29. Chez le même peuple étaient en outre consacrés à Dieu les prémices du butin qu'on faisait sur l'ennemi. D'un autre côté la législation chez les Hébreux avait établi que ces derniers ne pouvaient avoir d'autre roi que Jehovah, sous la sauvegarde immédiate duquel étaient placés les institutions civiles et le droit public. C'est donc au Lévitique qu'il faut principalement et originairement se reporter pour acquérir la conception de l'impôt, et cette conception est divine.

Et c'est rationnel : *Dieu* et les *Dieux*, envisagés comme principe d'autorité, jouant les rôles de monarques dans les anciens systèmes religieux, il était naturel de reconnaître leur pouvoir par une redevance qui attestât leur supériorité, leur droit de monarques, et, en même temps, la sujétion de l'homme. Le Lévitique, en s'exprimant comme nous avons dit, n'a pas d'autre sens ; il ne fait, par la réserve qu'il mentionne au profit de Dieu, qu'exprimer une vérité qui vagissait au fond de la conscience universelle du genre humain. A un point de vue encore plus religieux, l'impôt atteste un hommage volontaire de la créature au créateur. Dans ce cas, nous partons du sacrifice d'Abel que le Seigneur agréa. Mais hommage volontaire ou redevance exigée, le résultat est le même, et nous revenons toujours à notre théorie de la divinité : impossible de lui échapper.

De Dieu et des Dieux, conformément aux transformations du principe d'autorité descendant du ciel sur la terre, l'impôt se réfugia dans le système théocratique, et prit le nom de *Dîme*. La dîme fut une redevance en produits qu'on alloua au sacerdoce pour son entretien et celui du culte ; elle témoigne de la supériorité de l'élément sacerdotal, et, sous ce rapport, revêt tous les caractères de l'autorité. Tous les sacerdoces ont vécu primitivement de la dîme. Chez les Juifs, c'est la tribu de Lévi qui en recueillait les avantages. A Rome, au temps des empereurs, elle fut convertie en biens immeubles alloués aux différents cultes. Ces biens étaient immenses et contribuèrent puissamment à la corruption du vieux sacerdoce et au triomphe du christianisme. C'est la corruption qui, en partie, tua le polythéisme.

La monarchie prévalant à son tour par la conquête, la dîme affecta un nom nouveau et s'appela tribut. Les tributs consistèrent dans un autre genre de redevance que les rois prélevèrent sur les nations conquises. Dès ce moment, des collecteurs d'impôts, dont la mission consistait à suivre les armées d'invasion pour estimer la valeur des tributs qu'on pouvait imposer, soit en or, soit en produits, s'organisèrent au service de la monarchie. Après la victoire, ils s'abattaient, comme une bande de vautours carnassiers, sur les peuples terrassés et se livraient à leurs opérations d'estimateurs. La monarchie installée définitivement sur ses bases naturelles, et le régime propriétaire succédant à la période conquérante, le roi n'ayant plus que des sujets à gouverner et non des tributaires, les systèmes d'impôts réguliers s'établirent, et ce fut la propriété foncière qui, principalement, les supporta, attendu que les capitaux industriels ne se produisirent et ne pouvaient se produire qu'en dernier lieu. Nous trouvons encore l'origine des impôts réguliers dans la tradition monarchique des Égyptiens, quand il y est dit que ce fut moyennant impôt que Sésostris accorda un lot de terre à chacun de ses sujets. Et toujours d'après la signification de sa céleste source, l'impôt atteste supériorité, suzeraineté d'un côté, et vasselage de l'autre.

Au rapport d'Hérodote, le système d'impôts des Perses se composait ainsi : « Tout le territoire sur lequel s'étendait la puissance du grand roi, indépendamment des impositions communes, était partagé en divers districts qui devaient fournir les vivres nécessaires à la nourriture de sa maison et de son armée. Certains pays, renommés par la qualité des denrées qu'ils produisaient, devaient en fournir exclusivement la table royale. Ainsi, le roi ne buvait que de l'eau de Choaspe, et, durant ses voyages, on la transportait dans des vases d'argent. Le sel de sa table devait venir du temple de Jupiter Ammon ; son vin, de Calydon, en Syrie ; le froment de son pain, d'Eolie ; la Médie lui envoyait ses chevaux ; d'autres provinces, des tissus précieux. En outre de ce tribut en nature, les provinces payaient encore un impôt en argent ou en or monnayé, qui était mis en réserve dans le trésor particulier du roi, lequel ne servait à aucune des dépenses de l'État, car celles-ci étaient supportées par les localités où elles étaient nécessaires. L'entretien, par exemple, des gouverneurs, des satrapes, de leur maison et des troupes qu'ils commandaient, était supporté par les habitants de la province où ils séjournaient. La cour, dans ses voyages, était défrayée aussi par les cantons qu'elle traversait. Il en était de même pour les commissaires royaux durant leurs tournées périodiques. »

Toute l'antiquité monarchique tourna autour du système d'impôts qu'Hérodote nous décrit là. Quant aux Grecs et aux Romains, les premiers vivaient des tributs de leurs clérouquies et de l'exploitation de leurs mines. On frappait bien de temps en temps quelque impôt sur les riches, mais ce ne fut qu'exceptionnellement ; et comme les riches, après tout, avaient les mains continuellement dans le trésor public, et que chaque citoyen recevait une pension ou un salaire de l'État, on peut parfaitement affirmer que les tributs suffisaient à tout, ou à peu près. Les Romains, eux, subsistaient plus amplement encore aux dépens des peuples vaincus : l'Égypte leur fournissait ses grains ; la Thrace, ses chevaux ; la Gaule, ses vins ; le monde tout entier fournissait des esclaves... Le sénat avait la garde d'un trésor public qui se composait, ainsi que chez les Perses, d'argent et d'or bruts ou monnayés. Ce n'est que sous l'Empire qu'on commença à imposer la propriété foncière, les établissements industriels et le commerce, au moyen de taxes assez régulières et d'un cordon de douanes. Jusque-là ce furent les exactions de la conquête qui suffirent à tous les besoins du peuple-roi ; et les choses ne pouvaient guère se passer autrement, puisque la civilisation antique était fondée sur l'esclavage et le droit du plus fort.

Nous en restons ici, quant à l'impôt. Il nous suffit d'en avoir déterminé l'origine théocratico-monar-

chique. Nous en reprendrons avant peu le dépouillement et le conduirons jusqu'à notre époque con-
temporaine. Élément d'organisation sociale entre
les mains de la monarchie, on remarquera qu'après
avoir été un instrument de spoliation et de despotisme sorti des flancs de la conquête armée, l'impôt,
comme tous les principes sociaux, devait se transformer en une théorie d'affranchissement et de
liberté.

Nous retrouverons les mêmes caractères d'autorité et de liberté dans l'institution des monnaies,
institution plus spécialement économique.

Dans les temps primitifs on ne connut point la
monnaie. Le commerce était alors une chose si
simple, qu'on se contentait, entre nations comme
entre particuliers, d'échanger produits contre produits. Les peuples de Phénicie, qui nous sont re-
présentés comme les premiers peuples navigateurs
et commerçants, s'en allaient sur les côtes d'Espagne et de la grande Grèce troquer leurs produc-
tions contre l'or brut de ces pays. Au siége de
Troie, nous voyons les Grecs échanger du fer,
des armes, des trépieds et des vases contre du vin ;
point encore de monnaie. Le trésor des souverains
eux-mêmes et leurs capitaux consistent dans des palais et des objets ouvragés, et au besoin ils échan-
gent directement ces objets contre les choses qu'ils
veulent acquérir sans l'intermédiaire d'une monnaie.
Il n'y a donc point encore nulle part d'opérations

commerciales dans le sens que nous l'entendons aujourd'hui.

Mais, à la longue, les hommes sortant de l'état de nature ou patriarcal, et les sociétés régulières se formant, les échanges de produits à produits devenant difficiles à cause de mille complications, on sentit enfin la nécessité de recourir à la création d'une *monnaie* pour simplifier les rapports d'échange. Les premières monnaies qui méritent ce nom furent d'abord des *bœufs*. Homère en fait foi dans ses poëmes. Ces bœufs ont-ils été une monnaie fictive ou des bœufs véritables? on ne sait trop. Ce qu'il y a de certain, c'est que, dans l'antiquité, on évalua longtemps par *bœufs*. Les Spartiates et les Romains eurent primitivement une monnaie de fer très pesante et très mal commode. On cite des peuples qui, pour signe monétaire, employèrent des clous et des coquillages. L'or et l'argent néanmoins ayant conquis l'opinion, et leur valeur s'étant constituée la première, soit à cause de leur rareté, soit pour d'autres motifs, la plupart des peuples s'accordèrent spontanément pour en faire leur monnaie. Les souverains intervinrent, y apposèrent leur sceau, et, sous cette expression énergique de la raison sociale, les monnaies d'or et d'argent furent définitivement constituées. Du même coup, le commerce et l'industrie naissants, ayant un centre de circulation sur lequel ils pouvaient s'appuyer, n'en devinrent que plus actifs, et chacun put s'adonner avec moins de crainte à ses spéculations particulières. On s'enrichit bientôt, non plus en capitalisant des objets ouvragés ou des matières précieuses en nature, mais en amassant de la monnaie. Alors fut découvert l'art d'acheter et de vendre, double opération qui n'a lieu qu'à l'aide de la monnaie. Avant on ne vendait ni on n'achetait, on *échangeait*. Ainsi s'accomplit la première révolution économique, révolution immense qui arracha l'homme à l'état pastoral et purement agriculteur pour le lancer dans les voies du commerce et de la fabrication industrielle.

Comme nous le voyons, l'invention de la monnaie consiste dans le choix d'un produit privilégié auquel on donne le pas sur tous les autres, et qui est reçu en tous paiements, dont on proclame en un mot la royauté. Sous ce rapport, la monnaie est bien de création monarchique, et elle est à ranger au nombre des institutions émanées du principe d'autorité. Où la monnaie émane encore du principe d'autorité, c'est dans l'appropriation que s'en font les souverains en y apposant leur sceau et en lui donnant cours forcé.

La monnaie devient maintenant principe de liberté en tombant dans le domaine public, en y développant rapidement tous nos rapports commerciaux et industriels; car ces rapports sont premièrement les diverses expressions de notre initiative individuelle. Chaque individu, pouvant à son tour acquérir et s'approprier de ces monnaies, il en résulte une hausse de richesses qui, en se répartissant sur les particuliers, aboutit à leur émancipation. En effet, ce n'est que par l'appropriation d'une certaine quantité de monnaies que nous nous enrichissons, et, une fois riches, nous sommes libres vis-à-vis de nos semblables et des gouvernements. Ceux qui rêvent la liberté autrement sont dans le faux. La liberté réelle ne peut provenir que du travail et du bien-être, et comme, en définitive, le monétaire représente ces deux choses, ce n'est qu'en acquérant de la monnaie que nous acquérons la liberté, l'indépendance civile et politique. A notre époque moderne, l'institution des banques, du crédit et du papier monnaie, fera ressortir cette vérité plus évidemment. Alors le principe d'autorité, dans la monarchie, en sera venu à une période de décroissance, pendant que la liberté, s'affirmant principalement dans nos institutions économiques, sera en voie de pleine prospérité. La révolution de 1789 enregistrera son triomphe dans les annales de l'histoire.

Le rôle principal de la monnaie, c'est de suffire aux besoins du marché, c'est de mettre en rapport tous nos intérêts contradictoires, en opposition, et de les résoudre en une opération supérieure que l'on nomme *achat;* c'est d'entretenir au sein des sociétés le feu de la circulation, le feu sacré du mouvement et de la vie. A ce point de vue, elle est encore une institution de liberté. Retranchez la monnaie, immédiatement le mouvement des valeurs cesse, la circulation s'arrête, et la civilisation revient au *statu quo* stupide des premiers temps. Élément de chaos et de confusion quand elle gisait à l'état latent au sein de l'autorité monarchique, elle devient un principe d'ordre et de bien-être quand, sous l'action du génie social, elle commence à se séparer du principe d'autorité pour se rendre une institution d'utilité publique au service des particuliers.

Les plus importantes monnaies de l'antiquité furent le talent chez les Orientaux, et le sesterce chez les Romains.

Après la création des monnaies vient la justice. La théocratie avait relégué cette dernière dans le ciel, sous le voile emblématique du Paradis et de l'Enfer. La monarchie la fit descendre d'en haut et en réalisa la notion ici-bas. Le monarque, incarnation vivante de cette notion, en devint le représentant direct, et tint entre ses mains les balances de Thémis, le glaive de la loi. Toute la tradition monarchique de l'antiquité en témoigne. On connaît le fameux jugement de Salomon qui a servi de sujet au dessin et à la peinture. Les empereurs romains, dans un temps plus avancé, siégeaient au prétoire et rendaient la justice. Nos rois de France la rendirent personnellement aussi pendant dix siècles. L'institution des armées permanentes et la centralisation politique achèvent de donner à la monarchie l'importance sociale que nous lui attribuons. Par la création des armées permanentes, elle créait et régularisait l'art de la guerre, qui a joué un si grand rôle dans l'humanité, et un rôle civilisateur ; car de la création des armées résultaient immédiatement l'établissement des ponts, des routes, des chaussées, des systèmes de fortifications, et une foule d'autres travaux d'utilité nationale. Les Romains, pour la seule circulation de leurs armées, ont exécuté des routes gigantesques et des travaux d'art étonnants. Ces routes et ces travaux, après avoir servi aux nécessités de la guerre, servirent au commerce et à ses besoins pacificateurs. Chaque chose ainsi vient à son temps, et l'institution qu'on élève dans un but sert le plus souvent à vous conduire à un autre. Par ses commencements d'organisation administrative et politique surtout, la monarchie jetait de fortes bases de centralisation, et nous préparait à l'époque impériale chez les anciens, et au règne de Louis XIV chez nous. Cette centralisation, que personnifiait toujours le souverain, en étendant le réseau des mêmes lois et des mêmes usages sur tout un peuple, achevait de le nationaliser en le formant à part. Et un jour viendrait où tous ces peuples, nationalisés et formés à part sous le souffle despotique de la monarchie, rivaliseraient d'activité et d'audace dans le grand œuvre de la civilisation ; ce serait à qui la porterait en avant d'un invincible effort. Les uns acquerraient la gloire des armes, les autres des lettres, ceux-ci du commerce, ceux-là de la législation, etc., etc. Car, qu'on soit bien persuadé que le génie social ne s'est point trompé en débutant, comme il a débuté, et en suivant comme il a fait. Il avait à commencer d'abord par une nationalisation des peuples d'une manière séparée, la méthode de séparation et de division étant la vraie, la seule méthode de création sociale. Et cette nationalisation accomplie, naissaient entre les peuples une foule de rapports forcés, rapports de guerre, de lettres, de législation, de commerce, d'industrie, de fêtes, de religion, etc., qui donnaient naissance au mouvement progressif de la civilisation, et le faisaient rayonner dans tous les sens. Tous les résultats que nous signalons n'ont pas été atteints, peut-être, par les différentes monarchies de l'antiquité; mais si ces monarchies avaient duré comme ont duré nos monarchies modernes, elles les eussent produits, attendu que les mêmes causes renferment les mêmes effets.

Pour ce qui est des arts, il est facile de se convaincre que la monarchie leur donna un développement rapide sur la théocratie, en se reportant seulement au luxe des anciens rois de Perse et d'Assyrie; rien n'égalait ce luxe. Babylone l'emportait sur toutes les villes de l'Orient par ses richesses, ses monuments, ses travaux d'art. Les rois de Perse

avaient à Suse et à Persépolis des palais d'une magnificence prodigieuse. Quand le grand roi entrait
en campagne ou voyageait, sa cour resplendissait
d'or et du feu des diamants. Il étalait avec orgueil
son faste aux yeux des peuples éblouis. D'ailleurs,
comme la monarchie et la religion ont toujours été
contemporaines, on peut parfaitement leur attri·
buer la splendeur des mêmes arts.

Quoique succédant légitimement à la théocratie
pour continuer son œuvre de constitution, la monarchie pourtant ne s'établit point sans obstacles. Elle départageait le principe d'autorité,
cela était suffisant pour lui aliéner l'esprit de la
théocratie, et susciter ses répugnances hostiles.
Toute puissance qui décline en veut à celle qui la
remplace : c'est dans l'esprit des choses comme
dans le cœur humain. La monarchie venait pour
inaugurer la marche du progrès dans l'ordre civil et
politique au *temporel*, elle devait à ce titre s'attirer la méfiance du *spirituel*. Le discours de Samuel, ou plutôt son fragment de discours le prouve
suffisamment. Dans ce morceau, on sent l'esprit
sacerdotal frémir tout bas et s'indigner de la nouvelle domination qui menace sa vieille suprématie.
Mais enfin Saül étant réclamé par la grande voix du
peuple et porté au trône, il fallut se soumettre.
Saül fut sacré, et les pressentiments du grand juge
furent réalisés. Saül eut une armée, des officiers,
un état de maison, des parfumeuses et des boulan-

gères; il leva des contributions, des impôts de
toute nature, et l'éducation du genre humain se
continua sur un plus vaste plan. En même temps
s'acheva la nationalisation ou l'unité du peuple
juif. En Égypte, la prépondérance de la monarchie
sur le régime sacerdotal occasionna des luttes sanglantes. La légende d'Osiris pourrait bien n'être au
fond que la fiction de ces luttes qui durèrent des
siècles. Dans l'Inde, la caste des guerriers se trouva
aussi plus d'une fois en rivalité avec celle des
brahmanes. Quand nous en serons à notre histoire
moderne, nous ferons un ample récit des dissenti-
ments terribles qui éclatèrent entre le temporel et
le spirituel.

Ce qui constate authentiquement que ce ne fut
pas sans combats, sans une sourde hostilité, que les
prêtres le cédèrent aux rois, ce sont les restrictions
qu'on remarque dans la transaction théocratico-
monarchique qui intervint; restrictions qui furent
autant d'entraves apportées à l'exercice de l'autorité royale. Ainsi les prêtres se réservent le droit
de sacrer les rois, de les oindre, de leur donner
l'investiture; de les déposer même. Saül est d'abord
sacré, puis déposé par Samuel. David n'échappe pas
non plus au contrôle sacerdotal; il est obligé de courber la tête sous le poids des colères prophétiques. On
voit, dans tout le cours de l'histoire du peuple juif,
intervenir les prophètes pour menacer les rois de la
colère divine. Or, la colère divine, c'est la colère des

prêtres. Les rigueurs ne suffisant pas toujours, on s'applique à les flatter ; on cherche à les enchaîner au joug doré des adulations et des épithètes fastueuses. David sera le *roi prophète*, Salomon le *saint des saints*. Ailleurs, dans l'antique Grèce, les rois sont les *enfants des Dieux*, les *pasteurs des peuples*. Dans notre système européen, ce seront des titres de plus en plus adulateurs. Ne pouvant vaincre par la force ouverte, par les dépositions, les excommunications, les mises en interdit de royaumes entiers, on cherchera à captiver par la ruse. On traitera nos rois d'Europe de *roi très chrétien*, de *fils aîné de l'Église*, de *majesté catholique*, etc., etc. On aura des injonctions foudroyantes pour les uns, et des paroles de miel pour les autres ; jusqu'à ce que la coalition du temporel et du spirituel, des rois et des prêtres, se forme vigoureusement à l'apparition d'une troisième puissance belligérante sortant tout à coup des profondeurs du progrès : le régime libéral et constitutionnel de nos jours. Néanmoins, après force débats, force luttes d'un intérêt plus ou moins attachant, la monarchie l'emporta sur les théocrates, et son triomphe fut le premier triomphe de la liberté civile et politique sur l'autorité. Par la monarchie, cet élément civil et politique se substituait à l'élément purement religieux.

Les grands rois de l'antiquité ont été David et Salomon chez les Juifs, Sésostris en Égypte,

Alexandre le Grand chez les Grecs, et Cyrus chez les Perses.

David, marchant sur les traces de Moïse, acheva de nationaliser Israël par des institutions politiques et des conquêtes assez étendues. Il s'empara de Sion sur les Jésubéens, et en fit la citadelle de Jérusalem. Maître plus tard de cette ville, il l'embellit et en fit la capitale de son royaume. Il reconquit l'arche sainte sur les Philistins et la replaça au milieu du peuple, qui y vit plus que jamais un signe de ralliement et de centralisation en attendant la fondation du temple. La domination de David, consolidée par des victoires sur tous les peuples voisins, s'étendit de l'Euphrate à la Méditerranée, et de la Phénicie jusqu'au golfe Arabique. — Outre qu'il fut un grand roi, David obéissant à l'inspiration divine, enflammé de saints transports, peut passer pour un prophète. Il mania la lyre et composa des psaumes qui portent son nom. Ses psaumes doivent leur origine à l'adultère qu'il commit avec Bethsabée, femme d'Urie, et les sentiments qui y sont exprimés ne manquent ni de force ni de majesté. A côté de la menace et du châtiment marchent toujours l'espoir, la consolation et la récompense. Il forma sur la fin de ses jours le projet d'élever un temple au Dieu d'Israël ; il en traça les plans, en amassa les matériaux, mais mourut avant d'avoir pu exécuter son projet.

Salomon lui succéda. Celui-ci se rendit célèbre

au commencement de son règne par sa pénétration et sa sagesse. Il eut la satisfaction de mettre à exécution ce que son père David avait résolu et construisit le temple de Jérusalem. Suivant l'Écriture, plus de quatre-vingt mille ouvriers furent occupés à la construction de ce temple. S'alliant à Hiram, roi de Tyr, il en obtint les cèdres et les sapins dont il avait besoin, et dont manquait complétement le pays. Enfin le temple fut construit en sept ans, et Israël, à partir de ce jour, fut constitué autant qu'il pouvait l'être. Le temple représenta la constitution religieuse, le monarque la constitution politique. Le temple surtout personnifia l'unité de la nation comme celle de Dieu ; il était à lui seul un système social tout entier en unissant les provinces entre elles, et en centralisant toutes les cérémonies, toutes les fêtes du culte. De Jérusalem il rayonnait sur tous les points de la Judée ; et nul doute que si toutes les parties de l'organisme politique eussent répondu à la centralisation religieuse, la nation juive n'eût pas éprouvé les désastres qui l'ont accablée : elle se fût, au contraire, sauvée de l'invasion et de l'esclavage. Son dogme de l'unité de Dieu lui a survécu pour convertir le monde et l'amener à une autre vie sociale.

Mais bientôt ce roi si grand, si sage, ce Salomon, fils de David, à l'imitation des rois orientaux, ses voisins, abandonna le culte du Dieu unique pour se livrer à toutes les voluptés païennes et s'adonner à l'idolâtrie. Alors, la centralisation fondée principalement sur le culte venant à se relâcher, on put prévoir des malheurs : il était inutile d'être prophète pour les annoncer. Malgré ses fautes, Salomon, ainsi que David, a laissé la mémoire d'un grand roi, et c'est avec raison que l'Écriture en parle avec respect. Après lui, le royaume fut démembré et tomba sous le sceptre de Jéroboam en grande partie. La nationalité s'éteignit pour reparaître un moment sous les Machabées. A cette époque, les Juifs sentant la supériorité des institutions de Moïse, et surtout de leur culte, voulurent s'y rattacher. Il était trop tard.

Cyrus, chez les Perses, appartient à la civilisation profane, et à un siècle qu'on ne peut comparer au siècle de Salomon et de David chez les Juifs. Mais l'histoire n'en devait pas moins consacrer son nom, et c'est ce qu'elle a fait. Alexandre le Grand, que toute l'antiquité a élevé au-dessus des autres monarques, et qui nous est présenté comme un modèle de conquérant, est loin, selon nous, d'avoir valu le fondateur de la monarchie persane. Alexandre le Grand, après tout, au point de vue social, n'eut que la gloire de déverser sur l'Asie le torrent de la civilisation grecque : cette civilisation existait avant qu'il apparût, et ce n'est point à lui qu'on la doit. Éclatant comme un météore, il apparaît avec rapidité et passe sur le monde surpris ; mais là se borne sa mission. A trente-

cinq ans, il n'existait déjà plus, et son empire se
perdit dans la diffusion. Après lui, la civilisation
qu'il personnifia brillamment faillit s'engloutir
dans le gouffre d'une anarchie sans fin. Un moment
la barbarie asiatique revendiqua ses droits. Et
puis Alexandre le Grand fut dominé toute sa vie
par des vices qui le portèrent à des actions atroces.
Le meurtre de Clytus et la mort du philosophe
Callisthène l'ont presque mis au rang des monstres.
Sous ce rapport, il est le portrait qui peut servir de
pendant à celui de Cambyse. N'en déplaise à Quinte-
Curce, on a trop enflé la gloire de ce conquérant
au détriment de beaucoup d'autres rois qui valu-
rent mieux que lui. La fondation d'Alexandrie est
le seul fait qui lui fasse honneur. Les rois qui méritent véritablement les respects de la postérité
sont ceux qui ont formé des nations, arraché des
peuples à l'état chaotique, et qui les ont constitués. Alexandre le Grand n'a point fait tout cela.
Encore un coup, la civilisation grecque, la civilisation des Périclès, des Apelles et des Démosthènes
se fonda sans lui; et un Philippe, aussi bien qu'un
Alexandre, interprète du mouvement civilisateur,
la pouvait porter en Asie. Qu'est-ce qu'un homme
qui a la faiblesse de vouloir se poser en Dieu?...
Cet homme peut avoir de grands talents militaires,
il peut être animé d'une ambition sans bornes, il
peut assujettir le monde à sa domination momen-
tanée; mais cet homme ne peut être adopté sans

restriction par l'écrivain impartial qui n'aime pas à prodiguer ses louanges.

« Si je n'étais Alexandre, je voudrais être Diogène. » Ce trait peint Alexandre de la tête aux pieds. Que de folie dans ce peu de mots ! Qu'était Diogène ? Un pauvre cynique digne de pitié, qui ne comprenait rien au mouvement de la civilisation et qui, comme tous les misanthropes, l'avait prise en haine par pure ignorance. S'il eût trouvé l'homme qu'il cherchait, le monde, hélas ! eût été à plaindre. Cyrus qui fonda l'empire des Perses, qui le soumit à une organisation politique et civile, qui moralisa des populations barbares, mérite donc, sous tous les rapports, une place importante dans l'histoire : il est supérieur à Alexandre en tant que roi législateur, s'il ne lui est égal comme guerrier.

« *Au plus digne!* » Voilà bien encore le Macédonien ! Orgueil, vanité toujours. Après avoir conquis un empire d'une main, Alexandre le détruisait de l'autre. A son lit de mort, il donnait de sa propre bouche le signal de l'anarchie la plus désolante. Si les Romains ne s'étaient trouvés là pour revendiquer l'héritage de la civilisation, c'en était fait d'elle à jamais peut-être. Les déserts de l'Asie lui servaient de tombeau : tout retombait sous l'action dissolvante de la nonchalance orientale.

La jeunesse de Cyrus se passa à la cour d'Astiages, son oncle. Elle nous offre l'intérêt qui, ordinairement, s'attache aux grands hommes dès leur enfance. L'esprit fabuleux y entre pour quelque chose.

Parvenu à l'âge de virilité, il s'empara de la confiance des Perses au moyen d'un repas et du discours suivant : « Hommes de la Perse, il en sera de même à jamais pour vous (c'est-à-dire vous aurez toujours de bons repas) si vous consentez à me suivre. Vous vous assurerez tous les biens dont vous jouissez aujourd'hui avec une infinité d'autres, et vous n'aurez plus à supporter les travaux de l'esclavage. Laissez-vous persuader par moi et devenez libres. Les Dieux m'ont fait naître pour mettre entre vos mains tant de biens, et vous les obtiendrez ; car je sais que vous n'êtes en rien inférieurs aux Mèdes. Si vous êtes ce que je crois, cessez sur-le-champ, hommes de la Perse, d'obéir à Astyages. » Quelle habileté n'y a-t-il pas dans cette conduite ? N'y devine-t-on pas déjà le roi constituant et législateur ? Dans tous les cas, cette harangue militaire ne le cède ni en précision ni en clarté aux autres harangues que Quinte-Curce prête si gratuitement à son héros. A partir de ce moment, l'empire des Mèdes s'éclipse et Cyrus hérite de la monarchie. — Mèdes et Persans sont réunis sous son sceptre.

La première conquête de Cyrus, après avoir réuni la Médie à la Perse, fut celle de la Lydie. Crésus, un roi renommé par ses richesses, régnait sur cette contrée. Avant de livrer bataille à Cyrus, il avait consulté l'oracle, et l'oracle lui avait répondu : « Le jour que Crésus combattra, un grand empire sera détruit. » Sur cette réponse ambiguë, mais qu'il s'expliqua en sa faveur, Crésus combattit et fut vaincu. Fait prisonnier, on le conduisait au supplice, quand sur le point de monter sur le bûcher fatal, il laissa échapper, sous forme d'exclamation désespérée, le nom de Solon. Solon ! Solon ! vous me l'avez prédit, s'écria-t-il. Cette exclamation le sauva. Après l'avoir fait venir devant lui et interrogé sur le sens de son exclamation, Cyrus, satisfait des explications qu'il lui donna, et ne redoutant plus son ambition, lui accorda la vie avec son amitié. Ce seul trait élève Cyrus à la hauteur des plus grands hommes et le met au-dessus des plus valeureux conquérants ; car, en accordant la vie à Crésus sur la recommandation d'un nom tel que celui de Solon, c'était un hommage significatif qu'il rendait aux lois et à la civilisation de la Grèce, c'était promettre de marcher sur les pas de Solon et en prendre l'engagement solennel. C'était abjurer les mœurs et la barbarie de son temps pour se saisir du rôle fécond de roi législateur, en faisant de la monarchie, non plus un arbitraire violent et sans raison, mais une institution véritablement sociale et digne de la vénération des peuples.

A la conquête de la Lydie succéda immédiatement la prise de Babylone. Cyrus s'en empara en détournant les eaux de l'Euphrate, auquel il creusa un nouveau lit, ce qui suppose un travail gigantesque de la part des Perses. Les Juifs, captifs alors des Babyloniens, obtinrent la permission de retourner dans leur pays et de rebâtir leur temple. Le grand Bossuet, dans son ouvrage de la Formation des empires, a loué Cyrus de cette action dans des termes magnifiques. Cyrus, à ses yeux, n'a été que l'exécuteur des volontés de Dieu. Nous ne pouvons que nous associer aux sentiments de Bossuet. En effet, Cyrus, en cette circonstance, se conduisit comme aurait pu le faire un monarque chrétien.

Enfin, après avoir soumis toute l'Asie mineure, étendu son empire de la Méditerranée aux rives de l'Indus, et du Caucase au golfe Arabique; après avoir fondu cent peuples dans la même organisation administrative et militaire, Cyrus, au dire d'Hérodote, périt dans une expédition contre les Massagètes. Selon le rapport d'Hérodote toujours, Tomyris, reine de ces peuples, lui aurait fait trancher la tête, et, la plongeant dans une outre pleine de sang, l'aurait apostrophée en ces termes : « Rassasie-toi donc, ô Cyrus, de ce sang humain dont tu as été si avide durant ta vie. » Inculpation de cruauté évidemment injuste, car si Cyrus avait été cruel et avide de sang, il n'aurait point pardonné à Crésus, ni permis aux Juifs de retourner dans leur patrie. D'autres historiens admettent tout sim-

plement qu'il mourut dans son lit, et qu'avant de
mourir, il ordonna qu'on le fît enterrer, contrairement à la coutume antique, afin, disait-il, d'être
encore utile après sa mort en servant à engraisser
le sol. Si ce dernier trait n'est pas un conte d'historien, il prouverait une dernière fois en faveur de
Cyrus, en établissant, sous un autre rapport, la
supériorité de son caractère.

Inutile de faire observer que Salomon, David,
Cyrus et Alexandre le Grand ont été tous, à différents degrés, de hautes personnifications du principe d'autorité; et que législatif et exécutif, centralisation et cumul des pouvoirs, ordre judiciaire,
propriété et nationalités, ils ont tout résumé, tout
concrété en eux. Et toujours pour la même raison, parce que, à leur époque, rien ne pouvait
être encore divisé, séparé, classé, conformément
aux tendances du progrès social. La monarchie a
été à l'origine la concentration de toutes les forces
qui, aujourd'hui, sont constituées à part, ou en voie
de constitution dans nos sociétés libres.

Nous avons dit que la monarchie, en l'emportant sur le régime sacerdotal et en le soumettant à
sa prépondérance, avait été le triomphe de la liberté
civile et politique sur le principe d'autorité primitif : nous maintenons ce fait. Mais si la monarchie se montra fidèle aux intérêts du progrès d'un
côté, elle renfermait dans ses entrailles un germe
de corruption qui, au fur et à mesure que la liberté

gagnerait du terrain, devait se développer et la ramener à la tradition du principe d'autorité. Première émanation du progrès, elle devait devenir réfractaire à ce progrès. En cela consiste la loi contradictoire dont nous avons déjà mentionné des effets, et dont la monarchie et la théocratie nous offrent un nouvel exemple. Toute puissance vient de Dieu; *omnis potestas a Deo*. A ce titre, la monarchie devait prétendre à l'éternité et à l'incorruptibilité de son principe. Au lieu d'étendre ses conquêtes, de suivre son mouvement dans le sens de la liberté, elle se ramassa bientôt égoïstement sur elle-même pour s'opposer à toute tentative d'émancipation intellectuelle ou politique s'exerçant en dehors de son cercle étroit. Les peuples trop fréquemment furent replongés sous le joug ou écrasés violemment sous son char de triomphe. De là des insurrections, des guerres d'indépendance terribles, des révoltes étouffées dans le sang, mais que la monarchie aurait pu éviter avec un système tolérant et moins absolu. Il était à supposer que les peuples, assujettis au sceptre des conquérants et perdus dans l'organisme trop vaste des premiers empires, secoueraient le poids de leur sujétion pour se constituer à part, selon la nature de leurs mœurs et de leurs intérêts. Ainsi finirent, en raison principalement de leur étendue et de leur hétérogénéité de peuples, l'empire des Perses, celui des Assyriens et celui d'Alexandre le

Grand. On peut y joindre celui des Romains; empires qui ont servi à la civilisation en lui faisant obstacle sous un autre rapport. Par ses exactions financières, ses dilapidations, ses tributs et ses impôts exagérés, la monarchie, tout en stimulant le génie inventif des nations, apporta aussi des retards malheureux dans l'accroissement de l'industrie. Cette dernière considération s'applique aux monarchies anciennes tout aussi bien qu'aux monarchies modernes.

De sorte que, réveillés un moment de leur torpeur religieuse, de leur apathie contemplative par la monarchie, cette colonne de feu qui les éclairait et leur ouvrait la marche, les peuples devaient retomber dans la profonde nuit, et qu'il fallut un idéal nouveau, une phase plus énergique d'activité pour les en retirer. Les éléments de réaction logique que contient l'autorité contre la liberté éclataient ici et se retournaient contre les peuples qui étouffaient.

Alors un pacte infernal fut conclu dans l'ombre et à l'écart : s'appuyant l'une sur l'autre, associant leurs destinées communes, réunissant leurs efforts, on vit deux puissances, la monarchie et la théocratie, s'intéresser au même ordre de choses et pousser simultanément à l'asservissement des peuples. L'Écriture dit, en parlant de David, que, loin d'imiter Saül, son prédécesseur, il fit alliance avec le pouvoir sacerdotal et devint lui-même prophète.

Ce passage de l'Écriture n'a pas besoin de commentaires. Avec une rigueur nouvelle, et d'un commun accord, on sévit contre les déprédateurs des Dieux, contre les athées, les libres penseurs ; on applaudit aux vieilles superstitions, on les remit en honneur. Un Antiochus Épiphane, rebelle au dogme sublime de l'unité de Dieu, tortura une mère et ses sept enfants pour les contraindre à l'abjuration ; Daniel fut jeté dans la fosse aux lions. On persécuta les Guèbres et d'autres sectaires de la Chaldée à cause de leur religion qui, disait-on, était une offense aux Dieux du paganisme. C'est surtout sous l'Empire que ce mouvement d'opposition brutale aux tendances d'émancipation de l'humanité se manifesta. S'alliant au sacerdoce, épousant la cause de sa suprématie et de son intolérance, les empereurs romains rivalisèrent d'ardeur et de haine pour anéantir les chrétiens et étouffer au berceau une doctrine qui, en arrachant le monde aux mœurs de l'idolâtrie, devait le régénérer et le convier à des destins plus grands.

La théocratie avait été le gouvernement des Dieux sur l'homme par l'entremise des prêtres ; la monarchie, succédant à la religion dans sa tâche de constitution sociale et son esprit d'émancipation et de compression à la fois, fut le gouvernement des rois sur l'homme, et une première altération du principe d'autorité. Par l'avénement de la monarchie, le problème se simplifiait, il descendait des

hauteurs célestes sur la terre et se rendait, en dépouillant son enveloppe religieuse, plus accessible
aux interrogations de la philosophie. Il reniait en
quelque sorte ses attributs divins pour se poser
hardiment, et sans le secours d'aucun prestige
étranger, en face de la liberté. Que la monarchie
s'obstine maintenant dans son système de compression, qu'elle réagisse quelque temps encore
contre les tendances du progrès, et la liberté, la
prenant corps à corps, et l'ébranlant au bruit des
soulèvements de peuples, des insurrections de la
pensée, va l'enlever à la façon d'Hercule et l'étouffer entre ses bras puissants.

CHAPITRE VI.

Républiques des Anciens. — Législations de Lycurgue et de Solon. —
Appréciation des républiques de l'antiquité à leur point de vue.

L'établissement de la république, chez les anciens, est un fait à l'honneur de la monarchie. Rapportons-le afin de rester fidèle à l'esprit de haute impartialité que nous avons adopté, et qu'on retrouvera toujours, nous l'espérons, dans cet ouvrage.

Deux armées sont en présence dans les plaines de l'Attique ; on est sur le point d'en venir à l'action, et partout déjà brillent les apprêts du combat. Il s'agit pour les Athéniens de repousser l'invasion des Héraclides, et pour ces derniers de reconquérir un trône. Mais un oracle précédent a fait entendre sa voix et prédit la victoire au peuple dont le roi se dévouera à mort. Codrus apprend cet oracle qu'on lui cachait avec soin, les Athéniens aimant mieux s'exposer à l'inconstance des armes que de perdre leur roi. Il prend son parti sans hésiter, se déguise en paysan, et, sous l'incognito, se rend au camp des Héraclides. Arrivé aux premiers retranchements, il rencontre des soldats, leur cherche querelle et se fait tuer par eux. La renommée de cet événement pénètre aussitôt dans l'intérieur du camp, et les chefs de l'armée ennemie d'accourir sur les lieux du combat pour réprimer ce qu'ils prennent pour un désordre. On examine alors le cadavre, on le tourne et retourne, et, sous les vêtements vulgaires qui le couvrent, on reconnaît Codrus. Immédiatement le souvenir de l'oracle se présente aux esprits, on s'en alarme, et la terreur se répand dans l'armée d'invasion. Loin de vouloir combattre, on ne songe plus qu'à rétrograder. Les Héraclides eux-mêmes sont obligés de donner le signal de la retraite et tout se débande. — Athènes, la ville de Minerve, est sauvée.

Reconnaissants envers leur roi et désespérant d'en retrouver un pareil, les Athéniens abolirent la royauté à partir de ce moment, et la remplacèrent par *l'archontat*. Cette magistrature ne laissait à celui qui en était honoré qu'une partie des anciens pouvoirs possédés par les rois.

Les grands exemples de dévouement ne sont point contagieux. A part donc la belle action de Codrus, le régime théocratico-monarchique, par son esprit étroit de concentration et son système d'arbitraire absolu, appelait la liberté à des conquêtes nouvelles. Ces conquêtes allaient être les résultats des luttes les plus héroïques. Pisistrate, à Athènes, ayant reconstitué la tyrannie à son profit, Harmodius et Aristogiton se levèrent et l'abattirent de nouveau dans la personne d'Hipparque, l'un des fils de Pisistrate. Ils le tuèrent au milieu d'une fête. Du coup, la royauté ne se releva plus, et la plupart des villes de la Grèce, marchant sur les traces d'Athènes, substituèrent définitivement la république à la royauté.

Le mouvement de protestation contre les rois s'étendit rapidement : des villes de la Grèce, il atteignit Rome et passa jusqu'en Afrique. Tout le monde ancien tressaillit électriquement à l'appel de la liberté républicaine. Rome chassa les Tarquins, et, par l'initiative du vieux Brutus, réalisa la république sur la création d'un sénat et la nomination de deux consuls annuels. Carthage procéda de même : un sénat et deux suffètes y personnifièrent la transformation politique qui s'accomplissait chez les peuples les plus avancés en civilisation.

Nous allons examiner à présent quelle fut la constitution des républiques de l'antiquité et en déduire la philosophie au point de vue du progrès. Il est important de savoir si ces républiques ont mérité leur nom, et si surtout elles peuvent, en nos temps modernes, être invoquées comme types et comme modèles. On en a tant usé et abusé au siècle dernier, on nous paraît disposé à en tant user et abuser encore de nos jours, que nous croyons utile d'appeler l'attention sur ce point scabreux.

Lycurgue et Solon furent les premiers législateurs de la Grèce ; c'est donc à leurs législations qu'il faut se reporter pour avoir la constitution civile et politique des anciennes républiques.

On a vu que le pouvoir, qui d'abord succéda à la royauté, à Athènes, fut l'archontat. Médon, fils de Codrus, fut le premier archonte perpétuel. Il eut pour successeurs ses douze descendants. Mais cette magistrature, venant à inspirer des ombrages, on en réduisit la durée à dix années. Soixante-dix ans plus tard, il fut décidé encore qu'elle ne durerait plus qu'un an, et qu'elle serait partagée entre neuf magistrats. Le premier s'appelait l'archonte éponyme, parce qu'on désignait l'année par son archontat ; le second était l'archonte roi, plus particulièrement chargé des cérémonies du culte ; le troisième, l'archonte polémarque, avait dans ses attributions tout ce qui concernait la guerre. Les six autres étaient appelés thesmothètes (législateurs).

Au moyen de l'archontat, les familles aristocratiques d'Athènes s'emparèrent de l'autorité et en abusèrent longtemps. Le peuple réagit contre la domination des grands, et de cette première protestation surgit la législation de Dracon. Cette législation prenait le citoyen au moment de sa naissance, le soumettait en tout au contrôle de l'État et prescrivait, assez semblable sous ce rapport à celle de Lycurgue, la manière dont on devait le nourrir, l'élever, en le suivant dans les différentes époques de sa vie. Elle avait pour sanction une pénalité rigoureuse : la mort était infligée pour tous les délits indistinctement. Cette législation ne réussit pas : le remède se trouva si violent que le malade s'en alarma. Les murmures éclatèrent de toutes parts contre Dracon, et ce législateur, obligé de fuir pour échapper aux ressentiments du peuple, se retira dans l'île d'Égine où il mourut. Dracon était, du reste, un homme d'un caractère honorable et auquel on doit le respect. Sa législation inflexible eût pu convenir à un Moïse ; mais s'adressant aux Athéniens, peuple déjà civilisé, elle ne pouvait qu'aboutir à une catastrophe pour son auteur. Elle était d'un démocratisme désespérant sous le rapport de la pénalité.

A Dracon succéda Solon. Solon était né d'un père dont la fortune peu considérable avait encore été diminuée par l'excessive générosité avec laquelle il obligeait tout le monde. Sa famille était illustre : elle descendait de Codrus. Solon se livra d'abord au commerce et ne tarda pas à augmenter considérablement les biens que lui avait laissés son père Exécestide. Mais quand il eut acquis assez de fortune pour pouvoir vivre honorablement, il abandonna le commerce et s'adonna aux affaires publiques.

C'est à cette époque que les Athéniens, fatigués de troubles et d'anarchie, jetèrent les yeux sur Solon pour leur donner des lois. Le peuple, désirant trouver en lui un rempart contre la tyrannie des

grands, lui offrit d'abord la couronne ; il la refusa.
Élevé à la charge de premier archonte, il entreprit
de rétablir le calme dans sa patrie par de sages
lois. Les pauvres désiraient un partage égal des
terres : Solon, trop sage pour consentir à une mesure qui eût été funeste à ceux-là mêmes qui la demandaient, se contenta d'abolir les dettes. Mais,
comme d'un côté la cupidité, et de l'autre la misère, devaient bientôt en occasionner de nouvelles, il
assura pour l'avenir la liberté du pauvre en défendant que le débiteur insolvable pût être réduit en
esclavage ou contraint de vendre ses enfants. Cette
loi attira d'abord à Solon la haine des deux partis ;
mais plus tard ils en reconnurent eux-mêmes la
sagesse et confirmèrent Solon dans sa magistrature.
Il abolit ensuite les lois de Dracon et leur en substitua de plus conformes au génie des Athéniens.

« *Division du peuple.* Solon divisa les citoyens en
quatre classes, d'après leur revenu annuel : ceux
de la première, les pentacosi-médimmes, avaient
un revenu de cinq cents médimmes ; ceux de la seconde, les chevaliers, en avaient un de quatre cents ;
ceux de la troisième, les zeugites, un de trois cents ;
ceux qui avaient un moindre revenu furent appelés
thètes et placés dans la quatrième classe.

» Les anciennes divisions par têtes en tribus
(φυλαι), au nombre de quatre, ou d'après les lieux
où les citoyens habitaient, en *dêmes* (δημη) dont on
comptait jusqu'à cent soixante-dix, furent conser-

vées. Il n'y avait que les citoyens des quatre premières classes qui pussent arriver aux charges publiques ; mais tous avaient le droit de voter dans les assemblées du peuple et de voter dans les tribunaux. » *Division du peuple* ou *distinction des castes*, c'est donc toujours la même méthode d'organisation. Le législateur politique débute comme le législateur religieux. Il divise aussi afin de se reconnaître dans le chaos des premiers temps et de créer l'*ordre*. Le principe de distinction et de séparation est le levier sur lequel il s'appuie pour lancer le char du progrès dans la bruyante carrière qu'il doit parcourir. Seulement, au lieu d'une sanction tout emblématique et reposant sur des mythes, le législateur politique fait intervenir pour consolider son œuvre constituante, des tribunaux civils et criminels et une pénalité toute pratique qui atteindra l'homme dans cette vie et non dans l'autre, préludant par là à la transformation de la fiction en institution positive. La division du peuple, dans les anciennes républiques, n'entraînait pas non plus après elle le préjugé de déchéance religieuse auquel étaient soumises les castes maudites de l'Inde et de l'Égypte ; cependant il n'est permis qu'aux trois premières classes d'aspirer aux fonctions publiques, et, en outre, la législation consacrera l'esclavage. On peut induire de là que la civilisation procéda partout par les mêmes moyens.

« *Archontes.* Solon laissa les archontes à la tête

de la république, et cette magistrature n'éprouva aucun changement. Les fonctions des archontes étaient purement civiles : ils étaient chargés de la police, des approvisionnements et de la sûreté intérieure. Ils tiraient au sort les citoyens qui devaient être juges, et mettaient les tribunaux en activité. En entrant en charge, ils juraient de maintenir les lois ; en en sortant, ils étaient tenus de rendre compte de leur administration devant le tribunal de l'aréopage. Leur personne était sacrée pendant la durée de leur administration. Nous avons indiqué plus haut les attributions spéciales de chacun de ces magistrats suprêmes, et les diverses dénominations par lesquelles on les distinguait entre eux.

» *Aréopage.* Aux fonctions judiciaires que l'aréopage exerçait depuis sa fondation, Solon ajouta des attributions politiques très étendues. Il lui confia la surveillance générale de l'État, le maintien des lois et de la religion, l'éducation de la jeunesse, la censure des mœurs, l'inspection sur les finances, les édifices publics et les forêts. Les archontes sortant de charge entraient dans l'aréopage, si, après un examen sévère, on reconnaissait qu'ils avaient bien mérité de la patrie. Le nombre des membres de ce tribunal était illimité. Ils étaient présidés par le second archonte ; ils votaient en prenant un caillou et en le déposant en silence, soit dans l'urne de la *mort,* qui était de bois, soit dans celle de la *pitié*, qui était d'airain. Lorsque les suffrages se trouvaient également partagés, un héraut jetait un caillou de plus dans l'urne de la *pitié*. C'est ce qu'on appelait le suffrage de Pallas, en mémoire de celui que l'on prétendait avoir été donné par cette déesse, pour l'acquittement d'Oreste. Le vote était secret et les jugements sans appel : le droit de réviser et de casser les décisions du peuple appartenait aussi à l'aréopage.

» *Sénat.* Le sénat était composé de quatre cents membres; on en prenait cent dans chaque tribu, parmi les citoyens qui appartenaient aux trois premières classes. Il était renouvelé chaque année par la voie du sort; mais avant d'entrer en charge, les sénateurs étaient soumis à un examen sévère devant l'assemblée du peuple, et si leur vie n'était pas exempte de reproche, on les remplaçait par d'autres tirés de même au sort. Chaque membre, à sa sortie du sénat, devait rendre compte de sa conduite. Les décrets du sénat se rendaient à la pluralité des voix ; on procédait au scrutin avec des fèves blanches pour l'acceptation et des fèves noires pour le rejet. Les sénatus-consultes relatifs aux détails de l'administration et aux affaires privées étaient exécutés sans avoir besoin de la sanction du peuple : ceux qui concernaient le gouvernement et l'administration n'avaient force de loi qu'après l'acceptation du peuple : ce n'était jusque-là que des projets de décrets.

» *Assemblée du peuple.* Tout citoyen âgé de vingt ans avait droit de suffrage. Après une prière aux Dieux pour le salut de la république, on exposait le sujet de la délibération; puis le héraut invitait à monter à la tribune ceux qui avaient un avis utile à donner à la république. Après la discussion on allait aux voix : chacun donnait sa voix en élevant la main : quelquefois aussi on prenait les suffrages par la voie du scrutin. On relisait ensuite le décret; et s'il n'y avait pas de réclamation, les magistrats congédiaient l'assemblée. Il y avait des hommes qui se vouaient au ministère de la parole : on les appelait orateurs, et ils jouissaient d'un grand crédit. Ils ne pouvaient se mêler des affaires publiques sans avoir subi un examen sur leur conduite. Tout citoyen avait le droit de poursuivre un orateur en justice, si sa vie n'était pas irréprochable. Aucune affaire concernant le gouvernement ne pouvait être portée devant le peuple, si préalablement elle n'avait été discutée par le sénat. C'était aussi dans l'assemblée du peuple qu'étaient élus les magistrats.

» *Tribunaux civils et criminels.* On ne connaît guère quels étaient les tribunaux civils d'Athènes au temps de Solon. Quant aux tribunaux criminels, il paraît qu'ils étaient au nombre de cinq, l'aréopage compris, et que leur institution était antérieure à Solon. L'aréopage était le premier des tribunaux criminels; ses jugements étaient sans appel. Les autres tribunaux étaient composés de citoyens tirés au sort, et pris indistinctement dans toutes les classes. On pouvait appeler de leurs jugements au peuple; ils étaient présidés par un archonte: c'étaient :

» 1° Le palladion, où siégeaient les éphètes. Dracon avait augmenté l'autorité de ces magistrats; Solon la réduisit à connaître des meurtres non prémédités et des complots découverts avant d'avoir reçu un commencement d'exécution;

» 2° Le delphinion, dont les juges siégeaient dans le temple d'Apollon Delphien. Institué par Égée, il jugeait les causes où l'accusé s'avouait coupable d'un meurtre, mais en prétendant qu'il avait eu le droit de le commettre;

» 3° Le prytanée, qui connaissait des meurtres dont les auteurs étaient ignorés, ou qui avaient été causés par des êtres inanimés;

» 4° Le tribunal du phréate, institué pour ceux qui, chassés de l'Attique, à cause d'un meurtre involontaire, étaient de nouveau appelés en jugement pour un assassinat. Comme ils ne pouvaient mettre le pied sur le sol de l'Attique, le jugement avait lieu sur le bord de la mer, et ils plaidaient leur cause du haut d'un vaisseau. »

Telle est, en substance, la législation qu'on a attribuée à Solon. Passons maintenant à celle de Lycurgue; et d'abord quelques mots sur ce législateur.

Le père de Lycurgue se nommait Eunomus, et il était roi de Sparte. Fils de roi, et ayant été roi lui-même, Lycurgue, versé dans la politique, était en position de remplir son rôle de législateur. On raconte de Lycurgue un trait de grandeur d'âme qui a contribué à le rendre fameux, et dont un ancien seul pouvait être capable. A la mort de Polydecte, son frère aîné, il était monté sur le trône ; mais ayant appris que la femme de son frère était enceinte, il déclara que la couronne appartiendrait à l'enfant auquel elle donnerait le jour. La veuve de Polydecte lui fit dire qu'elle ferait périr le fruit qu'elle portait dans son sein, s'il voulait lui promettre de l'épouser quand il serait roi. Lycurgue rejeta la proposition. Après cet acte de désintéressement, il quitta Sparte et se rendit dans l'île de Crète pour y étudier les lois et le gouvernement. Mais de retour bientôt dans sa patrie, il s'entendit avec son neveu Charilaüs pour réaliser le système politique qu'il avait médité dans ses voyages. Voici l'exposé de ce système politique :

« Lycurgue restreignit le pouvoir royal en le subordonnant aux lois et en lui donnant pour contre-poids l'autorité du sénat ou conseil des vieillards (γερουσια). Il n'admit dans ce sénat, qui devait être composé de vingt-huit membres (de trente en y comprenant les deux rois), que des vieillards âgés de plus de soixante ans et dévoués à la cause de la réforme.

» Il régla pour l'avenir le mode d'élection : quand un géronte venait à mourir, les vieillards de sa section demandaient sa place. Le peuple s'assemblait sur la place publique, et chaque candidat la traversait en silence. Près de là, quelques sénateurs, enfermés dans une maison, notaient sur des tables la force des acclamations que le passage de chaque candidat avait excitées dans la foule, et celui qui avait été le plus vivement salué par des cris était proclamé géronte ou membre du sénat. Il se rendait alors dans tous les temples des Dieux une couronne de fleurs sur la tête, avec une troupe de jeunes hommes qui célébraient sa vertu. Au festin public du soir, il était honoré d'une double portion.

» Une fois élus, les gérontes n'étaient soumis à aucun contrôle ; ils décidaient même sans lois écrites. Leurs attributions étaient l'administration civile et l'administration judiciaire. Ils votaient à la pluralité des voix sur tous les objets qui intéressaient l'État, et leur décision était ensuite portée à l'assemblée du peuple. Comme cour de justice, le sénat décidait souverainement des affaires criminelles et punissait d'infamie ou de mort. Le sénat, ou autrement dit la γερουσία, servit d'intermédiaire entre la royauté et le peuple, jusqu'au temps où un quatrième pouvoir, celui des éphores, lui ravit ses plus importantes fonctions.

» Les rois étaient juges souverains conjointement

avec le sénat, dont ils présidaient les délibérations. En leur absence, on leur donnait pour remplaçants deux sénateurs qui déposaient d'abord leurs suffrages en cette qualité et votaient ensuite pour eux-mêmes.

» C'était aux rois qu'appartenait la direction des affaires extérieures de la république ; c'étaient eux qui envoyaient les députés et nommaient les proxènes, magistrats chargés de recevoir et de traiter les étrangers auxquels l'État accordait l'hospitalité.

» Ils étaient les chefs perpétuels des armées, et leur puissance en temps de guerre était immense. Une fois qu'ils avaient quitté le sol de la patrie, ils avaient droit de vie et de mort sur tout citoyen. A leur retour, ils devaient rendre compte de leur conduite.

» Ils exerçaient exclusivement les deux sacerdoces de Jupiter céleste et de Jupiter lacédémonien : ils entretenaient aussi les rapports de l'État avec l'oracle de Delphes ; ils nommaient les pythiens, magistrats chargés de lire et d'expliquer les oracles.

» Le peuple de Sparte était composé de trois tribus : les Hylléens, les Pamphyles et les Dynames. Chacune de ces tribus se divisait à son tour en dix sections. Toutes ces sections réunies nommaient aux magistratures supérieures. Tous les Spartiates étaient égaux ; cependant les Héraclides, et par conséquent la tribu des Hylléens, dont ils faisaient partie, jouissaient de certaines prérogatives.

» Le peuple avait des assemblées particulières où se décidaient les questions relatives aux intérêts privés, et des assemblées générales qui se tenaient tous les mois le jour de la pleine lune, en plein air, entre l'Eurotas et le Gnacion. Là il délibérait sur les objets les plus importants, tels que les affaires étrangères, les déclarations de paix ou de guerre, l'élection des gérontes, les propositions faites par les rois ou les magistrats supérieurs. Il n'était pas permis à un seul citoyen de parler au peuple qui votait par oui et par non. Dans la suite il s'arrogea le droit de corriger et d'amender les projets de loi; mais alors les rois Théopompe et Polydore, de concert avec les Pythiens, firent paraître un oracle qui leur permettait de congédier l'assemblée quand ils le jugeraient convenable. Ce droit d'amender et de corriger les projets de loi était en effet une arme trop redoutable entre les mains du peuple. Par la faculté qu'ils avaient de congédier l'assemblée à propos, les rois neutralisaient ce que ce droit avait de trop scabreux.

» Plus tard, on compléta la législation de Lycurgue par l'établissement des éphores. Ces magistrats étaient au nombre de cinq. Ils avaient le pouvoir de suspendre les rois et de les mettre en prison, comme cela eut lieu à l'égard de Pausanias. Les éphores pouvaient être choisis entre les citoyens les plus pauvres.

» Lycurgue distribua en outre les terres de la La-
conie aux Périæques, tributaires de Sparte, après
en avoir fait trente mille parts. Il divisa aussi en
neuf mille parties le territoire de Sparte, et les
donna aux neuf mille familles doriennes. Il introduisit en même temps dans les mœurs des Spartiates l'usage d'une monnaie de fer pesante pour
suffire aux nécessités des échanges, le principe
d'éducation des enfants par l'État, et les repas
publics. D'après son principe d'éducation, les enfants appartenaient à l'État. Sitôt qu'il en naissait
un, les anciens de chaque tribu le visitaient, et s'ils
le trouvaient bien fait, fort et vigoureux, ils ordon-
naient qu'on l'élevât. Ceux qui étaient mal constitués étaient exposés sur le mont Taygète. Chaque
citoyen était tenu de prendre part aux repas publics ; personne ne pouvait manger chez soi en particulier ; les tables étaient chacune d'environ quinze
personnes. Chacun apportait par mois ses provi-
sions : un boisseau de farine, huit mesures de vin,
cinq livres de fromage, deux livres et demie de
figues et quelque peu de monnaie pour l'assaison-
nement des vivres. Les rois eux-mêmes ne pouvaient se dispenser d'assister à ces repas, et longtemps après Lycurgue, le roi Agis, au retour d'une
expédition glorieuse, ayant voulu manger seul avec
la reine, fut réprimandé et puni. »

Après la publication et l'acceptation de leurs
lois, Lycurgue et Solon s'expatrièrent volontaire-

ment. Lycurgue ne devait point revoir Lacédémone. Solon, après une absence de dix ans, revint à Athènes, mais ce fut pour y assister à la modification de sa législation et à l'élévation au trône du fourbe Pisistrate. Cependant les principaux points de sa législation furent conservés et contribuèrent à la prospérité politique des Athéniens.

Rome, nous l'avons dit, réalisa la république sur la création d'un sénat et la nomination de deux consuls annuels. Le peuple resta partagé en deux classes principales : les patriciens et les plébéiens. Les assemblées s'appelaient centuriates. Par suite de la retraite du peuple sur le mont Sacré, on institua le tribunat pour servir de garantie au peuple et sauvegarder ses droits. Aux patriciens, du reste, tous les profits du nouvel ordre de choses. Eux seuls composent le sénat et remplissent toutes les charges de l'État. Par le sénat, ils ont l'initiative des lois et le gouvernement journalier de la république. Par les assemblées centuriates, ils font les lois qu'ils ont discutées dans le sénat, jugent en dernier ressort les affaires extraordinaires, décident de la paix et de la guerre, créent les consuls et les autres magistrats. Tout pouvoir, en un mot, leur appartient : ils ont le monopole de la religion, car ils remplissent toutes les charges de prêtres et d'augures ; ils ont le monopole de la richesse, car lorsque des terres ont été conquises sur l'ennemi, le sénat avait le droit d'en disposer. Il en fait trois parts : l'une est vendue au profit de l'État ; l'autre, et sans doute la plus faible, est distribuée aux plus pauvres citoyens ; la troisième enfin est affermée au profit de l'État. Or, les patriciens étaient seuls assez riches pour prendre les terres à ferme, et bientôt par la connivence de ceux qui étaient chargés de distribuer ces terres, de fermiers qu'ils étaient, ils devenaient propriétaires. Ils avaient la part la plus large dans le butin. Ils avaient le monopole de la justice, car le sénat jugeait les causes extraordinaires, et ses membres fournissaient les seuls juges qui fussent connus dans la république. D'ailleurs, le droit était alors à Rome une chose confuse, indéterminée, et ce vide laissait évidemment à la disposition des grands un arbitraire qu'ils exploitaient à volonté. Enfin, par le mariage qu'ils ne pratiquaient qu'entre eux, les patriciens, par l'incorruptibilité de leur race, assuraient leur domination hautaine.

Plus tard, sous le gouvernement des décemvirs, la législation des Douze tables ayant été apportée de la Grèce, les anciennes coutumes se trouvèrent modifiées. Le peuple y gagna la fixation et la régularisation d'une espèce de droit commun. Les grands n'eurent plus le pouvoir de prononcer arbitrairement dans certaines questions difficiles.

La loi des Douze tables contient des dispositions politiques, civiles et de police, qui sont remarquables. En politique, le principe de la souveraineté populaire est consacré. Il y est dit : « Ce que le peuple a ordonné en dernier lieu sera la loi. » Au point de vue civil, les droits du père sur ses enfants et ceux du mari sur sa femme sont absolus. Un père a le droit de vendre ses enfants jusqu'à trois fois. Un mari peut mettre sa femme à mort, même pour avoir bu du vin. Les règlements de police y sont établis en grand nombre; on y voit figurer celui-ci : « La voie publique doit avoir huit pieds de largeur, seize là où elle tourne. »

Quant au système de pénalité, il est celui que l'on rencontre chez tous les peuples primitifs; c'est celui du talion : membre pour membre, bras pour bras, œil pour œil. Nous renvoyons le lecteur, pour une connaissance plus étendue de la loi des Douze tables, aux fragments que nous en ont laissés Cicéron et Tite-Live.

La législation des Douze tables n'arrêta point les grands dans leur intolérance et leur tendance à la tyrannie. Le peuple fut toujours obligé de réagir contre eux. Cette réaction nous conduira aux luttes du tribunat et à la dictature de César.

Voilà, en abrégé, la constitution des anciens États républicains. Maintenant apprécions. Après Rome et Athènes, il est inutile de parler de Carthage, qui, au point de vue politique et guerrier, n'eut guère que la gloire de produire Annibal, le rival de Scipion. En établissant, sous le rapport économique et commercial, son parallèle avec

Rome, nous reviendrons sur la cité africaine.

En demeurant dans le domaine de l'antiquité, nous constaterons que les républiques ou démocraties anciennes ont, telles qu'elles ont existé, incontestablement contribué au progrès. Il y aurait incapacité ou mauvaise foi à n'en pas convenir. En effet, le principe d'autorité, dans la monarchie, tout en consacrant certains droits sociaux, n'avait toujours représenté jusque-là qu'un intérêt unique, l'intérêt du monarque (μονος αρχη). Par l'intervention de la démocratie, le principe d'autorité passait dans les grands corps politiques, et, malgré les prérogatives qui purent être conservées au profit des classes supérieures, il entrait dans les vues du grand nombre en légitimant des *intérêts collectifs*. Dans ce point fondamental sont contenus tous les avantages sociaux dont peuvent se glorifier les anciennes démocraties, et c'est immense! Car, s'il est vrai que ces intérêts collectifs ne furent pas ceux du monde entier, puisque l'esclavage et un prolétariat exubérant déshonoraient la civilisation d'alors dans les beaux temps de sa splendeur, ils furent, on le reconnaîtra, ceux des grands, et cela nous suffit. Ils furent ceux de plusieurs sur les droits exclusifs d'un seul appelé roi et qui était tout dans son système : propriété, justice, impôts, nationalités, etc. S'introduisant de vive force dans le vieux système théocratico-monarchique, et parvenant à leur représentation légale, ces intérêts

acquirent la puissance légiférante et constituèrent,
par le fait de leur avénement, une nouvelle situation sociale, où le principe d'autorité, se noyant
en quelque sorte dans une séparation et classification plus larges des fonctions publiques, commença
à s'effacer devant l'initiative triomphante des masses
déshéritées. L'empire des césars surviendra avec
sa triple synthèse ou centralisation, pour rendre au
principe d'autorité sa première homogénéité gisante
au fond même des nouveaux éléments d'organisation
mis en relief par la démocratie; mais, en attendant,
ce principe se dissolvait sous le souffle d'un état
politique plus en rapport avec les intérêts généraux. C'était un fleuve qui, après avoir écoulé ses
eaux entre les deux rives d'un lit resserré, s'enflait
tout à coup et débordait dans les campagnes pour
les fertiliser. On ne peut envisager autrement,
pour les concevoir dans leur rôle initiateur, les
démocraties de Rome et d'Athènes. Par leurs
sénats, leurs assemblées populaires, leur forum,
leur place publique et leurs tribunes, il est manifeste que ces démocraties, en appelant les hautes
classes aristocratiques, et même les simples citoyens, à la participation des affaires publiques,
ont agrandi la sphère d'action de la liberté, qu'elles
en ont étendu les rapports, développé les intérêts, et qu'elles ont, en fin de compte, inauguré
dans le monde une phase plus glorieuse de civilisation.

Attaquant le dogme de la déchéance au cœur et dans sa source, elles ont préludé à la réhabilitation de l'homme dans sa dignité, en lui attribuant des droits comme citoyen de l'État. Tout homme qui, comme à Athènes, participait publiquement de son vote aux affaires de son pays, qui les discutait et s'en rendait compte, qui pouvait incriminer ses orateurs, citer ses fonctionnaires publics en justice et exiger un compte sévère de leur conduite, ne devait pas nécessairement se regarder comme un être déchu, un vil suppôt de tyrannie. Il ne pouvait avoir, au contraire, qu'une trop haute opinion de sa valeur personnelle. Il est des formes de gouvernement qui ravalent l'homme à l'état d'ilotes ou d'automates, d'autres qui l'élèvent à ses propres yeux, en lui inspirant de nobles sentiments, ou de grandes passions : telle fut, à cet égard, la démocratie chez les anciens.

Un autre grand avantage obtenu par les démocraties de l'antiquité, c'est que ces démocraties, par la forme et le fond de leurs constitutions politiques, surent pousser à l'amour de la patrie, et porter cet amour jusqu'à l'exaltation. Il en devait résulter des actions étonnantes et des événements que nous admirons encore. Sans leurs démocraties, les Grecs n'eussent jamais certainement résisté aux efforts réitérés des Perses, et eussent été anéantis cent fois. Le même phénomène d'amour de la patrie

et de son exaltation se reproduira en **1792**, quand
la France, sortant violemment du vieux moule monarchique, et se lançant dans un régime analogue
à celui des anciennes républiques, se verra obligée
de s'opposer aux coalitions de l'Europe et de vaincre partout pour consolider sa révolution sur les
principes modernes. M. de Lamartine, à l'aspect de
si grandes choses, écrira alors dans son *Histoire
des Girondins :* « Quand un peuple éprouve le besoin
de faire ses affaires lui-même, il prend la république ; quand ces affaires sont terminées, il se repose
dans la monarchie. »

Il n'est pas jusqu'à la rivalité des classes, l'orgueil des grands et leurs ambitieuses prétentions,
qui, en entretenant au sein de ces républiques un
état permanent d'agitation, n'aient été une cause
active de prospérité. Qu'eût été Rome sans ses patriciens orgueilleux, sans ses prolétaires affamés ?
une ville d'Orient ou d'Égypte, sans mouvement et
sans vie, une nécropolis, une ville des tombeaux.
Le Forum avec ses luttes, ses joutes oratoires, ses
séditions tumultueuses, voilà Rome démocratique !
C'est l'existence d'une ville qui aspire à la domination de l'Italie et qui porte dans ses flancs la conquête du monde. Quelle énergie dans ce peuple
romain ! Indigné une première fois des hauteurs
patriciennes, il abdique avec dignité et se retire sur
le mont Sacré. Il ne rentre dans Rome qu'après
avoir obtenu une éclatante réparation et conquis

la création du tribunat. De ce tribunat sortiront les Gracques pour tonner contre d'impi-
toyables tyrans et monter à l'assaut de leurs priviléges. Ils succomberont, mais de leur cendre
naîtra Marius! Marius moins grand, comme l'a
dit Mirabeau, pour avoir vaincu les Cimbres que
pour avoir anéanti dans Rome l'aristocratie de la
noblesse. Précédemment, dans un transport de
colère qui avait ébranlé la cité de Romulus jusque
dans ses fondements éternels, on avait abattu les
décemvirs et changé la constitution du pays. Pein-
dre en passant les agitations politiques du peuple-
roi, c'est affirmer le progrès dans ses péripéties
émouvantes.

A Athènes, — et cela n'est point enregistré en
termes ambigus, — tout citoyen âgé de vingt et un
ans avait droit de suffrage et participait au gouvernement. Tout juge, tout magistrat, tout dépositaire
de fonctions publiques était responsable et devait,
en sortant de charge, des comptes rigoureux à ses
concitoyens. Il en était de même à Sparte, et de
plus, à Sparte, les éphores, magistrats populaires,
choisis dans la dernière classe de citoyens, avaient
le droit de déposer les rois. Quels éléments d'agitation et de vie! Quelles concessions faites à l'esprit
d'égalité démocratique! On ne sait vraiment si l'on
doit approuver ou blâmer, tant les conséquences qui
s'échappent tumultueusement de pareilles institutions peuvent être, selon les temps et les circon-

tances, des éléments de force ou de décadence pour un pays.

A Rome, l'élément aristocratique prévalut toujours sur l'élément populaire; mais le peuple, par les tribuns et ses luttes avec le sénat, posséda en tout temps un principe de force dont il se prévalut. Les centuriates, à Rome, ne ressemblaient point aux assemblées du peuple à Sparte ou à Athènes ; elles étaient moins souveraines, et avaient pour contre-poids l'autorité du sénat. Cependant ces centuriates, en entretenant le peuple-roi dans ses idées d'indépendance et d'égalité, contribuaient presque périodiquement à des explosions terribles. Et bientôt, la question économique se mêlant à la question politique, César surgirait, armé de pied en cap, du fond de la situation, et ce serait fait de la forme démocratique dans l'antiquité. Mettant un voile sur la statue de la Liberté, le prolétariat s'envelopperait, puissant et victorieux, dans la dictature des empereurs, et le vieux monde reculerait l'heure de sa dissolution en se reposant de son poids sur la martialité des légions et la providence du glaive. Quant au sénat, déchu de sa splendeur, abaissé dans son orgueil héréditaire, ne conservant aucune de ses anciennes prérogatives, il n'aurait plus qu'un rôle avilissant à jouer sous les Héliogabale et les Commode avant d'arriver à son annihilation complète par Constantin. C'est la fin de tout corps politique qui se laisse entraîner trop facilement sur la pente de l'arbitraire gouvernemental, et qui ne sait pas faire à temps de justes concessions.

Par leurs tribunaux civils et criminels et leurs législations, tant incomplètes fussent-elles, mais pratiques, les démocraties de l'antiquité ont aussi procédé à la constitution de la justice ici-bas. Elles en ont essayé la première réalisation positive. Nous avons donné plus haut la nomenclature de leurs différentes institutions judiciaires. Jusqu'à Lycurgue et Solon, la notion de justice avait résidé, à l'état de principe abstrait, dans le monarque, ou de sanction tout à fait idéale dans les mythes de la religion. Sous l'action immédiate et non plus emblématique des législations démocratiques de l'antiquité, elle se sépara du principe d'autorité divin et monarchique, et, acquérant toutes les propriétés, tous les attributs d'une existence réelle, s'incarna dans des corps de judicature chargés de statuer sur les droits des citoyens, de poursuivre les crimes et de faire respecter les lois de l'État. Le plus célèbre des tribunaux de l'antiquité a été l'aréopage. Il jugeait de nuit, avait une juridiction embrassant presque tout, et intervenait dans les affaires politiques, au moyen du droit exceptionnel qu'il avait de casser les décisions du peuple. C'était une espèce de cour suprême, et la sagesse de ce tribunal reposait sur les titres les mieux mérités. Sage comme un aréopagiste, avait-on l'habitude de dire.

— Et comme la *justice* est le principe supérieur autour duquel gravitent nos sociétés humaines, pour s'asseoir et se fixer, les anciennes démocraties, sous cet autre rapport, se sont rendues l'interprète de la civilisation en lui faisant franchir un pas de plus. Point de civilisation sans *justice ;* point de liberté, d'égalité, de fraternité; point de bonheur, de bien-être légitimes. La justice est la base de tout. Et que de peines, de tourments ne s'est déjà point donnés l'humanité pour la réaliser. ! Parviendrons-nous seulement à la réaliser !...

Enfin, nous citerons, à la gloire des villes libres de la Grèce antique, les progrès rapides du mouvement philosophique, progrès qui n'eussent pu se produire, on peut le croire, sous un régime théocratico-monarchique, puisque nous avons vu Bouddha et Confucius, après quelques tentatives partielles, désespérer en quelque sorte de l'avenir de la raison humaine, et se renfermer dans un dogmatisme religieux et gouvernemental d'un autre genre. Il semble que l'esprit d'investigation, pour éclater en mille systèmes divers et proclamer les droits de la pensée, attendit que le ciel brumeux et épais des premiers temps se fût éclairci quelque part, et qu'un climat tout spécial se fût formé pour lui : la Grèce fut ce climat. Dominant l'Asie du haut de ses promontoires fertiles, et touchant à l'Europe, dont elle est une des extrémités, elle était admirablement située pour allumer la lampe philosophique et pour convoquer les peuples à ne point s'effrayer de ses lueurs; mais à se saisir, au contraire, à s'armer de cette lampe, pour la porter résolument dans l'antre des superstitions séculaires qui les tenaient sous leur joug d'ignorantisme étouffant. Toutes les questions philosophiques dormaient à l'ombre des sanctuaires de l'Orient, la Grèce les en tira et les produisit au grand jour de la discussion. A partir de cette époque, date l'ère d'émancipation de l'esprit humain.— C'est d'abord Thalès l'Ionien, puis viennent Pythagore, Xénophane, Parménide, Mélissus, Héraclite et Socrate qui saura vivre, mourir et combattre en grand citoyen. La sagesse de Socrate survivra dans Platon, auquel on donnera le surnom de divin. Enfin, Aristote, Épicure, Zénon et même Diogène porteront le mouvement d'investigation intellectuelle de l'antiquité à son apogée. Diogène, particulièrement, sera une preuve écrasante des aberrations où peut conduire un faux esprit de philosophie; mais il n'en conquerra pas moins des admirateurs. Qui n'en a pas dans ce monde! Nous nous sommes livré, dans un chapitre précédent, à une analyse succincte, mais suffisante, du mouvement philosophique de l'antiquité, nous ne le recommencerons pas.

Puis, à côté de ses philosophes, la Grèce aura ses orateurs, ses historiens et ses poëtes, ses grands artistes et ses grands capitaines. En même temps que les noms de Platon et de Socrate, elle acclamera ceux de Zeuxis, d'Apelles, de Sophocle, de Miltiade et de Démosthène. Avec son cortége de grands hommes en tout genre, elle arrivera au siècle de Périclès, se contemplera un moment dans sa gloire, heureuse et fière, et passera à l'époque d'Alexandre le Grand. Enjambant alors l'Hellespont, la civilisation envahira l'Asie et remportera son premier triomphe sur les barbares, qui ne pourront plus soutenir son aspect. Alexandre le Grand la léguera aux Romains en s'ensevelissant sous les souvenirs de Babylone.

Le courant intellectuel grossi par tous les débordements des sources vives de la pensée ne s'arrêtera point là. La théorie gouvernementale sera étudiée et soumise à des principes. Aristote en débrouillera les principaux éléments dans un traité qui est devenu célèbre. L'économie politique procédera aussi à la reconnaissance de ses données fondamentales; Xénophon, historien et capitaine, ainsi que Thucydide, travaillera à ses *Économiques*, et Platon formulera, sur la division du travail et la formation des arts et des métiers, des aperçus intéressants.

« Ce qui donne naissance à la société, dira-t-il, c'est l'impuissance où nous sommes de nous suffire à nous-mêmes, et le besoin que nous avons d'une foule de choses Ainsi, le besoin ayant engagé l'homme à se joindre à un autre homme, la société s'est établie dans un but d'assistance mutuelle. — Oui; mais on ne communique à un autre ce qu'on a que pour en recevoir ce qu'on n'a pas, que parce qu'on croit y trouver son avantage. — Assurément. — Bâtissons donc une ville par la pensée. Nos besoins la forment. Le premier et le plus grand de tous, n'est-ce pas la nourriture? — Oui. — Le second besoin est celui du logement; le troisième est celui du vêtement. — Sans doute. — Comment notre ville pourra-t-elle fournir à ses besoins? — Ne faudra-t-il pas pour cela que l'un soit laboureur, un autre architecte, un autre tisserand? Ajouterons-nous un cordonnier ou quelque artisan semblable? — Je le veux bien. — Toute ville est donc composée de plusieurs personnes; mais faut-il que chacun des habitants travaille pour tous les autres; que le laboureur, par exemple, prépare à manger pour quatre, et qu'il y mette quatre fois plus de temps et de peines? ou ne serait-il pas mieux que, sans s'occuper des autres, il employât la quatrième partie du temps à préparer sa nourriture, et les autres parties à se bâtir une maison, à se faire des habits et des souliers? — Il me semble que la première manière serait plus commode pour lui. En effet, nous ne naissons pas tous avec les mêmes talents, et chacun manifeste des dispositions particulières. Les choses iraient donc mieux si chaque homme se formait à un métier ; car la tâche est mieux faite et plus aisément quand elle est appropriée aux goûts de l'individu et qu'il est dégagé de tout autre soin. »

On ne peut, en termes plus justes, faire ressortir les avantages du *travail divisé*. — Passons aux considérations du même auteur sur la *monnaie*.

« Voilà donc, reprend l'un des interlocuteurs de Platon, les charpentiers, les forgerons et les autres ouvriers qui vont entrer dans notre ville et l'agrandir. Il sera presque impossible dès lors de trouver un lieu d'où elle puisse tirer tout ce qui est nécessaire à sa subsistance. La ville aura besoin de personnes qui aillent chercher, dans le voisinage, ce qui pourra lui manquer. — Mais ces personnes reviendront sans avoir rien reçu, si elles ne portent aux voisins de quoi satisfaire aussi à leurs demandes? — Assurément, et il faudra des gens qui se chargent de l'importation et de l'exportation des marchandises. Ce sont ceux qu'on appelle commerçants. — C'est ce que je pense, et même si le commerce se fait par mer, voilà encore une foule de gens nécessaires pour la navigation. — Mais, dans la ville, comment nos citoyens se feront-ils part les uns aux autres de leur travail? Il est évident que ce sera par vente et par achat. — Il nous faut donc encore un marché, et une monnaie, symbole du contrat. »

Aristote nous fournit des indications encore plus précises sur l'origine et le rôle de la *monnaie*.

« On convint, dit-il, de donner et de recevoir, dans les transactions, une matière utile et d'une circulation aisée. On adopta pour cet usage le fer, l'argent et d'autres métaux. Ce premier signe

d'échange ne valut d'abord qu'à raison du volume
et du poids; ensuite on le frappa d'un signe qui en
marquait la valeur, afin d'être dispensé de toute
autre vérification. Après l'adoption nécessaire de la
monnaie pour les échanges, il se fit une révolution
dans la manière de spéculer : le trafic parut. Peut-
être fut-il peu compliqué dans l'origine; bientôt il
se fit des combinaisons plus habiles, afin de tirer
des échanges le plus grand bénéfice possible. Il est
arrivé de là qu'on s'est accoutumé à restreindre l'art
de la spéculation à la seule monnaie; on a pensé
que l'unique fonction des spéculateurs était d'amas-
ser des métaux précieux, parce que le résultat définitif de ces opérations est de procurer de l'or et
des richesses. Cependant la monnaie ne serait-elle
pas un bien imaginaire? Sa valeur est toute dans la
loi ; où est celle qu'elle a de la nature? Si l'opinion
qui l'admet dans la circulation vient à changer, où
est son prix réel? Quel besoin de la vie pourrait-elle
soulager? A côté d'un monceau d'or, on manquerait
des plus indispensables aliments. Quelle folie
d'appeler richesse une abondance au sein de laquelle
on meurt de faim ! »

Ailleurs Aristote, prenant en main la cause des
magistrats et des administrateurs, la défend avec
dignité. Jean-Baptiste Say n'a rien dit de mieux :
« Eh quoi! la cité ne serait constituée que pour les
besoins physiques! Des cordonniers et des laboureurs suffiraient à tout !... Quelle est la partie de

l'homme qui constitue son être essentiellement? C'est l'âme plutôt que le corps. Pourquoi donc les seules professions qui pourvoient aux premiers besoins composeraient-elles une cité, plutôt que la profession d'arbitre impartial des droits, ou celle de sénateur délibérant pour le bien de l'État? Ces professions ne sont-elles pas l'âme agissante de la cité? » — A pousser trop loin cette réhabilitation des fonctionnaires et des hommes publics, il y aurait péril de nos jours; mais il y aurait injustice aussi à ne pas admettre ce que les paroles d'Aristote ont de profondément sensé. Un magistrat qui rend la justice est un producteur qui a son utilité tout aussi bien qu'un laboureur et qu'un charpentier.

En politique, voici quelle est l'opinion du philosophe de Stagyre :

« Toute société politique se divise en trois classes, les *riches,* les *pauvres* et les citoyens aisés qui forment la classe intermédiaire. Les premiers sont insolents et sans foi dans les grandes affaires; les seconds deviennent fourbes et fripons dans les petites choses : de là mille injustices, résultat nécessaire de la tromperie et de l'insolence qui les rend également déplacés dans le conseil, dans une tribu, et très dangereux dans une cité. Les riches sucent l'indépendance avec le lait : élevés au sein de toutes les jouissances, ils commencent dès l'école à mépriser la voix de l'autorité. Les pauvres, au contraire, obsédés par la détresse, perdent tout sentiment de dignité : incapables de commander, ils obéissent en esclaves, tandis que les riches, qui ne savent pas obéir, commandent en despotes. La cité n'est alors qu'une agrégation de maîtres et d'esclaves, il n'y a point d'hommes libres. Jalousie d'un côté, mépris de l'autre, où trouver l'amitié et cette bienveillance mutuelle qui est l'âme de la société. *Quel voyage avec un compagnon qu'on regarde comme un ennemi!* »

Aussi, selon Aristote, « la classe moyenne est-elle la base la plus sûre d'une bonne organisation sociale, et la cité aura nécessairement un bon gouvernement, si cette classe a la prépondérance sur les deux autres réunies, ou au moins sur chacune d'elles en particulier. C'est elle qui, se rangeant d'un côté, fera pencher l'équilibre et empêchera l'un ou l'autre extrême de dominer. Si le gouvernement est entre les mains de ceux qui ont toujours trop peu, il sera ou une fougueuse démagogie ou bien une oligarchie despotique. Or, quel que soit le parti dominant, l'emportement de la démocratie et la morgue oligarchique conduisent droit à la tyrannie. La classe moyenne est bien moins exposée à tous ces excès. Elle seule ne s'insurge jamais ; partout où elle est en majorité, on ne connaît ni ces inquiétudes ni ces réactions violentes qui ébranlent les gouvernements. Les grands États sont moins exposés aux mouvements populaires. Pourquoi? Parce que la classe moyenne est nombreuse.

Mais les petites cités sont souvent divisées en deux camps. Pourquoi encore? Parce qu'on n'y trouve que des pauvres et des riches, c'est-à dire des *extrêmes* et pas de *moyens*. »

Ne dirait-on pas qu'Aristote ici a voulu établir la théorie du régime constitutionnel S'il eût vécu en 1830, il se fût déclaré certainement pour cette forme de gouvernement.

Revenons au dialogue de Platon,

« Qu'est-ce qui perd les artisans, observe Adimante? Et Socrate répond : L'opulence et la pauvreté. — Comment cela? Le voici : Le potier devenu riche s'embarrasse-t-il beaucoup de son état? — Non. — Il deviendra de jour en jour plus fainéant et plus négligent? Sans doute. — Et par conséquent plus mauvais potier? — Oui. — D'un autre côté, si la pauvreté lui ôte les moyens de se fournir d'outils, et de tout ce qui est nécessaire à son art, son travail en souffrira : ses enfants et les ouvriers qu'il forme en seront moins habiles. — Cela est vrai. — Ainsi les richesses et la pauvreté nuisent également aux arts et à ceux qui les exercent. — Il y a apparence. — Voilà donc deux choses auxquelles nos magistrats prendront bien garde de donner entrée dans notre ville, l'opulence et la pauvreté : l'opulence, parce qu'elle engendre la mollesse et la fainéantise ; la pauvreté, parce qu'elle produit la bassesse et l'envie ; l'une et l'autre, parce qu'elles conduisent l'État vers une révolution. »

Oui ; mais malgré ces sages conseils, la civilisation s'est développée avec l'opulence en haut et la pauvreté en bas. C'était dans les desseins de la providence sociale.

Quant à Xénophon, ce sont les mêmes données que dans Aristote et Platon ; tous ses ouvrages témoignent d'un esprit semblable. Seulement Xénophon s'appesantit plus spécialement sur l'agriculture, et il consacre à cette industrie la partie la plus importante de ses *Économiques*. « Il y traite des moyens de former de bons fermiers, de connaître les propriétés d'un terrain, les temps favorables au labour, des semailles, des plantations, des défrichements et du commerce des grains. Il émet aussi sur le rôle économique de l'argent, et en général de tous les métaux précieux, des opinions hasardées. » Mais, à côté de leurs principes économiques, qui étaient alors ce qu'ils pouvaient être, tous les écrivains de l'antiquité ont proclamé *l'esclavage et la servilité du travail*. Aristote entreprend de donner la théorie du premier. « D'après lui, c'est la nature qui créa l'esclavage. Les animaux se divisent en mâles et femelles. Le mâle est plus parfait, il commande. La femelle est moins accomplie, elle obéit. Or, il y a dans l'espèce humaine des individus aussi inférieurs aux autres que le corps l'est à l'âme ou que la bête l'est à l'homme ; ce sont ces êtres propres aux seuls travaux du corps, et qui sont incapables de faire rien de plus parfait. Ces individus sont destinés par la nature à l'esclavage, parce qu'il n'y a rien de meilleur pour eux que d'obéir. Existe-t-il donc, après tout, une si grande différence entre l'esclave et la bête? Leurs services se ressemblent; c'est par le corps seul qu'ils nous sont utiles. Concluons de ces *principes* que la nature crée des hommes pour la liberté et d'autres pour l'esclavage; qu'il est utile et qu'il est juste que l'esclave obéisse.» Il est malheureux de voir les anciens se perdre dans de pareils arguments; ils pouvaient en donner de meilleurs en faveur de l'esclavage. C'est leur tendance à l'autorité qui les égara sur ce point. La question économique, ayant pour but de pousser à l'émancipation de l'homme au lieu d'aboutir à la servitude, devait être attaquée par un régime politique fondé sur la *liberté* et l'*honorabilité* du travail... Il fut plus aisé aux anciens de se renfermer dans des priviléges de castes ne concernant que le plus petit nombre, et de vivre à l'aide d'un système guerroyant aux dépens d'une multitude de déshérités. Nous avouerons que c'était pour eux une inflexible nécessité; mais alors il fallait avoir la franchise brutale que commandait l'époque, et ne point chercher à déguiser une institution d'utilité sociale sous une nudité d'arguments. Sachons gré toujours aux Xénophon, aux Platon et aux Aristote des quelques notions saines d'économie politique qu'ils ont élaborées. Ils ont été les

Quesnay, les Adam Smith et les Say de l'antiquité.

Nous aurions pu faire, à l'honneur des économistes anciens, bien d'autres citations empruntées à nos meilleurs auteurs contemporains; mais il faut se borner.

Expansion plus large du principe d'autorité, — avénement des grands corps politiques, — sénats, archontat, aréopage et tribunaux, — tribunat chez les Romains, — droit de suffrage, élévation des citoyens en indépendance et en dignité, luttes, agitations favorables au progrès social, arts, lettres, philosophie, et, par-dessus tout cela, la détermination approchée de certains principes économiques, tels sont les résultats obtenus par les démocraties de l'antiquité. A la troisième évolution du principe gouvernemental, la liberté avance déjà d'une manière sensible, l'autorité recule.

CHAPITRE VII.

Nous avons payé notre tribut d'admiration aux démocraties de l'antiquité, en convenant impartialement des éléments de progrès qu'elles introduisirent dans le monde politique, moral et économique ; nous allons les apprécier désormais au point de vue de nos idées modernes : cette seconde partie de notre appréciation ne leur sera pas aussi favorable. Est-ce notre faute si toutes les choses de ce monde ont ce qu'on appelle le revers de la médaille ?

En nous plaçant au point de vue de notre civilisation moderne, voici ce que nous dirons des républiques de l'antiquité, et nous invitons nos lecteurs démocrates à ne point se formaliser de nos paroles ; car, selon notre habitude, nous allons nous appliquer à juger sainement et sérieusement, et non à dénaturer l'esprit des choses, comme on pourrait le supposer. D'ailleurs l'histoire est là, et avec l'histoire on pourra, si l'on veut, se convaincre de la sincérité ou de l'inexactitude de nos appréciations critiques.

Les républiques de l'antiquité, tout en ayant constitué ce qu'il y avait de mieux pour leur temps, ne peuvent aujourd'hui nous être proposées pour modèles, nous être offertes pour exemples ; et c'est en vain que des hommes ardents, l'œil fixé sur le gouvernement de ces républiques agitées, chercheraient, dans leur impétuosité généreuse, à nous en imposer la forme. Les idées, les mœurs, les besoins, les institutions ont changé depuis les Grecs et les Romains, et ce serait mentir au progrès que de se lancer dans une imitation inopportune de leurs démocraties turbulentes.

Anciennement, les agitations de la vie politique entraient dans les desseins de la providence sociale. Ces agitations concoururent à tirer les peuples de leur apathie ; et c'était par un antagonisme violent des institutions que le progrès devait procéder à la formation des sociétés. Sans cet antagonisme, Rome, nous le répétons, n'eût été qu'une nécropolis, qu'une ville des tombeaux. Les anciennes démocraties, organisées principalement pour la guerre, avaient besoin de leurs discordes civiles, de leurs luttes du forum et de la place publique, pour entretenir chez elles l'ardeur du patriotisme et stimuler leur génie belliqueux. Actuellement, il ne saurait en être ainsi pour nous. Depuis un siècle et plus, nous marchons progressivement à la

réalisation d'un régime industriel et commercial
qui demande la paix; la paix est la première condition de notre existence. Tous les gouvernements
le reconnaissent tacitement quand, au lieu de
recourir à la voie des armes, ils se hâtent d'arran-
ger, à l'aide de la diplomatie, les différends qui
surviennent entre eux. C'est l'abus de la conquête
et du régime guerrier qui a renversé Napoléon;
et voilà pourquoi aussi son neveu, Napoléon III,
n'est pas tenté de marcher sur ses traces. Il a
proclamé dès longtemps que l'Empire c'était la
paix, et il a sagement fait. L'Europe ne supporterait pas aujourd'hui une contre-façon du premier
régime impérial. Elle ne supporterait pas non plus
la restauration d'un système politique renouvelé
des Grecs ou des Romains; et si la démocratie
moderne n'a qu'une restauration semblable à lui
offrir, elle peut abjurer ses prétentions au pouvoir;
car, comme on dit vulgairement, elle compte sans
son hôte.

Les Grecs et les Romains, en fait d'économie
politique, ne connaissaient que le travail esclave
et les tributs imposés aux peuples vaincus. Sous
cet autre rapport, leur organisation politique s'accordait parfaitement avec les agitations quoti-
diennes du Forum. Ces agitations les poussaient à
la guerre, et la guerre leur fournissait des esclaves
et des revenus. Nous, nous nous constituons sur le
travail libre et répudions la théorie de l'esclavage.

Nous avons même, tout récemment, déclaré l'affranchissement de nos colonies. C'est donc le régime économique diamétralement opposé à celui des Grecs et des Romains qui nous convient et que nous travaillons à nous appliquer.

Qu'était-ce après tout que ces républiques de l'antiquité reposant sur l'esclavage et le droit de conquête? que la domination brutale de quelques hommes libres sur le monde opprimé et foulé aux pieds? Qu'était-ce qu'un ordre social où le travail, en principe, et dans la pratique des choses, était considéré comme vil et comme ne pouvant être que l'apanage de la servitude? Parcourez Aristote et Xénophon : à côté de quelques notions assez justes d'économie politique et de gouvernement, vous y trouverez des théories dont la simple énonciation vous révolte. Nous avons rapporté l'opinion d'Aristote sur l'esclavage; ce n'est pas tout. Platon dit ailleurs que les arts manuels sont infâmes et indignes d'un citoyen, et Xénophon se déchaîne sur le commerce, qu'il met au ban de la civilisation naissante. Le commerce, à ses yeux, est un *mal nécessaire* dont on ne peut se passer, mais sur lequel doit tomber toute la sévérité du législateur. Tout au plus les marchands ont-ils le droit de cité; et plus d'un citoyen, conformément à ces préceptes, fut condamné à la prison pour avoir fait acte de commerçant. Prenons la législation de Lycurgue : qu'y remarquons-nous? Des institutions exclusivement établies pour un peuple guerrier et ignorant. Nous y voyons l'établissement des repas en commun, l'appropriation des enfants par l'État, l'exposition de ces enfants sur le mont Taygète quand ils sont mal faits et regardés comme impropres au métier des armes, des exercices de corps violents et publics entre jeunes filles et jeunes garçons tout nus. Dans la législation de Lycurgue se révèlent encore d'autres usages non moins choquants par rapport à nos mœurs modernes : la tendance politique à s'opposer aux développements de la propriété, l'introduction d'une monnaie de fer pesante et mal commode, qui démontre le peu de cas que l'on faisait, à Sparte, du commerce et de l'industrie; enfin la consécration légale d'une organisation politique qui, dans une infinité de cas, dut être pour les citoyens une véritable camisole de fer. Prenons, à son tour, la loi des Douze tables chez les Romains. D'après cette législation, un père a le droit de vie et de mort sur ses enfants; il peut les vendre comme des animaux jusqu'à trois fois. Un mari peut punir sa femme de mort; un créancier a sur ses débiteurs le même privilége. De plus, quand un débiteur a plusieurs créanciers et qu'il ne peut s'acquitter envers eux, ces derniers ont le droit de le couper en morceaux et de se payer par un partage équitable des membres du malheureux. — Un jour, un vieillard paraît dans le Forum, pâle et effrayant de maigreur; il n'a que des vêtements en lambeaux.

Aux cicatrices qui couvrent sa poitrine on le reconnaît : c'est un brave soldat de l'armée, c'est un vé-
téran qui, dans cent batailles, a soutenu l'honneur
du nom romain. On lui demande ce qu'il veut,
quel sujet l'amène? Lui raconte alors que, dans la
guerre contre les Sabins, son champ a été pillé, sa
maison brûlée ; qu'il lui a fallu emprunter pour
nourrir sa famille, mais que l'usure a dévoré ce qui
lui restait, et qu'enfin il était devenu le captif d'un
impitoyable créancier. Ce créancier l'a chargé de
chaînes et frappé. — Là-dessus il montre son dos
déchiré et saignant encore. — Avant de nous citer
d'un air triomphant les démocraties de l'antiquité,
et de nous les présenter comme des modèles de
gouvernement, il faudrait au moins s'enquérir de
toutes ces particularités intéressantes, si on ne les
connaît pas!..

Et l'ostracisme, cette institution qui fut florissante à Athènes, du temps de Simon et de Miltiade,
et qui s'appesantit sur Aristide le Juste. De bon
compte, est-ce là une institution dont on puisse se
prévaloir de nos temps, et qui porta l'empreinte d'un
esprit véritablement républicain? En 1793, on en
offrit au peuple français une représentation dans
l'établissement du tribunal révolutionnaire et la loi
des suspects. Qu'a produit cette jurisprudence
exceptionnelle et de salut public, comme on disait
alors? A l'exemple de l'inquisition, elle a dépeuplé
la France et rassasié le peuple de sang, quand il

eût fallu lui donner du pain. Si l'ostracisme revenait parmi nous, s'il était possible qu'il revînt, il ne nous rassasierait probablement point de sang, — les démocrates ont appris quelque chose depuis **1793**; mais il nous rassasierait d'exils, et ne tarderait pas à nous priver de tous nos grands hommes, de tous nos esprits d'élite et véritablement supérieurs. Du Panthéon il les rejetterait violemment à l'étranger, sauf à les rappeler plus tard, sauf plus tard à leur rendre justice. En attendant, le mal serait fait, et la société, qui, loin d'exister par le soupçon, ne vit au contraire que par la confiance que nous devons avoir les uns dans les autres, que par la franchise et la loyauté de tous nos sentiments, dépérirait à vue d'œil.

L'ostracisme a-t-il contribué à la grandeur politique des Athéniens?... Suspendu sur la tête des hommes publics comme une épée de Damoclès, il a pu peut-être, dans certaines circonstances, rappeler ceux-ci aux sentiments d'équité et de probité; nous n'en disconvenons pas. Mais enfin, Athènes a-t-elle gagné quelque chose à l'exil d'Aristide et à la condamnation de Miltiade? L'ostracisme a-t-il exercé seulement une influence efficace sur la marche de l'administration?... Hélas! l'envie est le fond de l'ostracisme. Or, l'envie n'est pas un principe social; c'est un vice du cœur humain. A ériger ce vice en institution il ne peut y avoir que péril. Cela seul condamne l'ostracisme.

Non! non! n'oublions jamais ce trait sublime

de simplicité et de résignation civiques. Un paysan se présente devant l'illustre condamné dont chacun connaît le nom, devant Aristide. « Que vous a donc fait cet homme pour lui vouloir l'exil? » demanda le Juste? « Bah! reprit le paysan, il m'ennuie de l'entendre sans cesse appeler le Juste. » Voilà quelles sont la justice et la moralité du peuple, quand il se trouve placé sous l'influence d'institutions telles que l'ostracisme! et cependant l'ostracisme a été une institution élevée à la gloire de la souveraineté du peuple...

A l'occasion de l'ostracisme, nous consignerons ici des réflexions qui nous sont survenues bien souvent. Ces réflexions sont pénibles à avouer, mais à plus forte raison pour ne point les taire. Les démocrates, malheureusement, par suite d'une fausse perception des vrais principes républicains, nous ont toujours paru disposés à s'incriminer dans leur conduite et à se suspecter dans leurs intentions; et ces sentiments de suspicion réciproque, ils ont l'air de les élever à la hauteur d'un devoir de parti. Malheur à qui vient à les attirer sur lui! Une réprobation générale et systématique l'atteindra immédiatement et le signalera à la vindicte des purs... Eh bien! nous le déclarons, la morale républicaine n'a jamais consisté pour nous dans un pareil système de doute et d'incrimination; et si l'envie a été le fond de l'ostracisme antique, le même instinct de basse inquisition, de rivalité jalouse, se montre à découvert dans la conduite de nos démocrates actuels. Une bonne fois pour toutes, soyons donc assez forts pour marcher d'après nous-mêmes, d'après les inspirations de notre propre conscience, d'après nos propres principes. En cela consiste avant tout la liberté. Comment! parce qu'il plaira à un déclamateur de renom, à un sectaire emporté, de proclamer tel programme ou d'adopter telle ligne de conduite, je me verrai obligé, sous peine de passer pour un renégat ou un traître, de m'y astreindre ténébreusement et occultement. Allons donc! s'il me plaît, au point de vue privé, d'avoir des rapports innocents et de pure convenance sociale avec tel journaliste, tel écrivain, ou tel simple particulier monarchiste, impérialiste ou seulement conservateur, je ne pourrai le faire sans soulever contre moi un tonnerre de malédictions et de menaces, sans me voir l'objet des doutes offensants et de l'espionnage de mes coreligionnaires politiques. Allons! c'est par trop fort, encore un coup, et c'est offrir aux principes républicains, comme à la liberté, un hommage qu'ils ne peuvent agréer.

Quoi! républicains que nous sommes, nous voulons la liberté, nous l'adorons, nous ne jurons que par elle, et nous ne la comprenons pas... Nous prenons pour liberté nos sentiments d'envie et de soupçon à l'égard les uns des autres. Peut-être, si nous revenions à dominer la mauvaise fortune et à reconquérir le pouvoir, pousserions-nous cet excès jusqu'à nous perdre de nouveau dans le dédale tortueux d'un système calqué sur l'ostracisme antique ou sur la loi des suspects. Le malheur rend défiant, direz-vous ? Ce n'est pas une raison. Quoi, de nos jours, en 1849, nous avons vu deux hommes, deux écrivains supérieurs, deux puissants esprits, MM. Emile de Girardin et Proudhon, être obligés de protester contre la tendance fatale qui nous emporte; nous les avons vus se débattre sous l'étreinte de nos doutes offensants. Serait-ce nous tromper que d'affirmer qu'ils sont, encore à l'heure qu'il est, de notre part, l'objet d'une opinion toute particulière. Quelle rage de suspicion ! Si l'esprit de parti conduit là, nous plaignons sincèrement les hommes qui sont atteints de cette monomanie.

Le contrôle législatif introduit dans nos usages parlementaires est une condition d'existence pour le régime représentatif : il en garantit la fidélité en servant de contre-poids à l'arbitraire gouvernemental toujours trop étendu. Partout où ce contrôle n'existe pas, il y a atteinte aux vrais principes constitutionnels. Mais s'ensuit-il qu'il faille faire dégénérer ce contrôle législatif en un autre misérable contrôle relativement à nos habitudes de politique privée ? Non ! mille fois non !...

Une autre institution de l'antiquité qui, à juste titre, nous frappe d'étonnement, c'est ce droit de présence dans les assemblées populaires introduit par Périclès, et qui se pratiquait aux frais du trésor public. Cette institution fit dire à Platon que Périclès avait fait des Athéniens un peuple paresseux, lâche, babillard et intéressé. Certes Platon n'eut point tort. Sous notre première révolution, on voulut tâter aussi de cet usage politique. On paya des citoyens et même des citoyennes pour assister aux séances de la Convention : l'essai ne réussit point. Nous en dirons la raison plus bas.

Maintenant, quel était le mode d'existence de toutes ces républiques de l'antiquité ? Nous avons cité le travail esclave ; nous ajouterons à cette ressource fondamentale les tributs imposés aux peuples vaincus et aux alliés, l'exploitation des mines, des impôts exorbitants frappés sur les riches, les revenus des clérouquies ou colonies, et le *théorique,* en vertu duquel tout citoyen, à Athènes, pouvait se considérer comme le rentier de l'État. A Sparte, c'étaient les repas publics et la communauté. — Tout cela, dès longtemps, a été rejeté par le progrès ; on n'y reviendra pas.

Seulement ce qui paraît avoir survécu au temps et vouloir se perpétuer dans nos législations politiques modernes, c'est la participation directe que les citoyens de l'antiquité grecque et romaine apportaient dans leurs affaires publiques, participation qui s'est traduite chez nous par le suffrage universel. Cependant ne nous laissons pas éblouir

inconséquemment par l'éclat de cette institution.
En supposant qu'elle soit capable de résultats heureux, elle peut fort bien aussi nous réserver plus
d'un mécompte cruel. — Longtemps on peut ap-
préhender que ce ne soit la présomption qui gouverne en son nom. La souveraineté de tous pourra-
t-elle, dans tous les cas, remplacer le savoir des
classes éclairées? Il est permis à l'homme désinté-
ressé dans la question gouvernementale de concevoir des doutes à cet égard. Craignons que cette
institution du suffrage universel ne soit bien plutôt
que le commentaire de cette formule de moralité :
« Le droit du plus fort est toujours le meilleur. »
Ce qu'il y a de certain, c'est que le suffrage universel ne nous a pas encore poussés, à l'aide d'un
vent frais et salutaire, dans le port de la liberté...

Du reste, qu'on se reporte à l'époque des démocraties de Rome et d'Athènes, on verra que, malgré
leur large participation dans les affaires du pays,
les citoyens de ces villes indépendantes étaient
loin, bien loin de pratiquer le droit de suffrage
sur une échelle aussi étendue que nous. A Athènes,
par exemple, la république ne devait pas comporter
plus de quarante mille citoyens actifs. C'étaient
donc quarante mille citoyens qui, quotidiennement,
prenaient part à l'élaboration des affaires de l'État
sur la place publique, leurs orateurs en tête. Mais
à présent notons que ces quarante mille citoyens
n'avaient qu'à pérorer ou à guerroyer. Pendant

qu'ils s'adonnaient à cette occupation, trois cent cinquante mille esclaves travaillaient pour eux, soit aux champs, soit à la maison, soit dans les ateliers de la république. Le moindre citoyen, à Sparte et à Athènes, possédait quelques esclaves; et n'oublions pas que l'esclavage servait de base aux sociétés antiques.

A Rome, les choses se passaient de la même façon. L'esclavage y était aussi considéré comme une institution d'utilité sociale. Les Romains, à l'instar des Athéniens, pouvaient par conséquent se livrer à l'exécution de leur système politique. Pendant qu'ils stationnaient sur le Forum pour y discuter tumultueusement la loi ou leurs intérêts, la besogne industrielle et économique marchait d'un autre côté et les laissait entièrement libres de leur temps.

Une autre considération, — et celle-là est peut-être la plus importante, — qui nous indispose contre les républiques de l'antiquité et toute réapplication qu'on en pourrait vouloir tenter, c'est que ces républiques, tout en forçant la main au principe d'autorité et en le contraignant à une certaine expansion, n'en ont pas moins été la concentration de ce principe d'une manière trop exclusive encore. Dans la théorie gouvernementale tout n'est que contradiction et que difficulté. En faisant reposer le principe d'autorité sur la souveraineté directe de vingt mille citoyens, et non plus sur le

chef d'un seul tyran (τύραννος), les cités antiques
se créèrent par là une foule d'embarras et de tribulations. La théorie gouvernementale n'en devint
que plus difficile à appliquer avec impartialité.
Comment, en effet, suffire à tous les caprices, à
toutes les exigences passionnées d'un souverain à
vingt mille têtes qui prétend avoir la main dans tout
et gouverner directement ; qui, de plus, ne travaille
pas, ne produit rien, et n'en réclame que plus im -
périeusement toutes les aisances de la vie. Là était
l'écueil, écueil insurmontable. On eut beau aussi
renouveler les pouvoirs publics, les modifier fréquemment, les retremper aux sources vives de
l'élection populaire ; ces pouvoirs reposant toujours sur l'improductivité des citoyens, sur l'iras-
cibilité de leurs passions, car l'homme oisif est
plus sujet à l'emportement que tout autre ; en butte
aux attaques de mille partis ambitieux résultant
d'un état de fainéantise universelle, finissaient par
succomber ; et, sans cet instinct de conservation qui
existe au fond des sociétés tout aussi bien que
chez les individus, les républiques de l'antiquité
n'eussent pas fourni à coup sûr la moitié de la carrière qu'elles ont parcourue. Ainsi, que de catastrophes et de péripéties ! A Codrus, chez les Athéniens, succède la dictature de Pisistrate. Précédemment, on était passé de Dracon à Solon. Grâce
à l'invasion des Perses, la Grèce se ramassant sur
elle dans un intérêt de défense nationale, et cé-

dant à toute autre préoccupation, jouit, au point de vue de la politique intérieure, d'un moment de tranquillité : les partis se taisent. Mais, après les guerres médiques, les tribulations recommencent avec plus d'énergie. C'est Cimon, c'est Thémistocle, c'est Alcibiade, c'est Périclès. L'administration, dans sa marche, est contrariée de mille façons, et toujours par l'arbitraire du souverain à vingt mille têtes; ce qui prouve que l'autorité transportée d'un monarque aux citoyens n'en est pas meilleure. — Nous broderons sur ce thème en temps opportun. — Enfin, au travers d'un débordement de procès, d'amendes, de confiscations et d'exils, auxquels n'échappèrent point Thémistocle et Périclès eux-mêmes, nous arrivons aux trente tyrans chassés par Trasybule; nous arrivons au règne de Démosthène, qui, pour avoir été un grand orateur, ne personnifie pas plus que ses prédécesseurs un régime de calme et de régularité politiques ; puis, rassasiée d'agitations et d'éloquence, la Grèce s'engloutit dans la monarchie d'Alexandre le Grand. C'était bien la peine de commencer par la république pour finir par la monarchie ! Ce que nous disons ici de la Grèce peut s'appliquer également à Rome antique. Ce sont les agitations stériles de la politique et l'arbitraire du principe d'autorité démocratique, aristocratique ou plébéien, qui plongèrent la civilisation romaine sous l'absolutisme des Césars. — Eussent-elles abouti à ces résultats, si, au lieu de se renfermer presque absolument dans leur principe exclusif d'autorité civique, les anciennes cités démocratiques avaient su fonder leur état social sur l'industrie et le travail libres? On peut supposer que non. Car les millions d'esclaves qui les maudissaient, venant à entrer dans leur système politique, l'eussent soutenu et sauvé au jour du danger. Mais nous avons prouvé que le progrès ne pouvait débuter autrement qu'il n'a fait. Se prononçant contre l'idée démocratique, il tua cette idée au début, parce que n'étant que le principe d'autorité transporté du monarque à quelques citoyens privilégiés, cette idée ne pouvait, dans le système de civilisation antique, travailler au bien-être général par l'émancipation de l'individu; parce que, d'autre part, rien, chez les Grecs et chez les Romains, ne fut suffisamment *séparé, classé, divisé;* parce qu'enfin les temps d'une sage organisation sociale n'étaient point venus, que les institutions de l'antiquité ne furent point assez indépendantes les unes des autres, même du peuple; et que ce peuple, souverain inintelligent et improductif comme tous les souverains, était trop exigeant, trop fantasque, et surtout trop initié à son propre système politique. Ce dernier vice, notamment, sera toujours le vice fondamental de tout État démocratique. Nous engageons nos démocrates modernes à réfléchir sérieusement sur ce point.

Éphores, archontes, sénateurs, dictateur, empereur ou roi, tout cela est la même chose au point de vue de l'autorité, si l'on n'a pas soin d'émanciper les fonctions sociales en les *séparant* les unes des autres dans une certaine mesure. Tout cela n'est toujours que l'arbitraire gouvernemental, même sous un régime démocratique. Seulement cet arbitraire repose sur la souveraineté du peuple au lieu de reposer sur une autre forme de gouvernement. Là a échoué principalement l'organisation politique des anciens, et là échouerait aussi indubitablement notre civilisation moderne, si cette civilisation ne tournait autour d'un centre d'action bien autrement large et puissant que celui des anciens. Ce centre d'action consiste dans les fonctions séparées et libres de notre régime économique.

On s'imagine généralement, et nous ne savons trop sur quoi on se fonde pour se forger une telle opinion, que nos démocrates les plus intelligents de 1793, enthousiastes de la forme antique, méditaient de nous y ramener. C'est là une erreur capitale. Robespierre, notamment, n'a jamais eu cette idée ; et voici de ses propres paroles qui en témoignent hautement. Nous puisons ces paroles dans le rapport qui précéda de quelques jours l'arrestation et l'exécution des Hébertistes.

« Le gouvernement républicain peut seul opérer ces prodiges ; mais la démocratie n'est pas un état où le peuple, continuellement assemblé, règle par lui-même toutes les affaires publiques, encore moins celui où cent mille factions du peuple, par

des mesures soudaines, isolées, contradictoires,
décideraient du sort de la république tout entière.
Un tel gouvernement, *s'il a jamais existé*, ne pourrait exister que pour *ramener le peuple au despotisme*. — La démocratie est un état où le peuple
souverain, soumis à des lois qui sont son ouvrage,
fait par ses délégués ce qu'il ne peut faire par lui-
même. »

Et autre part :

« Nous ne prétendons pas jeter la république
dans le moule de Sparte. » — Est-ce clair?...

D'après ces paroles, que voulait Robespierre?
Eh ! mon Dieu ! nous répondrons sans hésiter :
Robespierre, au plus fort même de la révolution, ne
voulait qu'un brave et bon régime constitutionnel,
qu'un pouvoir exécutif modéré par une assemblée
de braves et bons conservateurs, à qui eût in-
combé la charge de faire les lois et de les donner à
exécuter; le tout loyalement et sans arrière-pensée.
Disciple de Rousseau, Robespierre ne pouvait pas
vouloir autre chose. Où, par hasard, eût-il puisé les
notions de tous les systèmes d'organisation sociale
et égalitaire qu'on lui prête? Dans sa tête? Il en
était incapable; son esprit n'était pas assez inventif
pour cela. — Mais alors pourquoi ce régime de la
terreur et toutes ces exécutions qui ont signalé son
passage au pouvoir ? — C'est tout simple. Pour arriver à fonder quelque chose de stable, ne fallait-il
pas se laisser dévorer entre eux les enragés modé-

rés de l'époque, comme les enragés révolution-
naires?... Ces gens-là compromettaient tout. Les
morts de Camille et de Danton sont à regretter; car
Camille et Danton commençaient aussi à revenir
aux vrais principes conservateurs.

C'est bien à tort, hélas! qu'on s'est fait un épou-
vantail de cet homme.

« Hommes purs! c'est à vous que j'en appelle. »
Comment se fait-il que les conservateurs de la
convention, que la Plaine n'ait pas saisi le sens
significatif de cet appel suprême? A ce moment,
toutes les entrailles conservatrices auraient dû
frémir.

Nous continuerons notre appréciation critique
par l'examen de la théorie gouvernementale de
MM. Rittinghausen et Considérant, — le GOUVER-
NEMENT DIRECT. — Comme cette théorie affecte l'al-
lure démocratique des anciens systèmes politiques
de Rome et d'Athènes, elle trouve sa place tout naturellement ici. Et puis, nous affectionnons assez de
mêler le moderne à l'antique. Cela donne à ce volume un air de jeunesse et d'actualité. M. Proudhon,
dans un de ses derniers ouvrages, a déjà réfuté
le système direct; mais il l'a fait à un point de
vue trop scientifique. Nous allons, reprenant son
œuvre, procéder plus vulgairement, autrement dit,
nous mettre à la portée de toutes les intelligences.
Il faut que le peuple surtout, pour qui chacun doit
écrire aujourd'hui, soit mis en demeure de com-

prendre, sans être obligé de recourir à des efforts intellectuels trop puissants.

La théorie gouvernementale de MM. Rittinghausen et Considérant est, sans contredit, du domaine de l'autorité; par conséquent, encore une fois, devons-nous lui accorder une place dans ce livre.

Sous cette rubrique de *gouvernement direct*, MM. Rittinghausen et Considérant, s'attaquant au régime représentatif constitutionnel et à son mode de délégation, concluent à la suppression de ce régime, et à l'initiative directe du peuple dans toutes ses affaires. Par conséquent, plus d'assemblées, plus de représentants, plus de législatif ni d'exécutif, plus de séparation des pouvoirs; le peuple, souverain, dans l'exercice entier de sa souveraineté, légiférant lui-même et donnant à un *ministre responsable* ses volontés à rédiger en loi et à mettre à exécution. Telle est, vue en gros, dans son ensemble, et à quelques modifications près, la théorie du *régime direct*, théorie exclusivement politique, gouvernementale, et qui n'accuse de la part des auteurs aucune intelligence du progrès économique.

D'abord, et sans avoir besoin d'entrer dans les détails de la question, le gouvernement direct nous apparaît comme une restauration pure et simple de l'absolutisme monarchique. Qu'est-ce que ce ministre placé au haut du système pour codifier et exécuter les volontés du peuple, pour prendre quelquefois aussi l'initiative des questions? Ce ministre, qu'il soit responsable ou non, n'est autre chose qu'un roi, qu'un Pharamond se faisant monter sur le pavois et acclamer du peuple. N'avons-nous pas sous nos yeux l'histoire toute récente de la monarchie avec les états généraux? Admettons que le ministre du peuple soit un homme intègre; supposons qu'il n'ait point l'ambition du pouvoir ; admettons, supposons... L'hypothèse, en politique, est un mauvais argument de démonstration...

Négligeons les apparences de restauration monarchique et entrons au cœur de la question.

Nous avons vu que les peuples démocratiques de l'antiquité, en raison de l'*esclavage* qui leur servait de base économique et du petit nombre de leurs citoyens, avaient pu s'adonner à l'exécution de leurs systèmes politiques; nous avons constaté qu'ils avaient pratiqué, autant qu'il avait été en leur pouvoir, ce que MM. Rittinghausen et Considérant auraient pu appeler aussi chez eux *gouvernement direct*. Un peuple, en effet, qui nomme ses magistrats hauts et petits, qui intervient dans leur administration, qui se fait rendre des comptes, qui vit aux frais du trésor national, voilà bien le régime démocratique direct par excellence, ou nous n'y comprenons plus rien. Mais aujourd'hui peut-il en être ainsi? Nos peuples modernes, à l'exemple des Athéniens, peuvent-ils pratiquer un régime de gouvernement direct, exercer la souveraineté politique dans toutes ses attributions et complications? En d'autres termes, pouvons-nous, au XIXe siècle, au degré de civilisation où nous nous contemplons, nous approprier les systèmes politiques des anciennes démocraties? Eh bien, non! Cette appropriation serait une anomalie, et le génie social ne tarderait pas à en avoir raison. L'esclavage n'existe plus pour nous ; le christianisme, aidé de la révolution de 1789, a radicalement transformé les conditions de notre existence sociale, et nous sommes un peu plus avancés en théories économiques que ne l'étaient les anciens au temps d'Aristote et de Xénophon. Le travail n'a plus rien de déshonorant ; chacun pour vivre est obligé désormais de se livrer à une industrie quelconque, de se créer une profession. En outre, au lieu d'un petit nombre de citoyens, la France actuellement en possède dix millions. Or, dix millions d'habitants, répandus sur une surface territoriale de 27,000 lieues carrées, ne peuvent pas évidemment s'appliquer à la réalisation d'un système politique aussi facilement que les cinquante ou soixante mille citoyens de Rome ou d'Athènes. Force fut donc au législateur moderne de recourir au système représentatif et à la délégation d'abord, puis à un *cens* pour borner le nombre des électeurs et ramener notre démocratie à des proportions raisonnables. Ces raisonnements sont ceux de Rousseau dans son *Contrat social...* Mais quand

Rousseau a raison, pourquoi n'en pas convenir?

La question politique est vidée. Il est manifeste qu'au point de vue purement gouvernemental, une nation telle que la France, possédant dix millions d'électeurs, de citoyens actifs, ne peut se lancer dans un système de législation directe, et que le gouvernement représentatif, avec son mode de délégation, est un progrès sur toute espèce de régime démocratique. Qu'on en soit convaincu, ou non, le cens électoral de 1830 fut un progrès notable sur le suffrage universel ; et le peuple a tellement bien le sentiment de cette vérité, qu'il a dernièrement préféré l'Empire à toutes les théories démocratiques dont on lui a fait part.

Nous dirons à présent, nous attachant à la question économique : Il est un principe supérieur à tout, un principe inévitable qui renvoie dans le pays des chimères votre conception de gouvernement direct. Ce principe est la formation des *spécialités industrielles.* L'esclavage n'existe plus pour nous, avons-nous dit plus haut. Le travail, d'avilissant qu'il était jadis, est devenu honorable ; il est réhabilité, et de plus un instrument d'émancipation et de bien-être. Mais pour que le travail cependant devienne un instrument d'émancipation et de bien-être, il faut qu'il soit divisé en *spécialités ;* et ces spécialités du travail impliquent à leur tour l'attachement forcé du travailleur à sa profession. Ce n'est que par cet attachement que le travailleur s'habitue à sa pro-

fession, qu'il la perfectionne et arrive au bien-être
et à la liberté. Or, quel serait, à ce point de vue, le
gouvernement direct? Une violation perpétuelle de
notre principe des spécialités industrielles, puisque,
loin d'attacher le travailleur à sa profession, il l'en
distrairait continuellement pour l'appeler à la coo-
pération d'un système politique sans fin. Économiquement parlant, il est donc encore impossible
de songer à l'application de l'idée de MM. Rittinghausen et Considérant. C'est pour la même raison
qu'en 1793, l'essai qu'on tenta de faire assister quotidiennement des sectionnaires de Paris aux séances
de la Convention nationale ne réussit pas. En effet,
pendant que le peuple assistait en bâillant ou en
trépignant aux délibérations de nos hommes d'État,
non seulement il ne travaillait pas, mais c'est que,
qui pis est, il perdait l'habitude de sa profession ;
et quand il s'agissait de le faire rentrer dans les
ateliers, il préférait l'émeute. Un autre inconvé-
nient non moins grave, c'est que les 2 francs
mêmes qu'on allouait à chacun pour ses actes de
comparution à l'assemblée ne l'indemnisaient pas
de son chômage : on eût élevé plus haut cette in-
demnité, qu'elle n'eût pas amené de résultats plus
satisfaisants ; car, outre que le peuple, par son re-
trait momentané de l'industrie, ne concourait pas à
la production, outre qu'il en diminuait la masse, il
influait d'une autre façon fâcheuse sur le système
économique tout entier et contribuait à la cherté

des denrées, cherté dont il était encore la victime. Ce dernier phénomène se produirait bien autrement sous l'action du régime direct. Ce régime serait positivement le gouvernement de la famine.

Consultons l'histoire. Comment s'émancipa la bourgeoisie? Est-ce par les institutions politiques? Eh! non! ces institutions politiques n'ont été que la sauvegarde de ses droits, que le point superficiel de son affranchissement. La bourgeoisie avant tout a conquis le bien-être et la liberté par son régime économique. Et, aujourd'hui, il nous est donné d'en être convaincus que son gouvernement a succombé. Que serait la bourgeoisie à l'heure qu'il est sans sa puissance économique! Hélas! elle ne serait rien : *nihil*. Est-ce sa monarchie constitutionnelle, est-ce le contrôle législatif, est-ce la tribune qui l'ont faite ce qu'elle est? Non. Ce sont ses relations commerciales, ses manufactures, et surtout le vaste réseau de crédit dont elle a su s'entourer, toutes choses indépendantes du gouvernement, et auxquelles le gouvernement ne saurait porter atteinte sans se compromettre gravement.

Si donc la bourgeoisie, dans le domaine réel des choses, ne s'est affranchie que par ses institutions économiques, il saute aux yeux que c'est en étendant ces institutions économiques, et indépendamment de tout système politique, que nous émanciperons le prolétariat à son tour. Il résulte de ces quelques données, que le grand problème du xixe siècle est un problème tout économique et nullement gouvernemental. Étudions l'économie politique, comprenons-en les enseignements, et après cela nous bâtirons des systèmes.

Intervenir dans les affaires politiques de son pays est une affaire d'hommes libres. L'antique Grèce en est, par ses esclaves et ses quelques citoyens indépendants, un exemple concluant. Or, est-ce que le prolétaire moderne est affranchi? Est-ce qu'il possède des capitaux, des rentes, des fermages pour pouvoir intervenir, à l'instar de la bourgeoisie, dans l'organisation d'un système direct? Est-ce que le prolétaire de nos jours possède des esclaves pour travailler en son lieu et place? Est-ce qu'il s'est racheté enfin par le travail, comme le dit la Genèse, de sa déchéance originelle et héréditaire?

On s'abuse étrangement si l'on s'imagine que le gouvernement direct serait un instrument d'émancipation. Ce gouvernement, si jamais on s'avisait de le pratiquer, ne serait pour le prolétaire qu'une cause nouvelle et plus énergique d'asservissement et de sujétion. Il le distrairait de soins réels, d'occupations fécondes et lucratives pour le lancer dans un système de tracas politiques, d'agitations et de soubresauts violents qui aboutiraient à la ruine nationale, et dont on ne sortirait plus qu'au prix des plus malheureux efforts. N'oublions pas l'expérience fatale de 1793. La démocratie !.. Ah ! si l'on savait tout ce que ce mot renferme de faux et d'antipathique au progrès, tout ce qu'il contient en destructions, convulsions, spoliations, on ne le prononcerait pas. Quant à nous, si nous l'avons jamais articulé, ce n'est certainement pas dans son acception vulgaire.

Que de contradictions dans une formule de deux mots ! Mais c'est que, pour en revenir à la discussion politique, cette conception du régime direct, qu'on prendrait pour une machine redoutable et capable d'abattre le mode représentatif tout entier, loin d'en venir à son but, ne fait que tourner la difficulté et ne touche pas seulement à cette question si scabreuse des majorités, qui est le fond du système représentatif. Cette question des majorités, elle la reproduit au contraire sous des proportions plus formidables. Car, assurément, c'est à la majorité des voix que le peuple, dans le système direct, adoptera les propositions de son *ministre*, ou celles dont il prendra l'initiative. Et qu'on se figure le despotisme de ces masses se ruant dans les comices électoraux pour y formuler ou y adopter la loi. Qu'on se figure aussi l'arrogance hautaine et le ton d'autorité de tous ces tribuns populaires qui surgiraient des bas-fonds du système pour haranguer des hommes brûlants de foi démocratique et emporter les questions de haute lutte. Mais, au lieu d'une seule convention, c'en serait quatre-vingt-six à la fois, on en aurait une par département ? — Le régime de législation directe de MM. Rittinghausen et Considérant, sous quelque aspect qu'on l'envisage, serait une dissolution immédiate de la société, une espéce de cataclysme spontané où tout sombrerait en même temps. N'en parlons plus.

Pour ceux qui se réclameraient de la constitution de 1793 pour servir de fondements à une autre théorie gouvernementale plus ou moins *directe* encore, nous leur répondrons en leur disant que Robespierre a condamné son œuvre et, au besoin, nous leur remettrons ces paroles sous les yeux :

« La démocratie n'est point un état où le peuple, continuellement assemblé, règle par lui-même toutes les affaires publiques; encore moins celui où cent mille fractions du peuple, par des mesures soudaines, isolées, contradictoires, décideraient du sort de la république tout entière.

« Nous ne prétendons pas jeter la république dans le moule de Sparte. »

Du reste, il faut en convenir, l'utopie du système direct était dans les évolutions du principe d'autorité. Elle apparaît comme le point culminant de l'idée démocratique qu'on ne saurait pousser plus loin. Il est palpable, qu'en se tenant au point de vue de la souveraineté du peuple, le cens de 1830 devait aboutir au suffrage universel, et celui-ci à la législation directe, car la société épuise un système avant d'en essayer un autre, et la législation directe, par cela qu'elle est permanente, est la pratique véritable de la souveraineté du peuple. Mais aussi, par toutes les impossibilités pratiques qu'elle nous présente, cette théorie du système direct se sert de réfutation à elle-même et nous vient admirablement en aide contre les prétentions exclusives de toute conception gouvernementale qu'elle réduit à néant. S'attaquant indirectement aussi au suffrage universel, elle en fait ressortir les inconvénients que, jusqu'ici, nous avons tenu à nous dissimuler, et conclut que c'est à la science que nous devons définitivement en appeler pour faire aboutir la civilisation moderne et fonder le règne de la *justice* et de la *liberté*. Or, la science n'est ni le suffrage universel, ni le système direct, ni le régime constitutionnel, ni la démocratie, ni toute autre pratique gouvernementale. La science, c'est le travail et le capital, le commerce et l'industrie, la concurrence, le libre débat, la réduction de l'intérêt, le crédit, la propriété, tout ce qui concourt à la création de la richesse publique et à la constitution de nos *rapports sociaux*.

Souveraineté du peuple, voilà le grand mot vide de sens qui, en nous éblouissant et nous fascinant, nous fourvoie tous aujourd'hui. On veut absolument que le peuple soit souverain à la façon des rois, et l'on se donne un mal incroyable pour organiser sa prétendue *souveraineté*. On ne veut pas comprendre que cette formule, souveraineté du peuple, doit se transformer finalement en cette autre bien plus exacte : Liberté du peuple ! et que la liberté n'est point un problème de politique. — Partez de la souveraineté, vous aboutissez fatalement au despotisme du peuple ou d'une convention. Partez de la liberté, immédiatement vous acquérez de nouvelles notions; vous vous apercevez que le problème ne consiste plus à personnifier, au haut de la société, *l'action collective*, mais bien à assurer en bas, par l'indépendance des institutions, le jeu de *l'initiative individuelle*. Vous arrivez, conduit par une logique irréprochable, à une conclusion diamétralement opposée. Vous aboutissez à la décentralisation politique d'abord, ensuite à l'organisation d'un système *économico-social* qui, sans affaiblir le principe de *nationalité*, lui donne, au contraire, une consécration nouvelle, et est, sous tous les rapports, la liberté en action. On trouvera à la fin de cet ouvrage un aperçu de cette organisation définitive de la société, telle que l'a conçue et formulée l'école scientifique dont les principes sont les nôtres.

Résumons-nous à l'égard des anciennes démocraties.

Ce qui, en les approchant de nos idées modernes, condamne donc ces démocraties, c'est tout justement le caractère exclusivement politique de leur organisation, leurs agitations tumultueuses qui ne conviennent plus à nos peuples modernes, industriels et commerçants, leurs institutions où se révèle un esprit d'égalité despotique et ombrageux; par-dessus tout cela, *l'esclavage.*

Par le caractère exclusivement politique de leur organisation, les démocraties anciennes tendaient trop à l'action collective, et pas assez à l'action individuelle; l'État absorbait le citoyen. Par leurs agitations tumultueuses du forum et de la place publique, elles entretenaient des sentiments de rivalité et de domination qu'il est dans les intérêts des peuples modernes d'éteindre insensiblement afin de réaliser le système de paix dont ils ont besoin pour parvenir au bien-être et à la liberté. Enfin, par les notions scientifiques que nous possédons désormais et qui font que l'esclavage ne peut plus être considéré comme un élément d'organisation sociale, nous nous éloignons des principes politiques des anciens et répudions toute comparaison entre leur civilisation et la nôtre. Le travail aboutissait à la servitude dans l'antiquité, il aboutit chez nous à la liberté. Entre deux principes si différents, nulle transaction n'est possible. Les civilisations de l'antiquité devaient périr et nos civilisations actuelles s'élever nécessairement sur leurs ruines. Et ce sont les barbares, venus du fond de leurs contrées lointaines, qui devaient nous laver de nos vieilles souillures et nous initier aux bienfaits du principe social autour duquel le monde chrétien gravite et s'organise aujourd'hui.

On nous parle souvent des Caton et des Brutus, on nous peint ces hommes antiques comme des modèles d'austérité et de vertu, comme des types de désintéressement civique... Cependant, avant d'en concevoir une aussi haute idée, on pourrait procéder au dépouillement impartial de leur caractère. Qu'ont personnifié ces austères républicains de l'antiquité? L'élément aristocratique de leur état social. Que voulaient-ils en combattant César? Réintégrer le sénat dans ses anciennes attributions et conserver à leur caste d'hommes libres ses priviléges traditionnels. Ils ne tendaient à rien moins qu'à consolider à leur profit le vieux système patricien qui déjà avait menacé de crouler sous les foudres occultes de Catilina, et qui, finalement, devait s'absorber dans le principe de dictature qu'on avait fondé dans un autre but au commencement de la république. Loin de personnifier la cause du genre humain et les grands intérêts de la liberté, les Brutus et les Caton, tous les apôtres du stoïcisme antique, n'ont représenté plutôt qu'un système d'exclusion hautaine fondé sur un principe d'appropriation brutale et six cents ans de conquête.

Delenda est Carthago! Admire qui voudra cette conclusion connue du vieux Caton à tous ses discours. Elle n'est à nos yeux que l'expression de l'orgueil patricien s'indignant de trouver dans une rivale la prétention de lui contester ses prétendus

droits à la conquête du monde. A quelques siècles de
là, le redoutable Ataulphe se chargera de répondre
au vieux Caton d'Utique : « J'ai eu la passion d'effacer le nom romain de la terre », s'écriera-t-il à
son tour.

A l'occasion du *delenda est Carthago*, c'est le
cas d'aborder notre parallèle entre Rome et Carthage. Outre que ce parallèle sera l'exposé de deux
systèmes politiques opposés, il complétera notre
appréciation des mœurs et du caractère des anciens
Romains.

On s'est demandé souvent, dit M. Blanqui aîné
dans son *Histoire de l'économie politique*, ce qui
serait advenu si, au lieu d'être vaincue par Rome,
ce fût Carthage qui l'eût emporté sur cette orgueilleuse cité.

Il est un fait hors de contestation, c'est que Carthage, au point de vue commercial et économique,
a représenté plus spécialement la civilisation antique. Il ne nous paraît donc pas inopportun d'examiner la question reproduite par M. Blanqui.

L'organisation politique de Carthage répondait
assez à celle de Rome : un sénat, deux suffètes,
une aristocratie, des factions, le peuple. Seulement,
à Carthage, la puissance de l'aristocratie reposait
sur des fortunes commerciales, tandis qu'à Rome
elle reposait sur la propriété territoriale et des priviléges de castes invétérés dans l'esprit des patriciens. Toute la philosophie de notre parallèle entre

les deux cités rivales réside dans cette opposition
de richesses; opposition immense et qui devait
conduire nécessairement à des résultats tout différents.

Si Carthage l'eût emporté sur Rome, il est certain que ses moyens de civilisation, variant de
ceux des Romains, n'étant plus exclusivement des
asservissements de peuples et des tributs forcés;
mais bien le commerce et les échanges de produits,
il est certain, disons-nous, que le progrès eût
adopté une autre méthode d'évolution et qu'il se
fût conformé à l'esprit des institutions commerciales. Il eût tourné à l'émancipation des peuples
au lieu de tendre à la domination universelle. —
L'esclavage, considéré comme principe social, et
la propriété territoriale étaient la conséquence
forcée du système conquérant des Romains. Cette
conséquence conduisit le monde ancien au despotisme des Césars. Il fallait bien, en effet, que le
despotisme militaire et la concentration du glaive
intervinssent pour consacrer par la force une œuvre
de conquête et d'appropriation brutale. Sans cela
l'édifice social de l'antiquité païenne se fût cent
fois abîmé à la satisfaction des esclaves et des
peuples opprimés. Par Carthage, l'élément commercial se substituant au système spoliateur et
conquérant des Romains, nous arrivions, au contraire, à l'émancipation des peuples par un système opposé de garanties mutuelles et de traités

réciproques. Tous les peuples s'habituaient insensiblement à trafiquer, à échanger pacifiquement leurs produits au lieu de s'entre-détruire ou de chercher à s'entre-dominer : le monde devenait une grande nation de négociants. Sous l'influence de Carthage et de son esprit spéculateur, naissaient en même temps les institutions économiques que nous avons vues se produire de nos jours chez les peuples commerçants, en Hollande, aux États-Unis et en Angleterre ; les comptoirs, les entrepôts, les grandes fabriques, des systèmes réguliers de crédit et de monnaies. Cela est tellement à admettre, que Carthage déjà, au temps de sa puissance, possédait des comptoirs commerciaux, des mines d'or en Espagne, et des fabriques de tissus dans plusieurs îles de la Méditerranée. L'autorité concentrée dans l'absolutisme des empereurs et l'esclavage, voilà ce que nous a valu le système propriétaire et conquérant des Romains ; l'émancipation successive des peuples et la substitution d'un régime pacifique à un régime de guerre et de déprédations ; voilà où nous eût amenés infailliblement le génie commercial des Carthaginois. Il y a à méditer longuement là-dessus.

Et ce qui légitime notre appréciation, c'est la tendance des Carthaginois à conclure des traités après leurs batailles. On sent que ces peuples ne guerroient que pour aboutir au commerce ; qu'un traité commercial est au bout de leur épée chaque fois qu'ils la tirent. Un bon arrangement qui leur ouvre des débouchés nouveaux leur est préférable à une domination solidement établie. Le contraire a lieu chez les Romains : ceux-ci ne combattent que pour spolier les nations, les opprimer et vivre à leurs dépens. Les Carthaginois traitent successivement, et à plusieurs reprises, avec les Syracusains, les Numides, les Étrusques, les Perses et même les Romains. Le port de Carthage est un véritable entrepôt où tous les produits abondent, des côtes de la blanche Albion jusqu'aux rives du Niger, en passant par l'Espagne et nos vieilles Gaules. Carthage ne conserve ses conquêtes d'Afrique que pour servir d'appui à sa puissance politique ; elle ne tient pas aux autres. Dans ses armées, elle n'emploie que des mercenaires et des alliés ; les barbares ne lui coûtent rien ; elle les sacrifie à ses concitoyens qu'elle conserve pour le commerce. Il devait y avoir peu d'esclaves à Carthage. Un peuple qui est assez riche pour payer des mercenaires et des alliés n'a pas besoin d'esclaves.

On peut donc regretter avec M. Blanqui que Carthage ait succombé, et que sa puissance commerciale n'ait pu se développer parallèlement à la grandeur des Romains. Il faut gémir sur la destruction de ses trésors, de ses capitaux, des immenses ressources commerciales qu'elle possédait, et qui allèrent s'engloutir dans les coffres d'un peuple fainéant, sans profit pour les vrais principes de la civilisation. Quelles ruines que ces grandes ruines de Carthage, où, plus tard, vaincu et fugitif, devait s'asseoir Marius! De quel sentiment de tristesse ne vous pénètrent-elles pas, rien qu'à les contempler avec les yeux de l'histoire! On sent instinctivement que les destinées de la liberté du monde antique étaient là, et qu'elles y reposent ensevelies...

Mais, en supposant que Carthage l'eût emporté sur Rome, eût-elle été assez influente maintenant pour fixer autour d'elle le mouvement civilisateur, pour faire prévaloir dans le monde ses intérêts commerciaux et imposer au despotisme qui se dégageait forcément d'un système guerroyant et de force brutale? Là est le nœud de la question que nous agitons à cette heure. Les spéculations du commerce sont une œuvre de l'esprit, et, au temps de Carthage, les peuples étaient-ils assez mûrs pour ces sortes de spéculations? Le fait prouve qu'il leur était plus naturel de vivre à l'aide d'un système guerrier et d'appropriation violente qu'au moyen des conquêtes pacifiques du travail et de l'industrie: ce qui revient à dire que les peuples ont dû être conquérants et spoliateurs avant d'être commerçants; qu'ils ont dû s'appliquer à s'entre-opprimer, avant de chercher à fonder leurs droits réciproques sur un système de paix et de garanties mutuelles. Ces dernières considérations expliquent principalement pourquoi Rome l'a emporté sur Carthage. La cité africaine, organisée avant tout pour le commerce, ne pouvait, malgré les brillants succès de la seconde guerre punique, prétendre à triompher d'un peuple qui lui était bien supérieur sous le rapport militaire et de sa constitution exclusivement politique. Le régime de la conquête enfin avait à s'user avant que la civilisation du commerce et de l'industrie pût venir à s'affermir. Dans tous les cas, la grande invasion des barbares ne serait-elle pas survenue pour tout remettre en question ! Carthage n'en fut pas moins une cité florissante dont on doit fouiller les annales dans l'intérêt des véritables principes. Par sa politique commerciale, elle a représenté plus spécialement la *liberté*, Rome l'*autorité*.

Cependant, sachons en convenir, des hommes, dans l'antiquité démocratique, ont eu, à part leurs préjugés de castes et leur éducation faussée, un profond amour de la liberté. Pour comprendre cette dernière dans toute sa beauté, sa spiritualité, il ne leur a manqué que de vivre à une époque moins éloignée de nous. Brutus et Cassius ont mérité d'être appelés les *derniers des Romains*. Non contents d'élever des statues à Harmodius et à Aristogiton, Athènes leur consacra l'hymne suivant, qui fut chanté dans les fêtes publiques et principalement aux panathénées.

« Parmi des branches de myrte, je porterai une épée, de même qu'Harmodius et Aristogiton, quand ils tuèrent le tyran, et qu'ils proclamèrent l'*iso-nomie* dans Athènes.

» Heureux Harmodius, non, tu n'es pas encore mort; on dit que tu es dans les îles des bienheureux, avec Achille aux pieds légers et Diomède, fils de Tydée.

» Parmi des branches de myrte, je porterai une épée, de même qu'Harmodius et Aristogiton, quand ils tuèrent le tyran Hipparque dans la fête des panathénées.

» Votre gloire ne périra jamais, heureux Harmodius, heureux Aristogiton, parce que vous avez tué le tyran et rétabli l'isonomie dans Athènes. »

En outre, les descendants d'Harmodius et d'Aristogiton furent nourris dans le Prytanée aux frais de l'État, et on les exempta des charges trop onéreuses. La sœur d'Harmodius fut comblée d'honneurs excessifs; on la maria à un citoyen distingué d'Athènes. Quant à l'*isonomie* dont il est question plus haut, c'étaient quelques hommes libres d'un côté, et quatre cent mille esclaves de l'autre. A part cette anomalie qu'on retrouve dans toute l'antiquité païenne, l'hymne d'Harmodius et d'Aristogiton respire dans son lyrisme un pur enthousiasme de la liberté.

Pour nous réconcilier avec les anciennes démocraties, nous conviendrons enfin que le tribunat, chez les Romains, fut une institution vraiment républicaine, et qu'il est malheureux que cette institution n'ait pu se développer conformément à l'esprit qui présida à sa création. Elle avait pour but de s'opposer aux empiétements des patriciens, et de procéder à l'affranchissement du prolétariat par un partage plus égal et plus juste des terres conquises sur l'ennemi. Incompris du peuple, par ceux-là qui avaient intérêt à le soutenir, le tribunat, après des luttes sanglantes, finit par succomber dans la personne des Gracques. César le releva, avec le vieux principe de dictature, au profit des empereurs ; sa destinée aurait pu être bien autre ! Nous ajouterons que si l'organisation des démocraties primitives contenait le principe des proscriptions épouvantables de Marius et de Sylla, elle renfermait aussi le germe des époques glorieuses que nous avons vues briller d'un immortel éclat, et que l'histoire a mentionnées dans ses annales sous les noms de Marathon, de Salamine, de Périclès, d'Alexandre le Grand. La Grèce, même dans sa décadence, s'honorera des noms de Phocion et de Philopœmen. Puis, après avoir répudié le sceptre de la guerre, elle se reposera dans la culture des arts, et restera le centre des lumières jusqu'au jour de la transformation générale. Elle élèvera enfin Julien l'Apostat, et pourra se vanter avec raison d'avoir soutenu la grande et dernière bataille qui se livrera intellectuellement entre l'ancien et le nouveau monde. Tout cela n'empêche pas finalement que les républiques de l'antiquité n'aient été, dès longtemps, abrogées par le progrès, et que RIEN de leurs différentes constitutions ne nous convient aujourd'hui.

CHAPITRE VIII.

Époque impériale ou césarisme. — Triple synthèse ou centralisation du principe d'autorité. — César, son rôle économique. —
Panem et circenses. — Portrait de Julien l'Apostat.

Nous arrivons à une époque de transformation
générale pour le vieux principe d'autorité. Cette
époque clôt la période de civilisation antique. A ce
titre, nous appuierons dessus, car il est important,
avant d'en venir au monde moderne, de bien nous
pénétrer des principes fondamentaux qui ont soutenu le poids du vieux monde. Il n'y a point d'effet
sans cause, dit la syllogistique des philosophes.
Selon notre habitude, pour nous expliquer les
effets, nous remonterons aux causes.

Selon nous, l'époque impériale n'a pas encore été
appréciée dans son véritable esprit. Montesquieu,
particulièrement, l'ayant présentée comme une
époque de décadence, tous les écrivains qui ont
suivi ont généralement enfourché le même cheval
de bataille et déclamé contre la corruption des vieux
Romains de l'empire. Nous allons, n'en déplaise à
ces écrivains et à Montesquieu, établir sur des

raisonnements clairs et précis que, loin d'avoir
été une époque de décadence, le régime impérial a été une époque de force et de grandeur,
et qu'il a porté l'antique civilisation à sa plus haute
unité, partant à sa plus haute puissance. Il ne s'agit
pas de crier sans cesse contre le luxe et la corruption, il faut principalement concevoir une époque
dans sa *raison d'être*, dans son principe d'existence
sociale, et surtout apprécier les causes qui ont tra-
vaillé à son avénement, nous dirions presque à son
triomphe nécessaire.

« Les lois de Rome, dit Montesquieu, avaient
sagement divisé la puissance publique en un grand
nombre de magistratures qui se soutenaient, s'ar-
rêtaient et se tempéraient l'une l'autre ; et, comme
elles n'avaient toutes qu'un pouvoir borné, chaque
citoyen était bon pour y parvenir ; et le peuple,
voyant passer devant lui plusieurs personnages l'un
après l'autre, ne s'accoutumait à aucun d'eux.
Mais, dans ces temps-ci, le système de la république changea : les plus puissants se firent donner
par le peuple des commissions extraordinaires, ce
qui anéantit l'autorité du peuple et des magistrats,
et mit toutes les grandes affaires dans les mains
d'un seul ou de peu de gens.

» Fallut-il faire la guerre à Sertorius, on en
donna la commission à Pompée. Fallut-il la faire
à Mithridate, tout le monde cria Pompée. Eut-on
besoin de faire venir des blés à Rome, le peuple

croit être perdu si l'on n'en charge Pompée. Veut-on détruire les pirates, il n'y a que Pompée. Et lorsque César menace d'envahir, le sénat crie à son tour et n'espère plus qu'en Pompée ! ! ! » — Voilà qui est bien, mais voilà assurément aussi qui ne donne pas de grands éclaircissements sur l'avénement de l'époque impériale. — Tout cela est trop superficiel ; le génie social obéit à une logique plus profonde.

Prenons notre appréciation de plus haut.

Tout système tend à son unité ; toute unité trop vaste tend à la division. Ce principe à double face, comme tous les principes en général, est l'exposition en abrégé de cette méthode analytique et synthétique qui est un moyen de raisonnement, et qui s'exerce constamment dans l'œuvre de la civilisation. Dans la société, tout, en effet, n'est qu'analyse et synthèse, que décomposition et recomposition, que transformations successives ; et ces transformations constituent tout justement le progrès dans sa marche évolutivement ascendante. L'époque impériale a été une époque synthétique par excellence ou de centralisation : elle a fini par se dissoudre sous le poids de sa propre étendue, et pour des causes que nous ferons valoir dans ce chapitre ; mais, avant de succomber, cette époque a rempli brillamment son rôle et résumé en elle trois éléments actifs de civilisation : l'élément religieux, l'élément politique et l'élément économique. C'est plus qu'il n'en faut pour légitimer une époque.

Commençons par l'élément religieux.

Nous avons dit que le principe d'autorité, pour les nations de l'antiquité païenne, s'affirma dans *les Dieux*. Nous avons fait ressortir la philosophie de cette affirmation primitive de sa nécessité, en expliquant la mission des révélateurs.

Mais, à présent, remarquons bien ceci : A peine posée, cette affirmation antérieure du principe d'autorité dans les Dieux donna naissance à une foule de cultes qui, à mesure que l'idée religieuse gagnait en hauteur et s'épurait sous les investigations de la philosophie, aspiraient à se synthétiser, autrement dit à s'absorber dans la même organisation. Or, l'empire romain, en proclamant l'égalité des cultes, en leur accordant les mêmes droits de cité, entrait évidemment dans les voies du progrès religieux, puisqu'il concentrait par là tous les cultes dans son vaste sein. Il accomplissait la première synthèse qui était à accomplir. De ce côté, on ne saurait déjà disconvenir de l'opportunité de sa mission. — L'empire, sous Tibère, poussa l'impartialité jusqu'à admettre Jésus-Christ au nombre des dieux ; on vit ce dernier au Capitole à côté de Jupiter Tonnant. C'était pratiquer la synthèse et obéir à l'esprit de centralisation autant que possible. — On nous objectera que l'empire réagit plus tard contre son propre ouvrage, et qu'il persécuta les chrétiens ; mais ce ne fut que lorsque le christianisme, — non content de l'égalité des cultes dont il jouissait comme les autres religions, prétendit passer outre et réaliser son dogme de l'*unité de Dieu* pour lequel le monde n'était point suffisamment préparé. Le polythéisme alors, se sentant atteint dans son principe de conservation, se révolta contre des prétentions mal déguisées et se mit à persécuter. Mais, à cette époque, la centralisation polythéiste, dont le christianisme pouvait être considéré comme en faisant partie, était déjà accomplie ou grandement en voie de réalisation. L'empereur, investi du souverain pontificat, avait déjà la haute main sur tous les cultes ; et l'empereur investi du souverain pontificat, ainsi que l'égalité dont profitaient tous les cultes, voilà bien, pour ces temps, la centralisation ou synthèse religieuse, telle qu'il était réservé à l'époque impériale de la réaliser.

Vienne à présent le christianisme. Pour se propager avec la rapidité de l'incendie, il n'aura pas à attaquer cent peuples divisés de mœurs et d'intérêts religieux. Pour être compris et accepté, il n'aura qu'à se produire au cœur de l'empire. L'empire, en centralisant toutes les religions, en mêlant et confondant tous les dieux, lui aura singulièrement facilité sa conquête. *Dieu* succédera naturellement aux *Dieux* et prendra possession du monde converti.

Le but de la civilisation antique était déjà

sous le rapport religieux, d'arriver à l'époque impériale pour procéder au travail synthétique que nous mentionnons. Cela résulte incontestablement du dépouillement de l'époque païenne, envisagée dans l'ensemble de ses croyances et mythes religieux. Partie de la *pluralité des Dieux*, l'humanité devait nécessairement aboutir à l'*unité de Dieu*, en passant préalablement par un système de centralisation polythéiste qui lui déblayât le nouveau terrain sur lequel elle avait à construire et lui simplifiât la tâche. L'époque impériale fut d'abord ce système de centralisation polythéiste.

Et voyons comment l'événement suit de près la spéculation philosophique et vient la confirmer. A peine a-t-il fait son apparition, que le christianisme, en véritable dominateur, maîtrise toutes les consciences et s'impose à l'empire. La persécution, loin de l'entraver dans sa marche, ne fait que lui prêter des forces ; plus on lui tire de sang, plus il en est jeune et vigoureux. A peine formulée, la doctrine de l'unité divine rayonne de toute sa splendeur et s'assied triomphante sur les ruines rugueuses des vieux temples païens. L'ancien édifice social s'écroule devant le seul aspect du nouveau, et Tertullien peut déjà s'écrier en s'adressant aux Romains : « Nous ne sommes que d'hier, et nous remplissons vos colonies, vos armées, le sénat, le forum.. Nous ne vous laissons que vos temples vides d'adorateurs. » Fût-on arrivé à cette conclusion si promptement, si l'empire lui-même n'eût poussé au triomphe éclatant de l'idée chrétienne par la centralisation polythéiste qu'il réalisa préalablement?

Quel sens d'ailleurs donner à l'époque impériale au point de vue religieux, si on ne lui attribue celui que nous en déduisons ? tout n'est plus, dans cette partie de l'histoire, que confusion. On ne sait plus que penser.

Mais non : le christianisme jette ses premières lueurs juste au moment où l'empire s'établit dans la personne de César Auguste, où cent croyances et cent cultes divers se fondent dans sa puissante organisation ; au moment aussi où cent sectes philosophiques nées de l'esprit des Socrate, des Platon, des Épicure et des Zénon se joignent à lui pour l'aider d'abord dans son œuvre de régénération, ensuite se rallier, mais impuissamment, au vieux système païen. Prétendre que l'époque impériale se soit produite exclusivement en vue du christianisme, qu'il y ait dans ce fait une préméditation providentielle autre que l'enchaînement des principes sociaux et leurs conséquences, ce n'est pas certainement ce que nous soutiendrons ; mais que le christianisme n'ait point profité des temps et des lieux pour se substituer à la civilisation corrompue du vieux monde, que la période impériale n'ait pas puissamment contribué, par sa centralisation de dieux et de cultes, à son triomphe ; voilà non plus ce qu'on ne saurait soutenir sans une flagrante méprise. Le christianisme aida à la centralisation polythéiste, et la centralisation polythéiste, sous l'action du pontificat impérial, aida au triomphe du christianisme ; et si, en dernier lieu, centralisation polythéiste et christianisme, ou si, en d'autres termes, *pluralité des Dieux et unité de Dieu* s'impliquent réciproquement, nous sommes forcés d'admettre que l'époque impériale et sa centralisation religieuse ont été une des formes sociales que devait revêtir le progrès. — Première légitimité de l'empire.

Au point de vue politique, nous retrouvons les mêmes éléments de civilisation, et nous arrivons à une pareille conclusion. Fatigués de luttes intestines ou de guerres étrangères, las de retomber stérilement sur eux-mêmes comme les flots battus de l'Océan sur ses bords, il était à supposer que les peuples anciens, en tournoyant sans cesse dans le système conquérant où ils s'agitaient, finiraient par se ranger sous le sceptre du peuple le plus fort : c'est aussi ce qui arriva. Le peuple romain, venant à faire pressentir les hautes destinées auxquelles il était appelé par la supériorité de ses institutions politiques et militaires, par l'ascendant du préjugé qui lui adjugeait l'empire du monde, les peuples tour à tour se soumirent à sa domination. A les voir voler successivement au-devant du joug, on dirait qu'un instinct providentiel les pousse, qu'ils obéissent à un commandement du génie social leur

arrivant d'en haut. L'Italie est d'abord conquise ;
la Sicile, Carthage et les bords africains sont ensuite
subjugués ; les talents militaires d'Annibal ne
sauveront point sa patrie. L'Espagne et les Gaules
ne tiennent point devant les étendards romains.
Antiochus et Mithridate, après les efforts d'une
lutte héroïque, subissent le sort commun. La Grèce
elle-même, ce berceau de la civilisation, qui sut
résister à l'invasion des Perses, et dont Alexandre
promena la grandeur de l'Indus au Granique, sent
que les temps sont changés, et se résigne à la seule
gloire des arts et des lettres devant la suprématie
conquérante des Romains ; elle est réduite en province romaine. Alors de l'Euphrate au Rhin, de
l'Atlas au Danube, le travail d'agglomération s'accomplit : toutes les nations de l'antiquité, ainsi que
leurs cultes et leurs religions, s'unissent, se confondent dans une même organisation, et ne font
bientôt qu'un seul peuple sous la pression du pouvoir impérial. Toutes ces petites nationalités qui,
avant, existaient disséminées et comme perdues sur
la carte du monde ancien, disparaissent pour ne plus
laisser voir qu'une seule et grande nationalité, la
nationalité romaine. Ainsi, en 1792, se rapproche-
ront et s'agglutineront nos départements sous le
souffle brûlant et régénérateur de la Convention
nationale.

Eh bien, cette immersion de tous les peuples de
l'antiquité dans le grand peuple-roi constitua la

synthèse politique de l'époque impériale ; et cette autre synthèse ne porte pas moins que la précédente le caractère de nécessité : des raisons analogues ont concouru à sa formation. Il est certain que les peuples de l'antiquité avaient plus d'intérêts à obéir à un seul pouvoir fortement constitué qu'à un tas de petits despotes, de tyrannicules différents. Il valait mieux pour eux obtenir les droits de citoyen romain, participer aux avantages de la même vie sociale, sauf quelques cas exceptionnels se rattachant aux nationalités respectives, que de tourner indéfiniment dans un système de guerres et d'agitations qui compromettaient leur existence vingt fois dans une année. Il leur était encore plus lucratif d'être soumis aux rigueurs d'un mode d'impôts et de contributions à peu près uniforme que d'être rançonnés irrégulièrement, tantôt par celui-ci, tantôt par celui-là. L'incorporation dans les armées leur offrait une autre amélioration notable en les faisant contribuer à la défense de l'empire, et en leur ouvrant l'avenir des emplois militaires. Tout soldat, quelle que fût sa nation, Thrace, Africain ou Goth, pouvant prétendre à la pourpre, il en résultait pour chaque peuple un sentiment de satisfaction qu'il n'avait point avant son adjonction à l'empire. Et croit-on que la perspective de toutes ces choses ait échappé aux anciens peuples ? Mais non, puisque déjà, sous Marius et Sylla, nous voyons toutes les villes d'Italie, mues par un même sentiment, réclamer leur adjonction à l'empire et demander énergiquement par la voie des armes à jouir des droits de citoyen romain.

Le but politique de la période impériale se déduit tout aussi logiquement que le but de la centralisation religieuse : il y a identité de buts dans les deux synthèses. La première réalisa l'égalité des peuples devant les dieux, la seconde l'égalité des peuples devant la même organisation politique : et cela nous paraît tellement vrai que les empereurs, dans leurs édits, n'établissaient guère de distinction entre tous les peuples de l'empire et les comprenaient généralement tous dans une commune appellation. Cette synthèse politique, qui pouvait maintenant l'accomplir? Était-ce la vieille forme aristocratique? Non. Les magistratures de la république, tout en étant des institutions frappées au coin du privilége, étaient encore, comme le dit Montesquieu, trop indépendantes pour cela. Il fallait un pouvoir plus unitaire, plus dictatorial, il fallait César...

On a prétendu que les Romains laissaient aux peuples vaincus leurs mœurs et leurs constitutions politiques, se contentant des tributs qu'ils leur imposaient. Cela a pu être sous la république ; mais cela a dû disparaître au temps des empereurs ; et la centralisation romaine fut conduite irrésistiblement à absorber bientôt toute hétérogénéité politique.

Et comme l'identité des deux synthèses que nous

avons analysées déjà se remarque jusqu'au bout !
Arrivée principalement pour assister le polythéisme,
pour l'armer de rigueurs, d'échafauds contre le
christianisme, son redoutable adversaire, la synthèse ou centralisation religieuse réussit quelque temps ; elle s'affermit dans son principe de
conservation. Mais enfin l'heure de dissolution
ayant sonné, elle s'affaisse rapidement et sombre
en entraînant l'empire dans sa chute. Survenue de
même pour fortifier l'empire et l'asseoir sur des
bases capables de défier les tempêtes, la synthèse
ou centralisation politique succombe à son tour
sous le poids de sa propre étendue, et sous les
excès de son propre principe ; elle s'abîme dans
une conflagration de peuples la plus formidable
qui ait jamais été. A force de les admettre dans son
sein, de leur ouvrir ses armées, de les initier à sa
politique, l'empire est envahi par les barbares,
englouti par eux, submergé... On n'aperçoit plus
que quelques débris qui flottent çà et là sur le vaste
Océan de l'invasion débordant de toutes parts.

Il nous reste à apprécier l'empire au point de
vue économique pour en avoir une idée complète.

Carthage ayant échoué dans sa politique commerciale, la civilisation antique avait nécessairement à se développer par le système conquérant et
propriétaire des Romains. Mais, si le système conquérant des Romains donnait d'un côté satisfaction
au progrès en consacrant la propriété, il enfantait

d'un autre côté l'esclavage et un prolétariat dévo-
rant. Parlons d'abord de l'esclavage.

L'esclavage, dans l'antiquité, provint indirectement de la *caste* : il en fut le diminutif. Seulement,
comme nous l'avons vu à notre chapitre *Théocratie*,
c'est au nom de la religion qu'on institua la caste.
On la basa sur le mythe de la déchéance, d'après
lequel l'homme de basse extraction se rachetait par
le travail de sa prévarication, c'est-à-dire de son état
de misère et d'indignité primitif, en concourant à
la formation des capitaux. Mais l'esclavage résultant
d'une théorie conquérante et militaire plutôt que
d'un système théogonique quelconque, on en fit
simplement, au temps des Grecs et des Romains,
un principe social qu'on rattacha tant bien que mal
à la religion par cet autre principe de la fatalité ou
de l'obéissance due aux dieux. D'après cette nouvelle théorie, tout à l'avantage des forts, les peuples
vaincus étaient logiquement réduits en esclavage et
devaient accepter leur sort avec résignation. Or,
l'esclavage, au fur et à mesure que s'étendait le système conquérant des Romains, venant à atteindre
des proportions colossales, obligation fut aux empereurs d'en appeler de nouveau à leur centralisation
vigoureuse pour protéger la propriété et maîtriser
l'esclavage dans ce qu'il avait d'inquiétant pour les
dominateurs. N'avait-on pas passé précédemment
par les embarras des guerres sociales et de l'insur-
rection de Spartacus, l'esclave révolté?.. Cette cen-

tralisation rassurait les propriétaires romains, et,
en outre, continuait la création des premiers capitaux, commencée sous les auspices de la caste. Dès
ce moment, transplantés de leurs climats respectifs
dans l'empire, et disséminés partout, les esclaves,
unis aux prolétaires romains, furent voués aux occupations serviles, aux défrichements pénibles de
la propriété foncière, au débrouillement du régime
industriel, confinés dans des usines malsaines où,
la plupart du temps, ils respiraient la mort. On les
occupa également à l'édification de ces vastes travaux d'utilité nationale dont l'empire fourmillait :
routes, ponts, chaussées, aqueducs, cirques, am-
phithéâtres, thermes, arcs triomphaux, lignes de
fortifications, tout sortit de leurs mains infatigables
sous l'œil vigilant de la centralisation romaine.

Et de même que l'institution des castes impliquait
le monopole sacerdotal pour la consacrer, l'esclavage impliquait le monopole de l'État antique et la
centralisation impériale pour servir à le régulariser
et maintenir. Sans cette puissante intervention de
l'État, tout n'eût été que perturbations et soulèvements dans l'empire des Césars ; la civilisation
n'eût pu poursuivre le cours de ses développements,
et eût rétrogradé. Au point de vue économique,
l'esclavage continua la caste et fut comme elle un
instrument de progrès industriel, instrument nécessaire, indispensable. Sans partager l'opinion des
anciens sur l'esclavage, nous concevons cependant

qu'on l'ait élevé à la hauteur d'un principe social :
il en fut un, en effet. Personne à l'origine, ne voulant
travailler, et le travail étant la condition *sine qua non*
de l'existence du genre humain , de sa rédemption
temporelle, il était fatal que les plus forts y contrai-
gnissent les plus faibles. Les hommes de la servitude
antique , déchus et esclaves , ont déblayé le terrain
de l'industrie moderne. Détestons le fatum sous lequel ils ont courbé la tête ; mais acceptons ce que ce
fatum a produit de grand et d'utile pour l'humanité.

L'esclavage est sorti d'une théorie conquérante
et militaire : il ne pouvait en être autrement. « On
est esclave en vertu d'une loi , c'est-à-dire d'une
convention d'après laquelle tout ce qui est pris à la
guerre est déclaré propriété du vainqueur. » (Aristote.) Le servage du moyen âge sortira aussi de la
conquête , et le but social du servage sera aussi,
sous le patronage des hauts barons de la féodalité, la
continuation du régime économique. La seule différence qui a existé entre le serf et l'esclave, c'est que
celui-ci était inféodé à l'homme , tandis que l'autre
ne l'était qu'au sol ; différence du reste importante,
et dont nous aurons ultérieurement lieu d'entretenir le lecteur.

L'esclavage , comme la caste, accuse monopole ,
tyrannie et exploitation. Il fait partie des institutions produites par le principe d'autorité. La centralisation impériale romaine le pratiqua en grand.
Il se transformera comme la caste ; et de ses trans-

formations résulteront des éléments de force et de prospérité pour les nations futures.

L'esclavage, chez les Grecs et chez les Romains, eut sa législation particulière, ce qui lui donne incontestablement l'importance d'une institution sociale.

Mais si l'époque impériale, économiquement parlant, eut à s'établir à cause de l'esclavage, elle devait découler non moins forcément du prolétariat romain : procédons à cette autre démonstration. Nous voilà un peu loin de Montesquieu, de son luxe et de sa corruption.

Par suite des priviléges énormes que possédaient les patriciens, et en vertu desquels ils s'arrogeaient les plus fortes parts dans le partage des terres conquises et des trésors enlevés à l'ennemi, toutes les richesses avaient fini par se concentrer dans leurs mains. Les abus usuraires, l'exploitation en grand des capitaux qui, faute de garanties, ne se prêtaient pas à moins de 50, 60 et même 80 pour 100 au temps de Pompée, venant se joindre à cette accumulation de richesses, il en advint un malaise si profond pour le prolétariat, que celui-ci dut songer à secouer le joug capitaliste. Les tentatives désespérées de Spartacus, les luttes civiles de Marius et de Sylla furent des essais d'affranchissement par la dictature. Le prolétariat en était aussi venu insensiblement à souhaiter un régime de concentration dictatoriale pour se soustraire à la tyrannie égoïste des grands et obtenir une plus large part dans les bénéfices sociaux. Dans cette disposition générale des esprits parut alors César, qui, s'inspirant des souvenirs traditionnels du tribunat et de l'esprit des anciens Gracques, établit dans l'empire la dictature permanente, de temporaire et accidentelle qu'elle était avant lui. Il rassura les positions acquises, distribua les terres plus équitablement, récompensa ses vétérans, les indemnisa plus libéralement des travaux de la guerre, et contint la partie remuante du prolétariat, ainsi que l'esclavage, sous le poids des travaux d'utilité nationale dont nous avons parlé, et que réclamait l'empire dans un intérêt de commodité, de grandeur et de conservation.

Panem et circenses! s'écriait le prolétariat romain. Tacite a flétri cette exclamation de sa raison sévère ; et la plupart de nos historiens se sont associés à sa critique. Cependant que signifiait cette exclamation dans la bouche du grand peuple-roi ? Elle était le commentaire éloquent et bref d'un système économique tout entier. Dans l'esprit du prolétariat, elle signifiait, s'adressant à César : « César, nous t'avons fait dictateur, mais n'oublie pas que c'est pour nous arracher à la domination d'une caste orgueilleuse et insatiable ; nous t'avons fait roi, mais c'est pour que ta puissance, qui rayonne sur le monde entier, et pour laquelle nous sommes prêts à mourir, ne tourne pas exclusivement au profit des seuls patriciens. Nous nous dévouons à ta grandeur, mais du pain, des jeux, des terres, ou tout est nul de plein droit. *Panem et circenses!* s'exclamaient à leur tour les aristocrates épouvantés de Rome : du pain, des jeux, des terres, à cette multitude affamée, afin que nous conservions nos fortunes, et que nous sauvions l'ordre et la stabilité dans l'empire.

Et tout cela est empreint d'une raison profonde. En effet, puisque la loi économique de l'antiquité était que *quelques hommes libres*, que quelques dominateurs sanglants fussent nourris aux dépens du monde entier, esclave ou prolétaire; que le travail et l'industrie libres n'existaient pas, il fallait bien, à l'aide d'un système d'autorité concentrée et dictatoriale, pourvoir aux nécessités de l'époque, et que César, investi d'un pouvoir absolu, se chargeât de la répartition des vivres, devenant par là, aux yeux des peuples de l'empire, l'expression de la *justice distributive*, principe économique qui, aujourd'hui, se réalise dans le corps social par la concurrence et le libre débat. Dans un régime social fondé sur l'esclavage et l'improductivité des citoyens, l'égalité même ne peut s'obtenir que par la dictature, que par une institution gouvernementale supérieure qui domine tous les appétits et leur donne satisfaction le plus impartialement possible. Et voilà pourquoi aussi la république démocratique ne peut jamais être qu'une utopie dangereuse : la démocratie aboutit indubitablement au césarisme.

Quelles sont maintenant les causes qui ont amené la dissolution de l'empire? D'après ce qui précède, il est facile de les mentionner. Ces causes sont les mêmes que celles qui ont contribué à la grandeur des Romains, seulement poussées à l'excès, jusqu'à l'abus. Il est à remarquer d'abord que le prolétariat ne pouvait toujours subsister des libéralités de César ; et que l'esclavage, tôt ou tard, rompant ses digues, accomplirait aussi son invasion : le christianisme lui offrant l'idéal de la liberté, il s'y réfugia en masse et conspira avec lui la chute du vieux colosse. D'autre part, la triple centralisation dont l'empereur était la tête ne pouvait éternellement non plus résister aux chocs violents qui l'assaillaient de mille côtés à la fois, et un relâchement général se produisant au cœur et dans toutes les parties du grand corps impérial était à prévoir. Ce relâchement, lent ou subit, entraînerait sa décomposition ; car, ainsi que nous l'avons relaté, si tout système tend à son *unité, toute unité* trop vaste tend à la division : alternative fatale. Il n'y a là-dedans ni luxe ni corruption ; ou si l'on aime mieux, ces deux choses contribuèrent bien au mouvement de décadence, mais à la surface, mais comme *effets*, et non comme *causes* : il ne faut pas confondre. Les causes de la dissolution de l'empire ont été, nous le répétons, le travail esclave et le prolétariat d'une part, le principe de centralisation ou de dictature gouvernementale d'autre part. Toutes les sociétés politiques sont destinées à périr par ces principes après avoir été préalablement constituées par eux. L'empire de Charlemagne et celui de Napoléon succomberont à leur tour après des prodiges de force et de grandeur. Les évolutions du progrès social s'accomplissant de haut en bas, de l'autorité à la liberté, il ne saurait en être autrement. La liberté détruit sans cesse par voie d'élargissement, de division et de séparation, ce que fonde l'autorité.

On prétend que Constantin participa à la catastrophe impériale et qu'il en avança l'heure par la fondation de Constantinople : nous ne partageons pas cette opinion. Si quelque chose put ajourner la dissolution du grand corps, ce fut, au contraire, la fondation de Constantinople et le partage de l'empire. Car, dès l'instant où nous établissons que l'empire était fatalement appelé à succomber sous le développement des causes qui l'élevèrent, il était sage et d'une haute politique d'aller au-devant de ces causes désastreuses pour en adoucir les effets. Si même Constantin, poussant plus loin le principe de séparation, avait pu ajouter deux autres empires (un empire du nord et un empire du midi) aux deux premiers qu'il réalisa, peut-être eût-il eu raison, et peut-être ses quatre empires, se défendant mieux en raison de leur moindre étendue, et se prêtant un mutuel appui, eussent-ils protégé quelque temps encore la vieille civilisation et dominé les flots envahissants de la barbarie. Mais le monde de la conquête et de l'esclavage avait forcément à se transformer.

Constantin continua d'affermir la centralisation impériale en instituant quatre préfets du prétoire révocables et ne relevant que de sa seule volonté, en ôtant au sénat sa participation à la législation et en privant le peuple de tout droit d'élire. C'est Constantin qui créa aussi la dignité de patrice. — D'un autre côté, il vint en aide à la décomposition qui menaçait en embrassant le christianisme, et en greffant sur l'ancienne noblesse patricienne les titres de *duc,* de *comte,* etc., titres qui ont servi de base à notre régime monarchique moderne. Et ajoutons que le surcroît de centralisation politique introduit par lui dans l'État était nécessaire, surtout dans un intérêt de défense, autrement dit tout militaire. Ce n'était que par l'unité du commandement militaire que les empereurs pouvaient suffire aux embarras de la situation et résister avantageusement aux barbares.

Enfin, investi de la suprême magistrature et rendant la *justice* du haut d'un tribunal aux rois et aux grands, comme aux plus simples sujets de l'empire, l'empereur offrit le type le plus parfait de concentration et de synthèse.—Jamais rien de pareil ne s'est revu depuis : administration, justice, cultes, propriété, finances, impôts, fêtes, jeux publics, autorité militaire, travaux, l'empereur fut tout d'un bout à l'autre du monde connu.

Et avant de devenir des éléments de décadence par l'abus, quels éléments de force vitale n'ont pas été les principes d'un pareil régime! A peine Auguste est-il mort, que l'empire s'accroît considérablement et s'implante dans les mœurs : ses bornes reculent de jour en jour. La Grande-Bretagne y est bientôt annexée. Malgré le désastre de Varus, la Germanie éprouve le sort de mille autres peuples. La Perse sert de frontière à l'Orient et le Danube au nord. Des lignes de fortifications s'élèvent de toutes parts, et, à l'intérieur, des routes solidement construites facilitent le transport des troupes et permettent des mouvements gigantesques alors familiers aux Romains. Les villes s'embellissent et offrent un aspect régulier. L'industrie, quoique basée sur le travail esclave, commence à jeter quelque éclat. L'art des approvisionnements se perfectionne pour la cité impériale. Une flotte dite *sacrée* a le monopole de ces approvisionnements. A partir de Néron, on connaît à Rome les raffinements d'un luxe prodigieux : l'or, l'argent, les étoffes de soie, les essences, y abondent dans une quantité indéterminée : il y a sous ce rapport folie et profusion. L'art culinaire, excité par la gastronomie, produit en quelque sorte des miracles de désirs sensuels et d'appétits superfins. Sur la table des empereurs, paraissent des plats exclusivement composés de langues de grive et de perroquet, le tout noyé dans une sauce aux perles. En même temps que des distributions de blé, on fait aux légions une distribution d'essences ; et, selon les historiens, cette distribution n'était pas la moins recherchée : c'était pour un empereur le moyen de se populariser. L'administration civile se régularise. Le système d'imposition adopté sous Auguste, moitié en produits, moitié en argent, affecte une assiette stable et moins vexatoire. Des cordons de douanes s'établissent et protégent le commerce tout en le pressurant. Enfin l'ordre pénètre partout ; et, sous le souffle des municipalités, la liberté se dessine à l'horizon en consacrant ses premiers droits. Par la levée périodique des plans cadastraux et des recensements, l'empire se rend compte de ses forces et de ses moyens, il juge de l'état de sa prospérité. La condition des esclaves reçoit aussi des adoucissements par la tolérance dont ils sont l'objet et les dispositions légales de leur affranchissement. Quoi qu'en disent les auteurs chrétiens, ils n'expirèrent pas tous sous la dent des bêtes féroces ou sous le fer des gladiateurs. Si les Commode et les Domitien ont laissé des traces sanglantes de leur dépravation, on assista, à titre de dédommagement, au règne brillant de plus d'un empereur philosophe : les Titus, les Trajan, les Marc-Aurèle, les Antonin, administrèrent l'empire à la gloire des arts, des lettres et de l'esprit humain. L'empire s'inspire ici du génie de la Grèce expirante et revendique son héritage. Puis, ne pouvant plus se contenir dans son immensité, il se scinde à propos pour mieux user de ses forces commençant à défaillir : Constantinople est fondée. Cette ville aura la gloire de recevoir un culte nouveau et de fermer le cycle de l'antique civilisation par la promulgation des codes de Justinien. Ces archives du passé, au nombre de quatre livres principaux, le *Code*, les *Pandectes*, les *Institutes* et les *Novelles*, et qui occupèrent à leur rédaction dix-sept jurisconsultes, sous la conduite du fameux Tribonien, sont le pont de communication jeté par le génie social entre l'ancien et le nouveau monde. Elles contiennent en dispositions claires tout ce qui fut accompli sous l'influence du système conquérant des Romains.

De quelque côté que nous nous tournions pour envisager l'époque impériale, que nous la commentions sous le rapport religieux, politique ou économique, nous arrivons donc aux mêmes conséquences. Nous voyons que cette époque a été la réalisation d'un système de centralisation qui avait sa nécessité impérieuse. Cette nécessité consistait à initier cent peuples différents à la même civilisation ; à les mouler, sous la pression d'un pouvoir fortement constitué, à l'homogénéité romaine. Cette époque a résumé la synthèse religieuse, la synthèse politique et la synthèse économique : triple expression des besoins qu'éprouvaient les peuples de l'antiquité et qui se concréta dans l'administration dictatoriale des empereurs. Et si l'unité de peuple, cette grande idée qui préoccupe certains esprits aujourd'hui, avait eu à prévaloir par la force des armes, l'empire romain peut-être eût pu prétendre à la réaliser : — il la réalisa dans une certaine mesure. Le travail esclave et l'exubérance du prolétariat sont les principales causes qui amenèrent cette époque ; car si le travail libre et l'indépendance des citoyens d'une nation répondent à un régime de pondération politique, à une théorie de décentralisation, l'esclavage et la conquête impliquent forcément le régime opposé et la dictature de César. Nous avons déjà dit cela, nous le répéterons souvent.

Après son travail de création, de genèse synthétique, l'empire disparut dans une véritable inondation de peuples, mais ce ne fut pas sans luttes et sans déployer auparavant tout l'appareil de ses forces. Le colosse fut dur à dompter et soutint des assauts dignes de lui. Il écrasa les barbares dans maintes rencontres et opposa au christianisme une résistance opiniâtre. Il livra à ce dernier dix grandes batailles générales que l'histoire a enregistrées sous le nom de persécutions. La plus furieuse eut lieu sous Dioclétien, à l'instigation de Galérius : que les mânes de Dioclétien, qui fut un grand empereur, en restent déchargées. Le christianisme ne dut son triomphe qu'à l'ascendant des tortures et des échafauds : triste apanage de la civilisation, qu'elle n'ait pu jusqu'à présent, aux époques de rénovation, se manifester qu'à l'aide de cet ascendant malheureux !

Il est à présent une ère de civilisation moitié païenne, moitié chrétienne, qui trouve ici sa place : c'est l'ère qui s'étend de Constantin à Théodose Ier, et qui fut un commencement de métamorphose pour le principe d'autorité impériale. Julien l'Apostat a spécialement personnifié cette époque, nous ne dirons pas de bas empire, mais de moyen empire. Nous allons en apprécier les résultats en esquissant le portrait de cet empereur.

Obligé, en persécutant les chrétiens, de se frotter à leur contact, l'empire avait fini par se ressentir du christianisme et par s'en pénétrer malgré lui. Les deux religions, en s'entre-choquant dans l'arène de suprématie politique que l'une voulait conserver et l'autre conquérir, comme deux fleuves qui, en se rencontrant, confondent leurs eaux, s'étaient mêlées jusqu'à un certain point ; et, à leur insu, s'étaient emprunté ce qui ne blessait pas trop leurs croyances respectives et rentre dans le ressort de tout système social. Le polythéisme avait communiqué au christianisme sa tournure littéraire et philosophique, et le christianisme lui avait rendu en échange ses préceptes de morale. Constantin, du reste, avait déjà porté le christianisme à l'empire et consacré son triomphe presque officiellement. Mais après lui, un mouvement de réaction contre son œuvre était à supposer : Julien parut, et ce mouvement de réaction éclata.

Élevé à l'école des philosophes, possédant bien leurs idées, initié aussi à la morale du christianisme qu'il embrassa dans sa jeunesse pour l'abandonner ensuite afin de relever le polythéisme, qui, définitivement, avait conquis ses sympathies, personne plus que Julien n'était apte, par sa haute raison, l'irréprochabilité de ses mœurs, son caractère impartial et ses connaissances, à se vouer à l'œuvre de réédification qu'il entreprit. S'il eût vécu plus longtemps, il est certain qu'il eût opposé des obstacles sérieux à la propagation du christianisme, et retardé de quelques siècles, peut-être, l'heure de son triomphe définitif. Sous l'administration de cet empereur, le digne émule de Marc-Aurèle, on va voir le principe d'autorité, s'appuyant à la fois sur la philosophie et la morale évangélique, s'imprégnant des deux principes rivaux, se les appropriant, perdre de son esprit hautain et dominateur pour se réfugier dans un système de tolérance et d'humanité vraiment respectable. Dans l'Apostat, il sera aussi affable qu'il fut violent et sanguinaire sous un Commode ou un Domitien. Il est vrai de constater aussi que, sous Julien, l'administration de l'empire avait gagné en certitude et en régularité. Quoique l'empereur eût exclusivement le privilége de la justice, certaines considérations générales en tempéraient l'exercice entre ses mains. Mais ces considérations, loin de les affaiblir, ne font que rehausser les vertus de Julien ; car quand un prince, aussi absolu qu'étaient les empereurs, veut s'abandonner aux inégalités naturelles du caractère humain, il le peut toujours, et l'irresponsabilité de ses actes le met encore à couvert.

En arrivant au trône, Julien débuta par un grand acte d'impartialité. Les anciens temples furent reconstruits, les anciennes cérémonies relevées dans leur solennité. On sentait que l'empereur se déclarait pour le polythéisme et que celui-ci aurait tous les honneurs du nouveau règne ; mais les évêques et les prêtres chrétiens, à quelque communion qu'ils appartinssent, ariens, donatistes, novatiens, eunomiens, macédoniens, catholiques, furent également protégés. L'empereur quelquefois prenait plaisir à réunir différents chefs de sectes, et quand ils s'emportaient et ne pouvaient s'entendre, il leur criait : « Écoutez-moi ! les Franks et les Allemands m'ont bien écouté. » Dans ses lettres et ses édits, Julien recommanda toujours la modération à l'égard des chrétiens.

Voici quelques traits de Julien que nous puisons dans M. de Chateaubriand ; et nous citons cet écrivain recommandable de préférence à tout autre, parce que nous tenons à nous mettre au point de vue chrétien pour le présent portrait.

«Un jour on lui signala un citoyen qui, disait-on, aspirait à l'empire, parce qu'il faisait préparer en secret une chlamyde de pourpre. Julien chargea l'officieux ami du prince légitime de porter à l'usurpateur une paire de brodequins ornés de pourpre, afin qu'il ne manquât rien au vêtement impérial. On sait que la loi défendait, sous peine de mort, de fabriquer pour les particuliers une étoffe de pourpre. Un usurpateur, dans le premier moment de son élévation, était réduit à voler la pourpre des enseignes militaires et des statues des dieux.

» Maris, évêque de Chalcédoine, insultait Julien qui sacrifiait dans un temple de la Fortune. Julien lui dit : « Vieillard, le Galiléen ne te rendra pas la vue. » Maris était aveugle. « Je le remercie, répondit l'évêque, de m'épargner la douleur de voir un apostat comme toi. » L'empereur supporta cet accablant reproche.

» Delphidius, célèbre avocat de Bordeaux, plaidait devant Julien contre Numérius, accusé de concussion dans le gouvernement de la Gaule narbonnaise. Numérius niait les faits. « Qui ne sera innocent, s'écria l'avocat, s'il suffit de nier ? — Qui sera innocent, s'écria Julien, s'il suffit d'être accusé ? » D'autres avocats louaient Julien : « Je me réjouirais de vos éloges, leur dit-il, si vous aviez le courage de me blâmer. »

» Un certain Thalassius était dénoncé par le peuple d'Antioche comme exacteur et comme ancien ennemi de Gallus et de Julien. « Je reconnais, dit l'empereur, qu'il m'a offensé ; c'est ce qui doit suspendre vos poursuites jusqu'à ce que j'aie tiré raison de mon ennemi. » Il pardonna à l'accusé.

» Un homme vint se prosterner à ses pieds dans un temple, criant merci pour sa vie. « C'est Théodote, lui dit-on, chef du conseil d'Hiéraple, qui jadis demandait votre tête à Constance. — Je savais cela depuis longtemps, repartit l'empereur. Retourne en paix à tes foyers, Théodote. J'ai à cœur de diminuer le nombre de mes ennemis et d'augmenter celui de mes amis. »

» Une femme plaidait contre un domestique militaire renvoyé du palais ; elle n'avait osé l'assigner tant qu'il avait été en faveur. Celui-ci se présente à l'audience impériale avec la ceinture de son emploi ; la femme se croit perdue, présumant que son adversaire est rentré en grâce. « Femme, dit Julien, soutiens ton accusation, le défendeur n'a mis sa ceinture que pour marcher plus vite dans la boue ; elle ne peut rien contre ton droit. » — Quand l'histoire vient à rapporter de pareils traits à la gloire d'un prince, apostat ou non, le devoir de l'écrivain est de les consigner pour l'instruction des peuples et des gouvernements.

Julien ne se contenta pas de pardonner les injures et d'user d'impartialité en justice. Admirateur de la charité chrétienne, il voulut en doter le vieux culte et la faire entrer dans son administra-

tion éclairée. Il se proposait de construire des hôpitaux, et répétait souvent en voyant les pauvres de
l'empire abandonnés à leur détresse : « Ne devons-
nous pas rougir que les Galiléens, ces impies, après
avoir nourri leurs pauvres, nourrissent encore les
nôtres, abandonnés dans un dénûment complet ? »
Le zèle que Julien avait pour le paganisme qu'il
restaurait partout sous ses pas, il l'avait aussi pour
la philosophie. Il fut lié d'amitié avec les principaux philosophes de son temps : Edesius, Maxime,
Priscus, Eusèbe et Chrysanthe ont éprouvé les effets de sa munificence impériale; ils étaient ses
compagnons, non pas d'armes, mais de philosophie.
Ils combattaient ensemble contre le christianisme
qui, de son côté, leur rendait bien leurs coups.
Dans ses moments de loisir, Julien composa différents ouvrages, où la plus saine raison s'allie à une
critique mordante et juste. Les *Césars* et le *Miso-
pogon* sont de ces ouvrages.

On peut affirmer que Julien, dans le secret du
cœur, n'aimait pas les chrétiens, et cela se conçoit.
Le restaurateur du polythéisme ne pouvait au fond
se sentir du penchant pour ceux qui contrariaient
ses projets et conspiraient la ruine de sa foi. Il ba-
fouait impitoyablement ses adversaires, et porta
parfois la raillerie jusqu'à la cruauté. Il disait des
chrétiens, en confisquant leurs biens par des
jugements où perçait sa prévention : «Leur admirable loi leur enjoint de renoncer aux biens de la

terre afin d'arriver au royaume des cieux, et, nous, voulant gracieusement leur faciliter le voyage, ordonnons qu'ils soient soulagés de leurs biens. » Cette façon de motiver un jugement ne convenait pas à la majesté d'un empereur tel que Julien ; il eût mieux fait certainement de s'envelopper toujours du manteau de sa haute impartialité. Quand un chrétien osait se plaindre, il répondait : « La vocation d'un chrétien n'est-elle pas de se plaindre?... » Ces derniers traits prouvent que les plus grands esprits ne sont pas exempts de passions. Mais les chrétiens n'ont-ils rien fait de semblable ?

On cite aussi de lui quelques autres traits de sévérité politique. Il exila Athanase et fit subir à Marc, évêque d'Aréthuse, un supplice inhumain. Athanase était un esprit remuant et difficile à contenir ; mais, à l'occasion de Marc, Julien se montra ingrat. Marc l'avait soustrait aux fureurs de Constance. — En apprenant l'incendie d'un temple à Antioche, il ordonna à son oncle, comte d'Orient, de fermer la cathédrale d'Antioche et de confisquer ses revenus. La cathédrale fut en effet fermée ; et, en outre, saint Théodoret fut condamné à mort. Julien ici voulut probablement frapper fort, afin d'imposer à ses ennemis par un exemple dont ils pussent garder le souvenir ; ces quelques actes de rigueur ne peuvent accuser de sa part un système de persécution. Ils sont tout de même à regretter, parce qu'ils ont légitimé dans son temps des attaques contre lui et soulevé les doutes de la postérité sur son grand caractère. Il eût encore mieux agi en ne se démentant pas.

Ainsi, au sujet de ces actes, la calomnie alla jusqu'à répandre qu'il s'adonna à des opérations magiques et qu'il sacrifia des vierges dans ses excès de zèle religieux. On a raconté à cet effet l'histoire d'une femme qui aurait été sacrifiée par Julien et qu'on aurait retrouvée dans un temple, pendue par les cheveux, les mains déployées et le ventre fendu. Nous avons peine à croire à cette histoire. Les sacrifices humains ne furent jamais pratiqués à Rome ostensiblement. Ils ont pu être la science, s'il est permis de se servir de ce mot en pareil cas, de quelques horribles créatures atteintes de vertige; mais ils n'ont pu certainement entrer dans les actes de foi d'un empereur philosophe. M. de Chateaubriand, malgré sa bonne volonté de trouver des défauts à l'Apostat, repousse comme nous, et au même titre, cette imputation de théurgie et de sacrifices humains adressée à Julien. — « Les premiers chrétiens, dit-il, avaient été accusés de sacrifier des enfants; la calomnie était renvoyée à Julien. »

L'histoire rapporte en dernier lieu que Julien s'étant pris à vouloir reconstruire le temple de Jérusalem pour confondre une prophétie sur laquelle s'appuyaient les chrétiens, des globes de feu s'élancèrent de la terre et dispersèrent les ouvriers; il fallut renoncer à l'entreprise. Nous abandonnons cette anecdote à la foi de nos lecteurs.

Les belles-lettres furent cultivées sous Julien. On pratiqua aussi sous son règne, et non moins brillamment que sous Auguste et Marc-Aurèle, l'éloquence de la chaire et du barreau. Fatigué des luttes sanglantes qui avaient décimé les chrétiens, l'esprit de persécution se réfugiait dans les luttes intellectuelles et les discussions philosophiques. L'empereur y prit part à la tête des philosophes. Dépouillant les chrétiens de leurs chaires, leur interdisant l'enseignement, les confinant au fond de leurs églises, mais s'appliquant toujours à ne pas trop céder à son esprit de prévention, comme chef d'État, il excitait les combattants à l'action. Sa verve puissante ne tarissait pas. Il se passionnait pour la conservation du vieux culte, et prit constamment au sérieux son œuvre de restauration. C'était en vain ! L'heure fatale de la catastrophe approchait, et les discussions brûlantes auxquelles s'adonnait Julien, en y conviant tous les hommes d'idées de son époque, ne faisaient que la hâter. Le polythéisme et la domination brutale qu'il étayait n'avaient rien à opposer à la morale douce et consolante du christianisme, à ses préceptes libérateurs. En empruntant aux chrétiens leurs idées de philanthropie, en calquant leurs institutions de charité, Julien se condamnait lui-même. Néanmoins la lutte intellectuelle fut aussi chaude dans son genre que la persécution sanglante et matérielle avait été systématique et sans pitié. On sentait que c'était le dernier duel qui avait lieu entre les deux principes antagonistes, et qu'il s'agissait, pour les adversaires en ligne, de vaincre ou de mourir. Que ces luttes intellectuelles sont autrement grandes et intéressantes que ces autres batailles où tout se décide par le fer ! Depuis le iiie siècle de l'ère chrétienne, à nous en rapporter à M. de Chateaubriand, jusqu'à l'abolition complète de l'idolâtrie, vous n'ouvrez pas un livre de philosophie, de religion, d'histoire, d'éloquence ou de poésie, où vous ne trouviez le combat des deux principes. Libanius, Édésius, Priscus, Maxime, Sopâtre, orateurs et sophistes ; Andronic et Delphide, poëtes ; Ammien Marcellin et Aurélius Victor, historiens ; Mamertin, panégyriste ; Oribase, médecin, et Julien lui-même tiennent bon pour le polythéisme,—Athanase, Basile, les deux Grégoire de Nysse et de Nazianze, Diodore de Tarse, orateurs, poëtes, philosophes, historiens ; Césarius, médecin et frère de Grégoire de Nazianze ; Prohérésius, rhéteur, lequel aima mieux abandonner sa chaire à Athènes que d'être excepté de l'édit qui défendait aux chrétiens d'enseigner, se vouant à la défense du christianisme.

Julien périt dans une bataille contre les Perses. Atteint d'une javeline au côté, et jugeant le coup mortel, il prit une poignée de son sang et la lança

contre le ciel en s'écriant : « Galiléen, tu as vaincu ! »
Cette exclamation, si elle n'est vraie, paraît vrai-
semblable. La mort arrêtait Julien dans ses projets de restauration. Mais bientôt, revenant de ce
dépit involontaire, il expira comme il avait vécu,
en vrai philosophe. Voici ses dernières paroles à
ceux qui l'entouraient : « Amis, la nature me re-
demande ce qu'elle m'a prêté ; je lui rends ce que
j'ai reçu d'elle, non avec la douleur d'un homme
trop attaché aux liens de la vie, mais avec la tranquillité d'un débiteur qui s'acquitte de bonne foi.
La philosophie m'a convaincu que l'âme n'est heureuse qu'au moment où elle est affranchie des entraves du corps. Il faut se réjouir et non s'affliger
quand la plus noble partie de nous-même se dégage
de celle qui la dégrade, et la mort est souvent la
plus belle couronne que les Dieux décernent à la
vertu. Je la reçois comme une grâce qui me sauve
de beaucoup d'écueils. J'ai vécu sans crime, je
meurs sans remords.

» Au faîte du pouvoir comme dans la disgrâce et
dans l'exil, j'ai toujours fait ce que j'ai dû. Regar-
dant mon autorité comme une émanation de la
puissance divine, je l'ai conservée, je crois, sans
tache en gouvernant les peuples avec douceur, et
en ne déclarant la guerre qu'avec justice. Le succès ne dépendait pas de moi, mais des Dieux.

» Ennemi du pouvoir arbitraire et de l'ambition
qui corrompent les mœurs et ruinent les États, la

paix était le but constant de mes vœux ; mais lorsque la patrie m'a appelé au combat, j'ai obéi à sa voix avec une piété filiale ; et j'ai bravé pour elle, sans crainte, tous les dangers.

» Depuis longtemps, on m'avait prédit que je mourrais d'une mort violente. Je remercie le Dieu éternel de ce qu'il ne m'a point fait périr sous les poignards de perfides conjurés, ou dans les tourments d'une longue maladie, ou par le supplice qui a terminé les jours de tant de princes coupables. Il a trouvé sans doute que je méritais, en m'arrêtant au milieu du cours d'une gloire florissante, de me faire sortir de ce monde par un illustre trépas.

» La raison nous dit qu'il est également lâche de désirer la mort quand elle n'est pas nécessaire ou de vouloir la fuir quand il est temps de s'y soumettre. Mais je sens que la force m'abandonne et m'empêche de prolonger ces derniers adieux.

» Vous devez vous occuper de l'élection d'un empereur, je ne veux point prévenir votre choix. Le mien pourrait mal tomber, et si vous ne le confirmiez pas, il n'aurait d'autre effet que de perdre celui que je vous aurais désigné. Mon seul vœu, comme fils reconnaissant de la république, c'est qu'après moi vous confiiez son gouvernement à un chef intègre. » — Après ce discours, qui redoubla l'affection et les regrets des assistants, il fit ses dispositions testamentaires et disposa de ses biens en faveur de ses intimes.

Quelle est à présent, au point de vue de notre livre, la morale qui résulte du règne de Julien, de son administration et de son caractère? Cette morale, la voici : Le principe d'autorité, tout en reposant sur l'omnipotence de l'empereur et la triple synthèse dont nous avons parlé, perd cependant de son arbitraire traditionnel en s'inspirant des préceptes moraux du christianisme et de la haute impartialité de Julien. De principe persécuteur il devient principe tolérant, et se transforme en libre discussion. L'empereur lui-même oublie ou abjure son mandat et se fait philosophe, unique exemple dans l'histoire ! Le principe d'autorité désarme : il n'a pas encore dépouillé ses vieux attributs, mais il est en voie de métamorphose : l'intention qu'avait Julien de bâtir des hôpitaux pour les pauvres du vieux culte dépose de ce que nous avançons là. Julien est la transition qui conduit naturellement du vieux monde au moderne; et c'est en cela que nous avons voulu dire qu'il personnifiait une phase de civilisation qu'il était important d'étudier. Le titre d'apostat dont la haine a décoré Julien, ne lui convient pas. Aux yeux du philosophe impartial, Julien ne fut ni exclusivement païen, ni exclusivement chrétien; il participa des deux religions à la fois; il leur servit de trait d'union. Son opposition au christianisme fit plus de bien à ce dernier que ne lui eût fait son adhésion. Le christianisme avait besoin de son opposition pour pénétrer le vieux monde et achever sa conquête. Après Julien, on peut dire que le principe d'autorité païen ne subsista plus et se perdit entièrement dans la hiérarchie chrétienne. La plus grande révolution était accomplie dans le monde; elle en changeait radicalement les conditions d'être.

Revenons sur nos pas et terminons notre appréciation de l'époque impériale dans son ensemble.

On s'accorde généralement aujourd'hui à donner à l'époque impériale romaine l'épithète de *Césarisme*. Le césarisme signifie donc, en langue philosophique et libérale, un régime de prétoriens, un gouvernement de force brutale, où tout repose sur le glaive invoqué comme raison suprême. A se transporter dans le domaine des mœurs, le césarisme signifie en outre un système honteux de corruption et de vénalité; un système où tout est à l'encan, places, dignités, honneurs, trône. Ici nous tombons largement d'accord avec Montesquieu et la plupart de nos écrivains. On se fait une idée exacte du césarisme en se transportant à Caprée, au milieu du débordement luxurieux d'un Tibère, ou en songeant aux scandales d'un Héliogabale qui, après avoir acheté l'empire, se prostituait tantôt comme homme, et tantôt comme femme. L'époque impériale fut malheureusement tout cela; et si cette époque a réalisé la synthèse de la civilisation païenne dans ce qu'elle eut de grand et de fort, elle a résumé aussi la civilisation dépravée du vieux monde. Mais, dans ce livre, ce n'est point exclusivement sous le rapport des mœurs que nous avons à apprécier l'empire; c'est, avant tout, sous le rapport du principe d'autorité.

Au point de vue du principe d'autorité, nous répéterons alors ce que nous avons déjà dit. L'empire fut une époque de centralisation nécessaire. César-Auguste, en l'établissant, obéit aux commandements de la fatalité antique. La vieille forme aristocratique ne pouvait plus subsister. Sous le fardeau de ses accroissements continuels, l'empire demandait un bras fort pour le soutenir. Les obstacles économiques du *panem et circenses*, les embarras sociaux qu'il comportait dans son sein, le contraignaient surtout à se jeter dans un système de centralisation vigoureuse. Les intérêts de la propriété, ses instincts de conservation qui ne s'appuient que sur l'autorité en temps de crise, les orages sociaux que l'on pressentait dans le lointain par l'intervention du christianisme et des barbares, enfin l'esclavage, les soins de la conquête, la soldatesque à contenir, qui ajoutaient aux éléments de décomposition que l'empire recélait; tout appelait César et son génie. Le Rubicon fut franchi, et, malgré l'opposition des vieux Romains libéraux de l'école de Caton, les destins se déclarèrent : Pharsale décida du sort des républiques de l'antiquité.

Il fut démontré que ces républiques reposant sur l'esclavage, des priviléges de castes exorbitants et un prolétariat famélique n'étaient qu'un régime bâtard, transitoire, et non le dernier mot du progrès. Alors se ramassant sur lui et se concentrant entre les mains de César, le principe d'autorité s'abrita sous la providence du glaive et la discipline des légions. Il marcha au but que lui marquait la fatalité. Cependant, comme toute puissance qui fait abus du glaive doit succomber tôt ou tard, il aura son tour de décrépitude : Alaric et ses Goths lui porteront le coup fatal.

Mais, tout en pouvant lui appliquer l'épithète de césarisme, l'époque impériale ne fut pas une époque sans gloire. — En l'appréciant philosophiquement, elle trouve sa place dans l'histoire. Elle fut pour le principe d'autorité une brillante phase d'ascension... Et puisque l'humanité devait passer par une organisation outrée de ce principe avant d'en venir à une organisation plus naturelle et plus compatible avec les notions du progrès véritable, il nous faut autant accepter la période impériale ou le césarisme avec ses abus monstrueux que de lui contester ses résultats satisfaisants. Le césarisme, comme un animal immonde, s'est vautré dans les excès d'une débauche infâme; il a fait pâlir la morale et confondu toutes les notions du bien et du mal. Il s'est porté à des débordements de tortures à l'égard des chrétiens. Il a persécuté sans pudeur, comme toute puissance qui se sent atteinte dans son principe de conservation; il a suinté la corruption et exhalé le sang des victimes qu'il immolait à ses plaisirs d'une cruauté raffinée. Un Néron paraissait au grand cirque de Rome, entouré de prostituées toutes nues, pour y donner le signal du meurtre. Flétrissons de pareils actes, car ils sont ceux du principe d'autorité. Mais si le césarisme s'est montré dépravé, disons et redisons aussi qu'il a accompli de grandes choses. Il a fait fleurir les lettres; il a encouragé les arts, pratiqué la libre discussion, cultivé la philosophie, répandu l'instruction. Il s'est contemplé dans des monuments d'une grandeur imposante. Par la régularité de son administration, la fusion des peuples composant l'empire, la tolérance et l'égalité des cultes, la généralisation des édits et des lois, la pénétration mutuelle des intérêts, la formation enfin du grand peuple-roi, il a fondé une civilisation unique dans les annales de l'humanité. A côté de l'esclavage, il a pratiqué le commerce, consacré la propriété et jeté les éléments des premiers systèmes d'impôts et de douane réguliers. Les vestiges de ses codes et de ses municipalités sont encore interrogés par nos jurisconsultes et historiens modernes. Au-dessus de ces choses, l'empire a constamment porté haut l'honneur militaire romain. Il multiplia ses triomphes, tout en subissant parfois des revers, et ses aigles, pen-

dant quatre siècles, ont parcouru fièrement le
monde qu'elles contenaient à leur aspect. Devant la
tenue martiale des légions, la barbarie recula longtemps. A se figurer cet antique pouvoir des empereurs romains, à se rappeler leur vie au milieu
des camps, leurs batailles, leurs vicissitudes politiques; à se représenter les Trajan, les Julien,
les Marc-Aurèle, les Constantin dans leur rôle
de capitaines, de magistrats, d'administrateurs
et de philosophes, on ne peut se défendre d'admiration, et l'on sent palpiter son intelligence
étonnée...

Les peuples de l'antiquité vivaient de la conquête; la conquête fut pour eux un système économique tout entier. L'empire poussa ce système
jusqu'à l'impossibilité. Par sa chute, il nous en a
démontré la fausseté. Quand nous ne lui serions
redevables que de cette grande expérience, ce
serait beaucoup; nos peuples modernes ne re-
tomberont point dans la même faute, ils ont appris définitivement, par l'exemple de l'empire,
qu'ils avaient à se constituer sur des données tout
autres.

Quel monument que cette centralisation impériale s'étendant du golfe Persique à la Grande-
Bretagne! comme elle naît, grandit et tombe! Des
lambeaux qui en resteront les chefs barbares trou-
veront à se tailler des royaumes.

L'époque impériale où le césarisme était tellement dans les vues de la civilisation; elle rentrait tellement dans les moyens économiques du progrès, en substituant la dictature de César à la forme aristocratique romaine, qu'aujourd'hui même encore, après quinze siècles de civilisation fondée sur la liberté et l'initiative individuelle; après l'abolition de l'esclavage, de la caste et de la féodalité; après trois révolutions et dix-huit années de politique pondérative et représentative, le génie social semble vouloir continuer sa route par des moyens analogues et en rappeler au césarisme dans la personne de Louis-Napoléon. Car enfin, qu'est-ce que cette restauration impérialiste à laquelle nous assistons depuis deux ans? Nous le déclarons sans aucune mauvaise intention à l'égard du régime actuel, dont nous comprenons parfaitement bien aussi l'existence; cette restauration, c'est du césarisme... Du césarisme non point au point de vue de la corruption, mais sous le rapport de l'organisation politique et des tendances économiques.

On craignait l'anarchie pour 1852, et peut-être n'avait-on point tort. Nous n'avons pas eu l'anarchie, mais nous avons eu le césarisme. Menacés dans leur existence, le capital et la propriété, les positions acquises se réfugient dans un gouvernement fort, à larges bases, pour se préserver d'un état convulsif, ou, ce qui revient au même, d'une liberté trop grande. Ne comprenant rien à la théorie libérale, aux lois de son affranchissement, le prolétariat moderne s'en rapporte au même principe. Il a investi Napoléon III du pouvoir impérial pour arriver plus promptement à un emploi lucratif de ses bras, et à une meilleure répartition des bénéfices sociaux. « *Panem et circenses!* tel est encore, au XIXe siècle, le cri de ralliement du peuple; on ne peut s'y méprendre. Mais aujourd'hui le rôle économique de César est un rude fardeau. Atlas n'a fait que supporter le ciel sur ses épaules. Si Napoléon III supporte jusqu'au bout la pesanteur du mandat dont il s'est chargé, s'il ne ploie pas sous le faix, il fera plus qu'Atlas. En attendant, nous aimons à rendre justice à la plupart des mesures économiques et financières qu'il a prises jusqu'à ce jour. Il y a eu plus de véritable à-propos à adopter ces mesures qu'à décréter le blocus continental de célèbre mémoire.

Mais nous abstenant désormais de toute comparaison entre le passé et le présent, nous croyons fermement que le césarisme a fait son temps. Qu'on ne prenne pas pour un panégyrique absolu l'appréciation philosophique que nous avons dû en faire. En la jugeant au point de vue de nos idées modernes, il est un fait constant : c'est que l'époque impériale-césarienne ne saurait se reproduire de nos jours dans la splendeur de son antique organisation : exécutif et législatif, justice, administration, ordre civil et ordre politique ; cultes, finances, impôts, commerce, industrie, crédit, propriété, banques, monnaies, chemins de fer, offices, assurances, tout est divisé, classé, spécialisé dorénavant. Une concentration absolue de toutes ces choses entre les mains d'un chef d'État, d'un César, d'un *Imperator*, est radicalement impossible. Et si jamais Louis-Napoléon, se faisant de son mandat une conception exagérée, essayait... Mais non, non ! c'est radicalement impossible. C'est comme si un conquérant s'avisait de vouloir faire vivre aujourd'hui sa seule nation aux dépens de l'Europe subjuguée et en parodiant le système de tributs des Romains. Nous n'en sommes plus là. Le temps, qui modifie tout, a mis à la réforme les conquérants et leurs systèmes.

Oui, tout est classé, divisé, spécialisé parmi nous; tout a été séparé dans de sages proportions afin d'assurer à la liberté une action salutaire. La bourgeoisie, et avec raison, tient à ses institutions civiles et économiques : on ne les lui ravirait pas impunément. Et s'il est un préjugé capable maintenant d'entraver la marche du progrès, ce n'est ni l'impérialisme, ni le légitimisme, ni le constitutionnalisme, c'est l'IDÉE DÉMOCRATIQUE, préjugé malheureux, fatal, qui nous arrête dans l'ornière de la dictature et des coups d'État, ou tend à nous y jeter sans cesse par suite d'une fausse compréhension du principe gouvernemental. Il faudra que ce préjugé disparaisse, ou la civilisation tombant de Charybde en Sylla est réservée à ressentir bien des sauts et des soubresauts encore. Plaise à Dieu que la lumière se fasse! Elle s'est faite pour nous.

COUP D'OEIL EN ARRIÈRE ET RÉSUMÉ.

Ainsi, dans ce que nous avons déjà fait de ce livre, nous avons déterminé l'origine du principe d'autorité ; puis, suivant ce principe au travers des diverses transformations qu'il éprouva anciennement, nous l'avons conduit jusqu'à l'époque impériale-romaine que nous avons présentée comme la synthèse ou le résumé de l'antique civilisation ; c'est-à-dire comme la plus forte concentration politique et sociale que l'antiquité ait pratiquée du principe gouvernemental.

Il est à présent une remarque importante qui n'échappera pas à la sagacité du lecteur, c'est que la civilisation antique s'est développée exclusivement sur le principe d'autorité. L'autorité, pour l'antique civilisation, a été un point d'appui, un centre de rotation. Révélateurs, théocratie, monarchie, gouvernements républicains ou aristocratiques, impérialisme ou césarisme, archontat, sénats, éphores, législation de Lycurgue, lois des Douze tables, tout cela n'est que l'autorité reproduite sous

ses différentes faces politiques, tout cela n'a fait
que consacrer le monopole de l'État au détriment
de l'initiative individuelle et de la dignité du citoyen. Castes, esclavage, prolétariat, propriété, impôts, monnaies, tout cela, à l'origine, n'a été que
l'autorité présentée sous la pluralité de ses aspects
économiques. Malgré les tendances libérales que
nous avons signalées dans la propriété, l'institution des impôts et des monnaies, il est évident que
ces institutions ne sont pas sorties primitivement
du giron de l'autorité ou de l'État. Le progrès
n'était pas assez avancé pour qu'elles pussent se
constituer à part, préluder même à leur mouvement
d'émancipation. Administration, règlements, police,
éducation, morale, hygiène, cultes, impôts, religion,
mines, répartition, commerce, travail, l'État ancien
a tout absorbé, tout soumis à son contrôle souverain
dans un but de constitution sociale, et parce qu'il
n'y avait qu'une imposante concentration de forces
qui pût dompter la nature primitive de l'homme et
l'amener à la pratique de la civilisation. D'un autre
côté, partie de l'autorité, la civilisation avait à épui-
ser ce principe avant de chercher à s'organiser sur
les bases de la liberté ; et, sous tous les rapports,
la théorie de l'Etat et de ses réglementations était
plus facile à saisir que notre théorie moderne de la
liberté fondée sur l'affranchissement de l'individu
et une sage distribution de toutes les virtualités sociales. L'œuvre de création, au début, a été ce

qu'elle pouvait être, la pratique permanente de l'État et du principe d'autorité.

Les anciens ont connu les arts et les lettres; ils ont eu des systèmes d'administration, des codes et des tribunaux; ils ont pratiqué un commencement de commerce et de navigation; mais ces différentes choses, s'exerçant dans une sphère d'activité étroite et subordonnée presque absolument à la volonté des empereurs ou de pouvoirs centraux fortement constitués, détournées de leur but par des préjugés de castes et des habitudes superstitieuses enracinées dans la conscience des peuples, n'ont pu leur inspirer un sentiment bien vrai de la liberté. La liberté... Ils ne l'ont rêvée que pour un petit nombre de privilégiés dont l'affranchissement encore reposait sur l'incapacité et la servitude des autres.

Les Grecs ont brillamment inauguré le mouvement philosophique, ils ont ouvert la voie à l'esprit d'investigation; mais leur philosophie cependant, donnant en général dans un panthéisme grossier, ou s'égarant dans le dédale d'une psychologie mystique dont on ne sut point déduire le principe de notre propre activité, de notre *autonomie*, n'a abouti, au point de vue social, qu'à des conclusions négatives. A Descartes était réservée la gloire de formuler le premier principe de toute vraie psychologie. Appuyée sur son *cogito, ergo sum*, la philo· sophie moderne s'est déjà éloignée de toute mysticité: elle marche désormais à l'émancipation du genre humain par la proclamation raisonnée du libre arbitre et l'affranchissement de l'intelligence. Bientôt, noumènes purs et phénomènes sociaux seront en parfaits rapports. Il est évident que rien, en fait de psychologie sociale, ne pouvait sortir de l'étude du monde physique ou de l'*innéité* de l'idée. L'idée de cause, tout en pouvant être un puissant moyen d'investigation, ne répond pas plus, en politique, à la conception de l'ordre et de la liberté, telle que nous l'avons acquise depuis par notre méthode de séparation, de classification, de série. L'idée de cause, ainsi que les prototypes de Platon, répond plutôt à la conception de l'autorité, de l'Etat. Cette idée se pose comme l'autorité, comme le *ego sum* et ne se définit point. De là aussi toutes les théories politiques purement réglementaires et gouvernementales qu'on trouve dans Aristote et Platon. Ces philosophes ont été avant tout les théoriciens du monopole et de l'Etat. A quelques exceptions près, ils n'ont pas professé autre chose.

En économie politique, les anciens ont émis quelques opinions lucides : on remarque dans les auteurs que nous venons de nommer, dans Xénophon particulièrement, des aperçus exacts sur le rôle de la monnaie et la création des arts et des métiers. Leur économie politique, toutefois, a marché sur les traces de leur philosophie. Comme leur philosophie, elle fut impuissante à trouver une méthode acceptable de création sociale et à formuler les vrais principes de la liberté. Reposant sur le travail esclave et un prolétariat exubérant, elle ne sut qu'aboutir au *théorique* chez les Athéniens, et au *panem et circenses* chez les Romains. L'or et l'argent eux-mêmes furent un monopole entre les mains de l'Etat, n'étant soumis à aucune théorie vraiment économique. Nous avons dit que les Athéniens vivaient en grande partie des produits de leurs mines. Eh bien, ces mines étaient encore affermées par l'Etat; l'Etat seul en touchait les revenus.

Les anciens enfin n'ont point eu à leur disposition les puissants moyens de progrès scientifique et industriel que nous possédons depuis trois siècles. Ils n'ont point connu la boussole, l'imprimerie, la presse, la vapeur, la télégraphie électrique, la poudre à canon, les immenses débouchés que nous avons découverts et qui ouvrent devant nous une perspective d'initiative et de liberté dont l'œil ne peut mesurer l'horizon. Le crédit, cette théorie du capital reproductif et toujours en activité, hâtant et fécondant la production, se transformant à l'infini, et qui fait la principale force du monde moderne, ils ne l'ont pas pressenti... Les Romains enfouissaient leurs capitaux dans de vastes travaux d'utilité nationale; ils épuisaient toutes leurs ressources à ces travaux qui, une fois réalisés, attestaient leur puissance, mais qui ne participaient en rien à l'augmentation de la richesse publique. On cite à l'honneur

des anciens quelques banques de dépôts, notamment
la banque de Delphes ; mais qu'était-ce que ces
banques de dépôts? Des amas informes d'or et
d'argent, et voilà tout, probablement. Avec leur
bagage purement littéraire, philosophique et artistique, on sent que les anciens ne pouvaient aller
loin, et que ce leur dut être une obligation impérieuse de se rabattre sur l'autorité. Cette dernière,
du reste, les sauva en leur fournissant le seul élément de conservation sociale que les temps comportaient.

La justice, qui, chez nous, commence à se séparer du cumul gouvernemental pour coopérer à la
création de nos rapports libres et indépendants, ne
fut point encore, dans l'antiquité, distincte de
l'État. Un moment, à Athènes, elle essaya de s'en
détacher ; mais, trop jeune pour s'accoutumer au
grand air de la liberté, et embrasser des considérations de droit trop étendues, elle abdiqua bientôt sous l'influence de la centralisation romaine
et se confondit dans la dictature des empereurs :
l'autorité s'en empara de nouveau. Elle reprit son
mouvement d'émancipation sur la fin de l'empire
par la promulgation des codes Théodosien et Justinien : la grande invasion la fit rentrer dans le néant.

Les anciens ont ignoré notre théorie d'autorité
divisée, soumise à un principe de pondération. Ils
n'ont point été initiés comme nous à cette distinction subtile, mais féconde, du *temporel* et du *spi-*

rituel, à ces luttes, ces hérésies ardentes qui ont agité si profondément le moyen âge et fait progresser le monde moderne. Ils n'ont pris part qu'à des agitations purement politiques qui, en les retenant dans le domaine matériel des faits et des événements, n'ont pu agrandir leur intelligence au delà de la cité native et des priviléges de castes. On sait ce que voulaient les Brutus et les Caton en s'opposant aux projets de César. Harmodius et Aristogiton se dévouant pour une cause qu'ils croient celle de la liberté, le vieux Brutus immolant ses fils à la suprématie sénatoriale sont cependant des exemples de patriotisme qu'on a eu raison d'exalter. Ces exemples fortifient l'âme et concourent à vous prémunir contre les excès de toute dictature.

Dogmatisme religieux, monopole, État, dictature, cumul et concentration de toutes les forces sociales, AUTORITÉ; voilà donc quelle a été, en résumé, l'antique civilisation. L'autorité a été, pour l'époque antique, le seul principe social, le seul moyen d'action, la seule loi de salut public... et le vieux monde a disparu au milieu d'une conflagration épouvantable amenée en partie par les excès et la corruption de l'élément gouvernemental. Quel contraste avec notre civilisation chrétienne, qui marche à ses développements et à son épuration par les voies fécondes de la liberté civile et industrielle ! En moins de quelques siècles, l'esclavage romain a été transformé en servage, le servage en bourgeoisie. Nos législations, à chaque page, consacrent des garanties d'indépendance individuelle qu'on ne peut violer ; la politique a perdu de son caractère spoliateur et violent, sous les effets d'une sage distribution et balance de tous les pouvoirs ; le souverain, si souverain il y a, est soumis désormais à la constitution du pays ; il ne peut rien en dehors de cette constitution sans s'exposer à une reddition de comptes terrible, inévitable ; et, avant peu, le prolétariat ne subsistera plus : chacun aura conquis sa place au banquet du bien-être. Il ne faut pour cela qu'un peu de bonne volonté, nous ne dirons pas de la part des gouvernements, mais de la part des hommes les plus éclairés de la nation. La liberté, comme un Océan débordé, monte, monte, envahit tout ..

Nous nous arrêtons définitivement à ces dernières considérations. Nous en avons dit assez sur le vieux principe d'autorité et la civilisation qu'il étaya. A l'orient du progrès déjà se lève le christianisme qui nous rafraîchit de son aube bienfaisante et pure. Salut au rédempteur du monde ! A son aspect s'ouvrent pour chacun les portes de la cité antique. *Liberté, égalité, fraternité :* sous ce nouveau symbole d'espérance et de foi, on respire à l'aise, et l'on ne supporte plus comme auparavant le poids étouffant du vieux despotisme païen. Tout va changer, tout va s'embellir, tout va reprendre les brillantes couleurs de la vie et de la santé.

Passant avant peu à l'époque moyenne qui, du christianisme à notre glorieuse révolution de 1789 fera l'objet d'un nouveau volume, nous en peindrons, toujours à notre double point de vue de l'autorité et de la liberté, les tendances émancipatrices, les luttes émouvantes, les découvertes pleines d'avenir, les événements dramatiques et saisissants d'originalité. Nous tàcherons de prendre le progrès en flagrant délit d'avancement, de conspiration contre le despotisme ; et si nous réussissons à vulgariser seulement quelques vérités utiles, quelques principes vrais d'organisation sociale, nous nous applaudirons d'avoir pris la plume, et croirons, à la satisfaction de notre conscience, nous être acquitté d'un véritable devoir. Mais, hélas ! quelle n'est pas encore de nos jours la confusion des idées et des événements.

FIN.

TABLE DES MATIÈRES.

FIN DE LA TABLE DES MATIÈRES.